本书受国家自然科学基金面上项目《上市公司高管激励契约配置与协同——基于多层次情境因素的研究》（71272120）、山东大学青年学者未来计划项目《中国情境下高管隐性激励契约的价值创造效应研究》（2017WLJH44）资助

上市公司高管激励契约配置
与协同研究

徐向艺 徐宁◎著

中国财经出版传媒集团

经济科学出版社
Economic Science Press

图书在版编目（CIP）数据

上市公司高管激励契约配置与协同研究/徐向艺，徐宁著.
—北京：经济科学出版社，2018.4
ISBN 978 – 7 – 5141 – 9205 – 6

Ⅰ.①上…　Ⅱ.①徐…②徐…　Ⅲ.①上市公司 – 管理
人员 – 激励 – 研究 – 中国　Ⅳ.①F279.246

中国版本图书馆 CIP 数据核字（2018）第 070791 号

责任编辑：于海汛　宋　涛
责任校对：杨晓莹　杨　海
责任印制：李　鹏

上市公司高管激励契约配置与协同研究

徐向艺　徐　宁　著
经济科学出版社出版、发行　新华书店经销
社址：北京市海淀区阜成路甲 28 号　邮编：100142
总编部电话：010 – 88191217　发行部电话：010 – 88191522
网址：www. esp. com. cn
电子邮件：esp@ esp. com. cn
天猫网店：经济科学出版社旗舰店
网址：http://jjkxcbs. tmall. com
北京季蜂印刷有限公司印装
710 × 1000　16 开　15.75 印张　270000 字
2018 年 5 月第 1 版　2018 年 5 月第 1 次印刷
ISBN 978 – 7 – 5141 – 9205 – 6　定价：48.00 元
（图书出现印装问题，本社负责调换。电话：010 – 88191510）
（版权所有　侵权必究　举报电话：010 – 88191586
电子邮箱：dbts@ esp. com. cn）

前　　言

　　信息不对称、契约不完全以及委托人与代理人目标函数的不一致，导致了现代公司中代理问题的存在。上市公司高管激励契约是由不同的子契约构成的，对这些子契约进行合理的选择与配置才能实现良好的协同效应。在实践中，与国外上市公司相比，中国上市公司高管激励制度还处于不断探索的阶段。不论是上市公司本身发展的诉求，还是政策法规环境的进一步成熟，均亟待高管激励制度的进一步完善。然而，由于管理层寻租效应的存在，加之制度环境的不尽完善，存在诸多与高管激励契约背道而驰，从而侵犯股东及其他相关者利益，降低公司治理效率的现象。因此，构建适当而充分的高管激励机制是提升中国上市公司治理水平的关键路径。

　　委托代理理论与管理层权力理论及其两种假说是建立在一个封闭系统中的，这种去情景化的本质导致了它们难以准确比较与解释不同组织与制度环境下不同公司治理安排的有效性。并且，在上述理论指导下所进行的诸多实证研究并未取得一致的结论，这更引起了学术界对其合理性的质疑。基于创新经济学的组织控制理论推动了公司治理理论的核心问题从"价值分配"到"价值创造"的演进。以该演进路径为基础，从动态内生性视角出发研究高管激励的整合效应，是对高管激励研究领域的深化与拓展。鉴于此，本书将匹配范式的研究视角与协同论相结合，以公司治理理论的演进路径为导向，在对高管薪酬、股权、控制权、声誉等激励契约的特征与作用机理进行分析与比较的基础上，对上市公司高管激励契约的配置方式与协同效应进行了理论与实证研究，继而阐释了高管激励协同的实现机理。主要章节安排如下。

　　第1篇，高管显性激励契约研究。

　　第1章，随着公司治理实践的深入，高管显性激励与代理成本关系的研究引起了国内外学者的广泛关注。通过梳理相关文献，本章从最优契约理论、管理层权力理论和心理所有权等理论视角对高管显性激励安排（薪酬激励、股权激励、期权激励）与代理成本关系的研究成果进行述评，发现该领域研究正在逐步由关注单一激励安排的局部均衡分析阶段，向更加注重协同效应的一般均衡分析阶段过渡。基于现有研究存在的不足，本章通过进一步分析，提出了未来研究展望，即正确区分股权和期权激励对代理成本的不同影响、系统考虑显性激励与隐性激励的协同效应、深化心理因素对高管激励安排的治理效果等内容，以期为后续研究提供有益的理论探索。

第2章，以双重代理理论为基础，运用中国上市公司2007～2013年的平衡面板数据对高管薪酬管制的利弊进行分析，并探讨在不同产权性质公司中多元治理主体对薪酬管制的调节效应及其差异。结果表明：薪酬管制利弊并存，表现为对高管在职消费的抑制作用与对大股东防御效应的促进作用；在国有控股公司中，董事会行为对高管薪酬与在职消费的关系具有负向调节效应，机构投资者治理对高管薪酬与大股东防御效应的关系具有负向调节效应；在民营控股公司中，管理层权力对高管薪酬与在职消费的关系具有正向调节效应。因此，理性权衡薪酬管制利弊并有效利用治理主体的制衡作用才是提高薪酬合理性的必要途径。

第3章，基于双重委托代理框架，构建了公司治理主体的权力博弈对股权激励的影响路径分析模型，并运用2007～2012年中国民营中小上市公司面板数据进行实证分析。研究发现：作为民营中小上市公司的核心治理主体，经营层与终极控制人的权力博弈对股权激励强度及其双重效应均具有显著影响。具体而言，经营层权力对股权激励强度具有显著的正向影响，终极控制人权力则对其产生负向影响，两者在对股权激励强度作用的过程中存在冲突，终极控制人权力对股权激励强度的负向作用更为强烈；股权激励对第一类代理成本具有抑制效应，而在经营层权力与终极控制权力的双重调节效应下，这种抑制效应更为凸显；股权激励对第二类代理成本的作用并不显著，但这种作用过程同样受到来自两类权力双重调节效应的显著影响。

第4章，民营中小企业的可持续成长问题是现阶段理论界与实践界共同关注的焦点。基于内部因素成长理论与双重委托代理分析框架，以2007～2011年中国民营中小上市公司的平衡面板数据为样本，探讨高管股权激励对民营中小企业成长的影响机理，结果表明：高管股权激励能够有效抑制股东与管理层之间的第一类代理成本，但对于由控股股东与中小股东利益冲突而形成的第二类代理成本并没有显著影响；同时第一类代理成本在高管股权激励与民营中小企业成长之间具有显著的中介效应，即股权激励以抑制第一类代理成本为影响路径对民营中小企业成长产生促进效应，但第二类代理成本的中介效应并未显现。

第2篇，高管隐性激励契约研究。

第5章，控制权激励作为一种重要的高管隐性激励契约，在本质上具有双重性，应从非线性视角出发对其与技术创新的关联性进行重新审视。高管激励契约对技术创新的显著影响受到理论界与实践界的普遍关注，但以往研究多以显性激励为主。本章基于创新经济学相关理论，运用中国高科技上市公司 2007～2010 年的平衡面板数据，对高管控制权激励与技术创新动态能力的关联性进行实证检验。结果表明：技术创新动态能力由技术创新投入能力、技术创新产出能力、技术创新转化能力三个维度构成；控制权激励与技术创新动态能力之间存在显著的倒 U 型关系，即当达到极值之前，控制权激励以积极性为主导从而对技术创新动态能力具有促进效应，但超过此极值，控制权激励的消极性逐渐凸显，转而对技术创新动态能力产生明显的抑制效应。因此，保持适度的控制权激励力度，并对显性激励与隐性激励进行合理配置是提升上市公司技术创新动态能力的理性选择。

第6章，现代公司普遍以薪酬、股权等显性契约对其高管进行激励，但随着该类契约局限性的逐步凸显，深入探究如何发挥声誉的激励效用，是实现不同高管激励契约配置与协同的前提与基础。本章承续经济学、社会学、管理学对声誉提出的理论框架，通过案例研究方法，揭示了声誉的三重激励效用，即信号效用、工具效用和心理效用。并从实践层面归纳新的研究发现，阐释了激励效用的实现途径，构建了以声誉为激励物和强化物的循环性声誉激励机制。以期通过深化声誉激励的研究为公司高管激励的理论和实践提供有益指导。

第7章，将质性研究与量化分析相结合，对中国情境下高管声誉激励契约的强度、效用及作用途径进行研究。首先对部分高管进行深度访谈，继而运用中国上市公司 2007～2013 年的平衡面板数据进行实证检验，结果表明：高管声誉激励强度与公司规模显著正相关，高管人力资本在两者之间具有中介作用；声誉激励通过与显性激励的交互效应从而对公司绩效产生间接的效用，具体而言，声誉激励与薪酬激励之间存在互补效应，与股权激励之间存在互替效应；产权性质能够对高管声誉激励效用产生显著的影响。

第8章，随着高管显性激励契约的局限性逐步显现，强化声誉等隐性契约的作用从而实现两者的协同，是提升激励效用的关键途径。本章从社会嵌入视角出发，通过多案例的探索性研究，剖析并阐释了高管声誉激励的作用机理。研究表明：高管行为嵌入社会中为高管带来声誉资本，声誉资本是高管人力资本、社会资本、心理资本的集合；关系嵌入和结构嵌入通过社会行为规范、商业互惠原则、信任机制、二次信任机制和三层次网络结构等要素对高管行为产生引导和强化作用；声誉资本通过集合激励效用作用于高管行为，从而形成社会嵌入下公司高管声誉激励机制的闭合循环。

第3篇，高管激励契约配置与协同：价值分配视角。

第9章，由于实际控制人的存在，中国上市公司的高管激励研究需要将实际控制人的影响纳入高管激励研究中。基于此，本章引入"双向治理"研究视角，期望通过考察实际控制人在高管显性激励安排有效性中的影响，即高管迎合实际控制人需要的管理层权力，探索中国上市公司高管显性激励安排的治理效应。研究发现货币化薪酬呈现积极的治理效应，但是高管持股却容易诱发代理问题，并且弱化货币化薪酬的激励效果。进一步分析，高管期权激励的作用主要体现在对于货币化薪酬与代理成本关系的调节效应中，并且主要见于民营企业和高科技行业中。本章研究表明，中国情境下更为有效的高管显性激励组合应该是充分考虑实际控制人的潜在影响，构建货币化薪酬与期权激励的有机结合，同时还需要兼顾高管持股的负面治理效应和期权激励的适用情境，进一步优化上市公司高管显性激励的制度安排。

第10章，基于生命周期和委托代理理论，在价值分配视角下，阐释了生命周期演进过程中高管效用敏感性变化规律以及不同高管激励机制运行特征，构建了高管激励契约最优动态配置方案，并利用中国高科技上市公司2010～2013年面板数据，对高管激励契约体系对企业价值分配的影响进行实证检验。研究结果表明，在企业成长期和蜕变期，高管薪酬激励能够有效抑制代理成本；而高管声誉激励机制仅在企业成熟期表现出了对代理成本的抑制效应；生命周期各阶段内，控制权激励均未发挥出显著的治理作用，相反在蜕变期，控制权沦为了高管挖掘私人利益的工具。因此，改善薪酬激励期限结构，提升声誉激励和高管市场约束的持续性，构建高管控制权管理制度体系是实现高管激励契约最优动态配置的必经之路。

第 4 篇，高管激励契约配置与协同：价值创造视角。

第 11 章，基于创新经济学的组织控制理论推动了公司治理的核心问题从"价值分配"到"价值创造"的演进。本章从促进技术创新这个重要维度对高管激励效应进行重新界定与测度，并运用我国高科技上市公司 2007～2010 年的平衡面板数据，对薪酬激励、股权激励以及控制权激励等主要激励契约之间的交互关系及其对技术创新的整合效应进行实证检验，得出以下结论，股权激励在薪酬激励与控制权激励的双重调节作用下，对高科技公司的技术创新具有促进效应，即三者的整合，而非单一机制对技术创新产生作用；具体而言，股权激励与薪酬激励存在互补关系，与控制权激励之间存在互替关系。因此，以技术创新为导向，应在高科技公司内部建立以强化股权激励、稳定薪酬激励、弱化控制权激励为特征的高管激励整合体系。

第 12 章，根据创新经济学及其衍生理论的相关观点，高管的创新动机与创新战略决策能力将对企业的技术创新动力与路径选择产生重要影响。本章基于线性与非线性分析的整合视角，运用中国民营中小上市公司 2007～2012 年的平衡面板数据，对高管激励契约与企业技术创新动力及路径选择的关联性进行实证检验，结果表明：高管薪酬激励与股权激励均能够对民营中小上市公司的技术创新动力产生正向影响；两类激励契约对于公司技术创新路径选择也具有显著影响，但两者的激励强度均与内部自主研发途径的选择倾向之间存在倒 U 型关系，而对于外部技术引进路径选择的影响并不显著。因此，进行高管激励契约结构的合理设计是为民营中小企业自主创新提供动力的重要途径。

目　　录

第 1 篇　高管显性激励契约研究

第2篇 高管隐性激励契约研究

第1篇

高管显性激励契约研究

第1章 高管显性激励与代理成本关系研究评述*

随着公司治理实践的深入，高管显性激励与代理成本关系的研究引起了国内外学者的广泛关注。通过梳理相关文献，从最优契约理论、管理层权力理论和心理所有权等理论视角对高管显性激励安排（薪酬激励、股权激励、期权激励）与代理成本关系的研究成果进行述评，发现该领域研究正在逐步由关注单一激励安排的局部均衡分析阶段，向更加注重协同效应的一般均衡分析阶段过渡。基于现有研究存在的不足，通过进一步分析，提出了未来研究展望，即正确区分股权和期权激励对代理成本的不同影响、系统考虑显性激励与隐性激励的协同效应、深化心理因素对高管激励安排的治理效果等内容，以期为后续研究提供有益的理论探索。

1.1 引　言

随着公司规模的逐步扩大以及融资方式的多样化，职业经理人作为一个股东的代理人群体开始登上国际主流商业舞台，旨在提高经营效率。但是由于委托人与代理人的天然矛盾（信息不对称、激励不相容、监管不完善等）而引发的代理问题诱使着经理人不断蚕食股东的利益（Jensen and Meckling，1976）。为了促进股东与经理人利益的趋同化，上市公司相继推出各种以货币收益为核心的高管激励措施，如薪酬、红利、期权等显性激励手段，意在通过合理的利益分配，实现激励相容、弱化经理人自肥的动机，进而降低代理成本、避免机会主义行为导致的利益损失。在上市公司治理实践中，高管显性激励是否能够真正实现激励相容、降低代理成本？为了回答

＊　本章内容发表在《外国经济与管理》2016 年第 1 期。

这一问题，越来越多的学者，通过理论分析和实证检验，进行了诸多有益的探索，并且研究也呈现全面性、多样化（如薪酬激励、股权激励等），但是遗憾的是结论并不相同。针对研究结论的分歧，本章梳理了近年来高管显性激励与代理成本关系研究的文献，并基于理论基础进行了相应归类，发现现有研究结论的分歧主要源于三个方面，即缺乏对股权与期权治理效应异质性的认识、鲜有关注显性激励措施的协同效应、忽视可能存在的隐性激励等，并结合以上不足提出未来展望，希望为解决研究分歧、为我国公司高管激励的优化提供有益提示。

1.2 高管显性激励与代理成本关系研究现状：局部均衡分析

为了实现激励相容、解决委托代理理论下的道德风险问题，上市公司在治理实践中采用了不同类型的显性激励措施，如固定薪酬激励、股权激励等。本章遵循高管显性激励制度安排的演进，分别从不同理论视角（最优契约理论、管理层权力理论、心理所有权理论）对各种激励制度安排（薪酬激励、股权激励、期权激励等）与代理成本关系的研究进行梳理，发现该领域研究虽然实现了较大程度的合理化演进，但是尚处于局部均衡分析阶段，即缺乏对于各种显性激励制度安排协同效应的关注，并且忽视了可能存在的隐性激励等，这些潜在的不足可能导致了现有研究结论的分歧。

1.2.1 最优契约理论：如何优化高管显性激励的治理效果？

最优契约理论认为，委托人能够设计一套完善的机制，以激励和约束代理人的机会主义行为。但是由于人力资本重要性的提升以及对于契约完备性的关注，学者们在质疑最优契约理论时指出，固定薪酬激励无法有效解决激励相容问题（Lund and Polsky，2011），原因在于契约的动态不一致性，即契约的有效性随着外部环境的变化而存在不确定性，需要避免对于完备合同的追求，上市公司的激励措施开始追求动态性和递延性，逐步从固定薪酬激励发展到激励性薪酬（绩效工资、高管持股等）、递延性薪酬（股权激励等），一方面激发代理人群体的积极性、降低代理成本；而另一方面也可以补偿代理人群体的机会成本以及由此承担的风险。高管激励制度安排的演进过程，体现了学者们对于最优契约理论的批判性改进。

1. 高管薪酬激励与代理成本

遵循最优契约理论的研究思路，学者们对高管薪酬激励的研究结论相对一致，认为高管的薪酬与业绩具有正相关性，设计良好的薪酬激励契约可以有效结合管理层和股东的利益，缓解经理层自利引发的代理行为（Frydman and Saks，2010）。弗里德曼和萨克斯（Frydman and Saks，2010）通过研究1936~2005年美国上市公司数据，指出从较长的历史时期看，高管薪酬激励能够促进股东与高管的利益趋同化，并呈现出较强的薪酬—业绩敏感性。康勇和何（Conyon and He，2011）则在研究了中国上市公司2001~2005年的数据之后，指出中国资本市场中高管的薪酬激励确实能够降低代理成本、提升公司业绩。但是，不完全契约理论指出，固定薪酬激励无法有效解决激励相容问题（Lund and Polsky，2011），学者们开始放弃对于完备合同的追求，转而寻找辅助机制实现对于最优契约理论的有效补充和完善。监督机制的互补效应和薪酬合理化水平提升的替代效应，是目前学者们主要用以补充和完善最优契约理论的路径选择，其作为完善高管薪酬激励、降低代理成本的必要辅助机制，引起了学者们的关注。

监督机制的互补效应，细分为内源监督和外源监督的替代效应。内源监督的替代效应方面，主要体现在机构投资者和独立董事的监督效应，如林等（Lin et al.，2011）运用2004~2006年我国高科技行业上市公司的数据，研究了机构投资者和独立董事的监督对高管薪酬激励效果的积极治理效果。实证结果表明，高管薪酬激励可以有效降低代理成本，这种治理效果在高科技行业表现更为突出，通过进一步研究发现，机构投资者和独立董事的外部监督可以提高高管薪酬激励的有效性。康勇和何（Conyon and He，2011）的研究结论也支持了来自独立董事的内源监督替代效应。

另外，国内学者陈仕华等（2014）则注意到了纪委的监督效应，他们运用2003~2012年A股上市公司数据为样本，研究发现国企纪委参与治理对高管非货币性私有收益有显著抑制作用，即国企纪委的外部监督作用有利于降低高管薪酬激励带来的代理成本。外源监督的替代效应方面，学者们主要关注了外部审计和媒体监督的替代效应。拉波尔塔等（La Porta et al.，1999）率先将外部治理机制引入公司治理研究，自此外部治理机制开始得到学者们的关注。为了有效利用外部监督的治理效应，学者们开始考虑其在优化薪酬激励契约中的作用。彼勒格塔和克拉克（Belghitar and Clark，2014）以2000~2004年英国上市公司数据作为研究样本，研究结果显示良好的薪酬激励制度可以有效降低代理成本，同时强调了外部审计等外部环境的监督对降低大企业代理成本的作用。进一步分析，按照企业规模进行分组后，发现当高管的行为具有较强的隐蔽性时，大企业需要利用外部监督，以便有效地降低代理成本；而对于小企业而言，高管的行为相对较为透明，外部监督机制的替代效应并不显著。科里亚等（Corea et al.，2008）以1994~2003年1100家媒体关于CEO薪酬的报道数据作为样本，重点关注媒体的外部监督作用，指出虽然媒体会关注对高管超额薪酬的报道，但是研究结果并没有发现企业会因此而采用降低CEO薪酬或者提高CEO更换频率的方式来应对媒体的负面报道，即媒体的监督对代理成本的替代效应是有限的。但是国内学者杨德明和赵璨（2012）则以中国上市公司作为研究对象，发现尽管在政府或行政机构介入的条件下，高管收入与上市公司的业绩完全脱钩，使得高管无须承担业绩变动的风险，但是外部媒体的监督作用可以提高上市公司高管薪酬的合理水平，提高高管薪酬激励的有效性。

薪酬合理化水平提升的替代效应，指科学的薪酬安排能够提升高管薪酬的合理化水平、降低代理成本，有利于优化高管薪酬激励的治理效果。福斯特和扬（Foster and Young，2010）指出仅仅通过衡量管理层业绩，难以设计出合理的激励机制，而不合理的激励参照指标也是造成薪酬契约失效的原因之一。但是通过优化激励参照指标，可以制定有效的高管薪酬激励政策、降低代理成本。明尼克等（Minnick et al.，2010）认为薪酬—业绩敏感性能够提升薪酬合理化水平，并且通过实证研究发现具有较高薪酬—业绩敏感性的激励制度安排，能够提升企业并购行为的市场反应。但是，福斯特和扬（Foster and Young，2010）指出业绩导向的薪酬激励机制难以解决代理问题，因为甄别高管薪酬的绩效部分和非绩效部分是几乎不可能的。部分学者基于人力资本理论，指出薪酬激励安排需要对高管的人力资本或者社会资本给予补偿，以降低其机会主义动机。布鲁克曼和西斯尔（Brookman and Thistle，2013）通过研究S&P上市公司1993~2008年的数据，发现高管人力资本是影响薪酬水平的首要因素，而公司规模和市场机会等居于次要地位。扬和蔡（Young and Tsai，2008）通过研究隶属于企业集团的台湾上市公司2000~2002年的数据，指出非家族企业成员的CEO薪酬能够体现其社会资本的获取能力，但是该结论并不适用于属于家族企业成员的 CEO。另外，还有部分学者关注到了薪酬差距的比较（锦标赛理论），指出高管的薪酬比较可能影响薪酬合理化水平，进而影响代理成本。由于美国证券监管机构要求上市公司在年报中披露高管薪酬安排中的参照对象，福肯德和杨（Faulkender and Yang，2010）以 S&P 500 以及 S&P Midcap 400 公司的数据作为研究样本，发现上市公司存在选择薪酬水平较高的公司作为参照对象，以提高高管的薪酬水平的现象。阿尔博克基等（Albuquerque et al.，2013）利用 2006～2008 年 S&P 所有样本公司（S&P 500、S&P mid-cap 400、S&P small-cap 600）作为研究对象，也证实了上述结论。卡莱等（Kale et al.，2009）则从内部薪酬差距角度研究了这一问题，通过研究 1993～2004 年 S&P 所有样本公司（1500 家），其结论显示 CEO 与副总裁的薪酬差距越大，越有利于降低代理成本、提升公司业绩水平。

2. 高管股权激励与代理成本

随着薪酬激励不完备性的日益显露，企业所有者开始通过授予管理者一部分股权来提高激励的有效性，期望借此实现激励相容。最优契约理论的支持者认为，相较于薪酬激励，股权激励能够更好地实现股东和高管的利益趋同，避免由于代理成本导致的效率损失。伯恩斯等（Burns et al.，2015）运用 2003～2012 年奥地利、比利时、丹麦等 15 个欧洲国家的数据作为样本，研究欧洲股利政策的治理效应，研究结果表明，股权激励与额外津贴存在替代效应，且主要体现在法制化水平较低的成长型企业，笔者指出这种替代作用能够弥补薪酬激励的不完备性、显著降低代理成本。不同于伯恩斯等（Burns et al.，2015）的研究结论，本米莱克等（Benmelech et al.，2010）利用数理模型的推导，指出最佳的高管激励安排应该是股权激励与薪酬激励相结合，原因在于这样的安排中，股权激励可以引导高管选择有利于公司长期价值的方案或者选项，而薪酬激励（奖金）则可以弱化高管"自肥"动机，避免高管刻意隐瞒不利于公司长期价值的坏消息。埃文斯（Evans，2008）通过研究美国共同基金高管持股比例的治理效应，发现高管股权激励能够显著降低代理成本、提升共同基金的市场表现，原因在于股权激励能够较好地实现股东与高管的利益趋同。黄和吉姆（Hwang and Kim，2013）利用 Compustat、Corporate Library 等数据库，收集了美国上市公司 2006～2008 年的数据作为样本，从董事会角度研究了股权激励与代理成本的关系，结果显示股权激励能够推动独立董事更好地发挥监督职能，起到降低代理成本的作用。华和周（Hua and Zhou，

2008）借助于世界银行对于中国企业创新能力的调查，以来自中国 5 个城市和 10 个不同产业的 1500 家非上市公司 1998 ~ 2000 年的数据为研究样本，深入研究了高管股权激励对于公司绩效的影响。在配对检验中，笔者发现相较于没有实施高管持股的样本公司，实施高管持股的样本公司业绩水平更高；但是，随后的分析中，笔者发现高管股权激励与公司绩效呈现倒"U"型关系，且临界点出现在高管持股 50% 的情况，即随着持股比例的增加，高管"代理人"的身份会发生变化，进而导致代理成本类型由第一类代理成本转变为第二类代理成本。班森和戴维森（Benson and David-son，2009）在进行了相关内生性处理后，支持了高管持股与公司绩效的倒"U"型关系。

另外，还有部分学者对于股权激励的有效性提出了质疑，并研究了相关的优化机制。科尔斯等（Coles et al.，2012）以美国上市公司 1993 ~ 2000 年的数据为样本，并进行了严格的内生性处理之后，并没有稳健的证据表明股权激励有利于降低代理成本、提升公司绩效。旨在优化股权激励在降低代理成本中的作用，费尔南多和施奈鲍尔（Fernando and Schneible，2014）指出随着外部监管的强化，机构投资者会显著增加对家族企业的投资，打消受制于"内部人控制"的顾虑，从而更好地发挥对家族企业高管持股的监督作用，从而提升高管股权激励的有效性。

3. 高管期权激励与代理成本

最优契约理论认为，期权（Option）是代理成本的一种支付方式。由于持有期权的风险小于股票所有权风险（Murphy，1999），期权激励可以提高管理者风险投资活动的积极性，为企业价值的提升创造机会，这符合股东利益，有利于代理成本的降低（Chesney and Stromberg，2012）。科里亚等（Corea et al.，2008）选取美国 CEO 在 1993 ~ 2001 年的数据，其研究发现高管期权激励能够有效提升媒体监督对于代理成本的治理效应，但是这一调节效应并不适用于薪酬激励。孙等（Sun et al.，2009）运用 474 家美国上市公司的数据作为样本，发现了期权激励与企业绩效的正相关关系，而且这一关系在薪酬委员会有效的情况下更加显著，指出通过优化薪酬委员会结构，可以提高期权激励的有效性、降低代理成本。

1.2.2 管理层权力理论：代理成本内生于高管显性激励吗？

随着安然、世通丑闻的相继曝出，高管激励措施不再仅仅是实现激励相容的手段，还可能是管理层自肥的工具。学者们在质疑最优契约理论的同时，提出了管理层权力理论，认为自利的高管能够利用自身职务的便利，扭曲高管显性激励的积极效应；如果监管不当，高管显性激励很可能沦为高管借以侵占股东权益的工具，从而导致代理成本内生于高管显性激励中。由于管理层代理问题的存在，管理层可能存在利用自身权力谋取私利的动机，重要手段之一就是制订有利于自身利益的激励制度安排，如不合理的绩效分配、低标准的股权激励等。

1. 高管薪酬激励与代理成本

管理层权力理论的支持者认为，虽然高管薪酬激励的强度与企业绩效呈正相关性，获得较多薪酬激励的高管业绩表现也往往越好，但是由于信息的不对称性以及管理层权力的存在，管理者很可能做出自利性的薪酬设计，高管薪酬激励措施对代理成本的降低只能发挥有限的作用（Robinson and Sensoy，2013）。格思里等（Guthrie et al.，2012）甚至指出，由于管理层权力的存在，即使更加独立的董事会也无法影响 CEO 的薪酬水平以及相应的薪酬—业绩敏感性。

陈等（Chen et al.，2011）通过分析中国上市公司 1999 ~ 2009 年的数据，分别考察了管理层权力的三个维度对于高管薪酬的影响。结果显示，结构性权力（高管持股比例）、专家性权力（高管教育背景）和政治性权力均显著提升了高管薪酬。巴拉法斯和弗劳瑞克斯（Balafas and Florackis，2014）采用英国上市公司 1998 ~ 2010 年的数据，期望考察可能源于管理层权力、授予 CEO 高于同行业平均水平的薪酬是否会带来更多的未来收益，但是实证研究的结果表明高于同行业平均水平的薪酬激励并不能够显著提升企业的市场价值，而高管激励的强度甚至与企业短期、中期的绩效负相关，说明了管理层权力对薪酬激励效果的潜在影响。李等（Lee et al.，2014）则期望通过引入董事会的监督来约束管理层权力的消极影响，并选取美国 2695 家上市公司 1996 ~ 2009 年的数据，研究了 CEO 与独立董事的政策倾向一致性对企业价值和代理成本的影响。实证研究结果表明，独立董事政策倾向的独立性对薪酬激励的效果具有重要影响：当独立董事与 CEO 的政策倾向具有一致性时，独立董事对 CEO 的监督力较弱，而且政策的一致性倾向还会造成 CEO 较低的薪酬业绩敏感度，从而导致企业价值的降低和内部代理成本的增加。摩尔斯等（Morse et al.，2011）指出高管可能利用职务的便利，诱导董事会选择高管比较熟悉、擅长的业绩指标作为薪酬参照指标。为了证实这一判断，他们选取美国 1119 家公司的

1993～2003 年数据，发现 CEO 倾向于粉饰业绩以合理化自身的高薪酬，导致激励制度的扭曲、影响公司价值；但是他们也发现薪酬契约的完备披露能够弱化管理层权力的负面治理效果。黄再胜（2013）则从管理层权力对于自愿性信息披露的影响角度研究了高管薪酬激励与代理成本的关系，通过选择我国 A 股上市公司 2007～2011 年的数据为研究样本，指出尤其在国有企业，高管货币性薪酬与自愿性披露显著负相关，且自愿披露的信息大多与高管货币性薪酬的信息不相关，说明了由于管理层存在隐藏收益的自利行为，高管薪酬激励的有效性将会大大降低。

另外，部分学者认为非营利组织比营利组织面临更严重的代理问题，因而应将非营利组织作为研究重点。加勒和沃克（Galle and Walker，2014）通过收集英国 387 所私立高校和学院 1997～2007 年的面板数据，对非营利组织的代理问题进行实证研究，他们发现管理者权力对非营利组织高管薪酬的制定具有显著影响：当非营利组织的资金较少来源于外部捐赠时，管理层在薪酬的制定方面就拥有更大的自主权，代理成本也相应提高。

2. 高管股权激励与代理成本

由于管理层权力的潜在影响，学者们指出递延性薪酬是解决这一问题的可行之道，即增加股权、期权在高管薪酬体系中的权重，可以有效降低股东与管理层之间的代理成本。但是管理层权力理论认为，虽然股权激励的实施能提高公司内部控制的有效性，但是 CEO 会削弱激励机制在内部控制有效性中的提升作用（逯东等，2014）。由于管理层权力的存在，CEO 所持股份的增加同时会强化壕沟效应，使得高管持股与企业绩效呈倒 U 型关系（Baxamusa，2012；Benson and Davidson，2009），而当高管持股比例超过 50% 时，两者开始呈现显著负相关关系（Hua and Zhou，2008）。由于中国特殊的产权性质，国内股权投资者更加注重对企业股权的控制，加之公司管理层与投资者之间存在信息不对称性，投资者更不愿意让渡股权对高管进行股权激励，中国上市公司的股权激励也受到了部分学者的质疑（李维安、苏启林，2013）。连等（Lian et al.，2011）以 2006～2007 年中国实行股权激励计划的上市公司数据为样本，研究股权激励计划的实施对样本公司 2008～2009 年企业绩效的影响。实证结果表明，在国有企业或者股权集中的企业，实际控制人选派的管理层可能利用其权力对股权分配政策施加较大的影响，容易导致股权激励福利化，无法在降低代理成本方面发挥积极作用。国内学者张馨艺等（2012）则选取 2001～2008 年中国 A 股上市公司业绩预告作为研究样本，研究高管持股对择时信息披露的影响，研究结果发现，高管持股的比例与企业择时披露行为呈现显著正相关关系，即高管可能运用管理层权力操纵信息披露的行为，从而满足股权激励的相关目标，由此降低了股权激励的有效性、增加了代理成本。因此，基于管理层权力理论，高管股权激励反而可能加剧企业的信息不对称问题、增加代理成本（Xu，2013）。

为了避免由于管理层权力导致的股权激励失效，学者们着眼于外部治理机制，期望完备的外部治理能够弥补内部治理的不足，约束高管权力、提升股权激励的有效性。由于机构投资者存在对于家族企业的谨慎投资，以避免由于"内部人控制"的权力失衡而导致的效率损失，但是费尔南得和施奈鲍尔（Fernando and Schneible，2014）指出，随着外部监管环境的完善，机构投资者会显著增加对家族企业的投资，打消受制于"内部人控制"的顾虑，从而更好地发挥对家族企业高管持股的监督作用，提升股权激励的有效性，并降低股东与高管间源于利益不一致的代理成本。

3. 高管期权激励与代理成本

与股权激励研究相似，管理层权力理论视角的支持者认为高管期权激励无法实现股东与高管利益的趋同，原因在于管理层权力的潜在影响，原本被认为可以解决代理冲突的期权，反而会扩大代理问题的严重性（Pantzalis and Park，2014），主要表现为在期权激励计划推行前以及行权年度，普遍存在的盈余管理行为以及期权重定价问题等（丁保利等，2012）。吴等（Wu，2012）选取 2002～2008 年台湾上市公司的数据为样本，研究了企业期权重定价的动机，发现期权重定价的动机主要源于管理层避税、增加个人收益的目的。本米莱克等（Benmelech et al.，2010）利用数理模型的构建，分析了 20 世纪 90 年代的高科技快速发展以及 2008 年金融危机期间的高管股权激励，发现期权激励为主的薪酬结构，容易衍生高管的信息操纵行为（掩盖有关于未来发展的不利信息），或者投资决策的不当选择，容易导致期权激励行权前后的股价大涨大跌（This leads to a severe overvaluation and a subsequent crash in the stock price）。而纳拉亚南和塞伊洪（Narayanan and Seyhun，2008）选取了美国上市公司的期权激励样本（2002 年 8 月 29 日至 2004 年 12 月，共计 638757 个事件样本），研究发现通过期权期限的灵活设定，管理层可以从中获得巨大的经济利益。

另外，不同于最优契约理论对管理层风险中性的假定，管理层权力理论认为高管期权激励可能诱发高管追逐风险的冲动，导致管理层基于私利投资于高风险业务，偏离股东利益最大化的目标。米利德尼斯和斯戴斯伯乐斯（Milidonis and Stathopoulos，2011）选取上市保险公司1992~2007年的数据，检验了高管激励与市场违约风险之间的联系，研究结果显示期权激励的过度使用可能导致保险公司的远期违约风险，因为期权激励会刺激管理层为了获得最大收益，而从事不符合股东利益的高风险投资活动，从而导致高昂的代理成本。由于管理层权力的存在，学者们开始考虑如何借助公司治理机制优化期权激励的治理效应。海斯和莱蒙（Hayes and Lemmon，2012）通过收集美国上市公司2002~2008年CEO的薪酬数据，选取2005年关于期权费用化的FAS 123R准则作为外部制度变化控制变量，期望研究外部法规的变化能否优化期权激励和管理者风险态度间的关系。实证结果表明，期权激励并不能降低与风险相关的代理成本，这说明由于管理层权力的影响，外部准则的优化并不能够显著降低股东与管理层之间的代理成本。查欣和格尔根（Chahin and Goergen，2011）选取1997~2004年435家美国上市公司作为研究样本，发现在被授予IPO期权的情况下，拥有较大权力的CEO会以牺牲股东利益为代价从IPO溢价中获取巨大利益，降低期权激励的有效性，增加代理成本；但是如果拥有更加独立的董事会、更加积极的机构投资者，CEO的自利行为将受到一定程度的弱化，说明了有效的公司治理机制能够制衡高管权力导致的"自肥行为"。

1.2.3 心理所有权理论：意在解决分歧的心理学视角

由于最优契约理论和管理层权力理论研究结论的分歧，学者们开始将目光投向了新兴的行为经济学，以寻求分歧产生的原因以及解决的办法，其中心理所有权理论因为其对于所有权占有形式的观点显著区别于最优契约理论和管理层权力理论，而受到了学者的青睐。心理所有权理论认为，管理者具有某种事物应归为己有的心理认同感，即"心理所有权"，同时指出最优契约理论和管理层权力理论框架下的正式所有权并不会直接对管理者和员工的行为产生影响，而是间接地通过管理者对所有权的期望、高管的个性、对公平性比较等心理因素产生作用，并且管理者的这种"心理所有权"会影响高管显性激励的制度安排及其治理效果，进而对代理成本产生影响。越来越多的学者开始遵循着行为经济学，尤其是心理所有权理论的核心理念，深化了对于高管显性激励与代理成本关系的研究。

1. 高管薪酬激励与代理成本

心理所有权理论认为，薪酬激励的有效性可能源于薪酬的同业比较（Larkin et al.，2012），即由于高于平均水平后的心理满足感，而高管的"薪酬比较"心理和追求"非物质性需求"的偏好，会显著影响薪酬契约结构、高管的努力水平以及代理成本（Luo and Zhu，2013）。这种薪酬契约参照点（reference-dependent preferences）显著影响企业高管的行为选择，如果低于同行业或者同地区的均值，薪酬激励的有效性可能大打折扣（Hart and Moore，2008；Abeler et al.，2011）。基于心理所有权理论以及参照点契约的思想，企业股东倾向于选择高于同行的薪酬水平，以更加有效的激励本企业高管，避免由此可能产生的效率损失或者代理成本，这种激励安排在 CEO 是董事会成员或者 CEO 任期较长的企业更为显著（Faulkender and Yang，2010）。

尽管高管的心理满足能够提升显性激励的有效性水平，学者们也关注到了心理所有权理论在优化高管激励、降低代理成本中可能存在的负面影响：首先，参照对象选择可能存在偏见。如福肯德和杨（Faulkender and Yang，2010）指出，上市公司存在选择高于平均薪酬水平的同业公司作为本公司高管薪酬的参照点，这不仅可能诱导高管心理所有权水平的偏离，进而可能降低高管激励的有效性、不利于代理成本的降低。其次，忽视人力资本的参照作用。米什拉（Mishra，2014）指出高管与同行的比较不仅仅着眼于薪酬所得，还会将人力资本水平纳入比较框架：拥有较高管理技能水平的高管可能给企业带来更多的代理问题，原因在于他们认为自己为组织成长贡献较大，理应获得更高的回报，而这种心理预期使得组织在需要他们时，需要给出更有诱惑力的契约。为了应对心理所有权潜在的负面影响，学者们进行了有益的探索，意在借助公司治理机制优化心理所有权理论在高管激励中的积极作用。比齐亚克等（Bizjak et al.，2011）采用 ExecuComp 数据库中上市公司高管薪酬 2006 年 12 月至 2007 年 5 月的数据为样本，研究结论指出提升信息披露质量能够显著降低选择参照点方面的偏见，提升心理所有权的合理化水平，从而达到降低代理成本的目的。还有学者指出，授予高管隐性薪酬可以有效弥补薪酬契约在满足高管心理所有权水平方面的不足，进而起到降低代理成本、增加股东价值的目的。例如，明尼克和罗森塔尔（Minnick and Rosenthal，2014）以 2003～2007 年 S&P 500 家上市公司的数据作为研究对象，发现虽然额外授予高管隐性激励在长期可能会降低企业的 ROA 和托宾 Q 值，但是却可以实现管理者薪酬契约向期望薪酬所得的回归，有利于代理成本的降低。

2. 高管股权激励与代理成本

心理所有权理论认为，高管股权激励的治理效应可能受到高管个性以及公平性比较等心理因素的影响。吉利特等（Guillet et al.，2012）通过分析我国2200家餐饮企业1992～2007年的样本数据，发现在餐饮企业中，不同性格的高管对持股比例有不同的期望值，因而对股权激励政策的反应存在差异性，进而对代理成本也会产生不同的影响。洪等（Hung et al.，2012）则研究指出高管团队成员个性的多元化也是影响股权激励契约设置的重要因素，因为高管团队成员个性的多样化可以弥补和限制管理者决策中忽视的股票投资多元化问题以及潜在的追逐风险的冲动，能够有效降低股权激励契约的代理成本。

部分学者在关注股权激励对于高管心理所有权影响的同时，指出心理所有权理论在股权激励中的不当应用也可能产生负面影响：不公平感可能影响股权激励的有效性。如国内学者刘峰和冯星（2014）以2006～2012年我国实施股权激励政策的上市公司为研究样本，实证分析了上市公司终止实施股权激励政策的动机，结论显示公司终止股权激励的主要原因在于企业对高管和核心员工的股权分配差异可能引起激励对象对分配公平性的质疑，这时股权激励不仅没有发挥促使高管或者员工与股东利益的趋同、降低代理成本的作用，反而影响了高管或者员工的工作积极性、抬高了代理成本。

3. 高管期权激励与代理成本

心理所有权理论的支持者指出，期权作为一种长期激励方式，对高管工作信心以及风险承担能力的影响会受到多种因素（如期间贴现率变化、环境不确定性等）的作用，进而对代理成本产生影响（Pepper and Alexander，2014）。当高管对驾驭工作的能力保持高度自信时，期权激励对企业绩效产生正面影响，并降低代理成本；而当高管对驾驭工作的自信心不足时，期权激励对企业绩效的正面影响会发生逆转（reverse），不利于代理成本的降低（Martin and Geoffrey，2015）。

不同于最优契约理论的管理层风险中性假设和管理层权力理论的管理层风险偏爱假设，心理所有权理论认为，大多数人在面临损失时是风险偏爱的，而在面临获利时是风险规避的，且对损失往往比对获利更为敏感（Kahneman and Tversky，1979）。因此，处于不同程度的期权对高管的风险承担能力以及代理成本的影响不同。萨维尔斯和莱特（Sawers and

Wright，2011）选取美国东海岸和西海岸大学的 108 名 MBA 学员作为样本，进行实验研究。研究当授予高管的期权处于不同在值程度（平值期权、实值期权）时，企业风险投资活动的变化。研究结果表明，相比于盈利时，持有平值期权的高管在企业亏损的环境下更乐于承担风险投资活动，但是这一现象在持有实值期权的高管中并不显著。张等（Zhang et al.，2008）采用 ExecuComp 数据库和美国审计局公布的 2532 家上市公司 1996～2001 年数据，从代理理论和预期理论的视角研究虚值期权、实值期权与高管盈余管理行为之间的关系。实证研究结果表明，持有大量虚值期权的高管更倾向于操纵利润来满足股东期望，以此将持有的虚值期权转化为实值期权。进一步地研究发现，企业绩效和高管任期对价外期权与盈余管理的关系具有重要影响。当企业绩效较差或者高管任期较长时，持有大量虚值期权的高管更倾向于对企业进行盈余管理。然而，这一现象在持有实值期权的高管中并没有发现。上述结论表明，不同于管理层权力理论对期权重定价增加代理成本的研究，心理所有权视角认为，通过期权再定价，将高管持有的部分虚值期权转化为实值期权，可以有效抑制管理者过度风险投资并降低企业风险（Subramaniam and Park，2012），同时提高股东财富和经理效用，增强再定价后的正激励效应，实现股东和管理层利益的有效结合、降低代理成本（Gregoire and Glenn，2013）。

综合上述，目前关于高管显性激励与代理成本关系研究虽然理论基础全面（包含了传统的最优契约理论、管理层权力理论以及汲取了心理学思想的心理所有权理论）、研究视角系统多样（综合考虑积极与消极治理效果），但是依旧存在研究结论的分歧（见表 1 - 1）。通过梳理现有文献，本书认为导致研究结论不一致的潜在原因在于研究思路还停留在局部均衡分析层面，即静止、分离的考察某一项显性激励安排的治理效果，而缺乏更为系统、全面的一般均衡分析思路。

表 1 - 1　　　　高管显性激励与代理成本关系研究：局部均衡分析

	最优契约理论	管理层权力理论	心理所有权理论
基本假定	高管显性激励能够实现股东与高管利益的趋同化，进而降低代理成本	高管存在利用权力并影响激励制度安排的"自肥"动机，从而降低了激励的有效性水平，无法解决代理问题	高管的心理所有权合理化水平决定了其忠诚、努力程度
关键优化路径	强化内部治理和外部监管	强化外部监管	优化参照点选择

续表

	最优契约理论	管理层权力理论	心理所有权理论
主要理论贡献	（1）合理的激励安排能够提升激励的治理效果； （2）内部治理和外部监管充当促进股东与高管利益趋同的外生调节变量	（1）高管权力内生于激励安排； （2）外部监管充当促进股东与高管利益趋同的外生调节变量，而内部治理可能沦为高管谋取私利的工具，导致严重的内生性问题	（1）心理因素显著影响高管激励的治理效果； （2）参照点选择内生于股东与高管利益趋同的过程
研究局限	（1）没有打开高管显性激励与代理成本关系的"黑箱"，即没有回答"二者的作用机理"这一问题； （2）没有严格区分股权与期权激励关于激励期限的差异化治理效果	（1）过于强调高管权力，忽略了部分限制高管权力的情境因素，如制度环境等； （2）假定高管天然存在利用权力谋取私利的动机，忽视了企业家精神等积极因素	（1）优化参照点选择的路径研究凤毛麟角； （2）高管激励的实验研究难度较大

资料来源：根据文献整理。

1.3　高管显性激励与代理成本关系研究进展：一般均衡分析

近年来，学者们开始注意到现有高管显性激励与代理成本关系研究的不足，即静态局部均衡分析的倾向，多数研究关注于单一显性激励方式对于代理成本的治理效应，而忽视了显性激励有效性的组合效应、显性激励有效性的情境以及显性激励规模的增长动因。因此，在高管显性激励与代理成本关系研究领域，学者们开始了诸多有益的探索，如研究显性激励的组合效应、情境因素的调节作用、显性激励的影响因素等，意在完善现有研究体系，实现局部均衡分析向一般均衡分析的转变。

首先，高管显性激励有效性的组合效应研究。由于外部环境的不确定性以及内部治理的复杂性，单一激励措施难以实现委托人与经理人的激励相容约束，可能需要多种激励措施的协同效应，以适应高管激励的客观要求。有的学者指出多种显性激励措施之间存在互补效应，如本米莱克等（Benmelech et al.，2010）指出，同时授予高管股权和薪酬激励（奖金）是最优激励方式，原因在于二者能够实现高管激励的互补效应：虽然股权激励可以激发管理层努力工作的热情，但同时可能导致隐藏企业长期发展面临的负面消息、选择次优投资方案的倾向。在这种情况下，敢于披露企业长期发展面临问题的高管如果能够获得一定的薪酬激励，将会起到提高企业长期绩效、降低代理成本的积极作用。国内学者徐宁、徐向艺（2013）则运用中国高科技上市公司 2007～2010 年的平衡面板数据，研究了薪酬激励、股权激励以及控制权激励等主要激励契约之间的交互关系对技术创新的整合效应，结果发现股权激励在薪酬激励与控制权激励的双重调节作用下，能够显著促进高科技公司的技术创新，即在技术创新过程中，股权激励能够与薪酬激励等激励方式形成互补关系。还有学者则指出多种显性激励措施之间可能存在替代效应，如伯恩斯等（Burns et al.，2015）提出在外部环境对企业保护较弱的情况下，股权激励对薪酬激励具有良好的替代作用，但是如何运用股权激励与薪酬激励的协同效应降低代理成本缺乏具体研究。

其次，高管显性激励有效性的情境研究。为了甄别高管显性激励的情境因素，学者们分别从公司特征和公司治理两个角度进行了研究。公司特征方面，公司规模作为公司特征的重要表现形式引起了学者们的关注。明尼克等（Minnick et al.，2010）研究指出高管薪酬激励与公司业绩敏感性的关系主要体现在中小型银行，而大型银行中这一关系并不显著，即银行规模是影响显性激励有效性的情境因素。彼勒格塔和克拉克（Belghitar and Clark，2014）经过实证则研究发现，外部监督能够提升目标上市公司的透明度，强化高管激励的有效性，但是外部监督对于不同规模上市公司的影响存在差异性，如大企业的提升效应更为有效。公司治理方面，股权结构（股权性质）、董事会治理（薪酬委员会）、经理层（CEO 任期）等常规内部治理机制都被证实了在高管显性激励与代理成本关系方面的调节效应。康勇和何（Conyon and He，2011）选取中国上市公司 2001～2005 年的数据作为研究样本，并从股权性质方面指出，相较于国有企业，民营企业中的高管薪酬激励与公司业绩敏感性的关系更加显著。孙等（Sun et al.，2009）则在研究了 474 家美国上市公司的期权激励计划之后，发现薪酬委员会质量显著影响期权激励计划的有效性。以 S&P 上市公司作为研究样本，卡莱等（Kale et al.，2009）关注到了 CEO 任期对于显性激励与代理成本关系的调节效应：CEO 任期时间的长短显著影响薪酬激励的有效性，即接近退休或者合约到期的 CEO 与新晋 CEO 的激励效果是存在显著差异的。

最后，高管显性激励规模的增长动因研究。由于高管显性激励与代理成本研究并没有取得一致的研究结论，学者们开始循着研究路径、向前探寻高管显性激励的增长动因，意在剖析高管显性激励规模不断增大的原因，以便回答为什么上市公司倾向于提升高管显性激励的规模，但却无法实现股东与高管的利益兼容这一问题。学者们在该领域的研究结论并没有取得一致，其争论的核心在于高管人力或者社会资本是否得到了合理补偿。支持者认为，随着资本市场竞争的日趋激烈，上市公司或者股东为了在稀缺的人力资源竞争中获取优势，应该提供给高管具有吸引力的显性激励，以弥补高管自身人力资本或者社会资本的机会成本。阿尔布开克等（Albuquerque et al.，2013）通过研究 2006～2008 年 S&P 所有样本公司，构建了基于高管人力资本和高管自利行为的两组变量，结果发现高管人力资本能够作为主要解释变量影响显性激励规模的增长。布鲁克曼和西斯尔（Brookman and Thistle，2013）则选取 S&P 上市公司 1993～2008 年的数据作为研究对象，指出高管的人力资本（管理技能）是决定薪酬激励规模最重要的因素，其他诸如公司规模、劳动力市场机会等因素仅处于次要位置。反对者则认为，尽管面临资本市场的激烈竞争，上市公司或者股东并没有设计出行之有效的激励安排，促进股东与高管利益的趋同，而高管显性激励增长动因方面，公司规模对薪酬的影响程度甚至超过业绩（Gabaix and Landier，2008），甚至还有学者指出高管显性激励规模主要参照公司规模的扩大，而不是业绩的提升（Gayle and Miller，2009）。盖尔和米勒（Gayle and Miller，2009）选取美国上市公司 1944～2004 年的数据（1978～1993 年数据缺失）作为研究对象，实证检验结果发现上市公司规模的外生性显著影响了高管薪酬规模的增长，即公司规模直接影响了高管显性激励水平的提升。斯格勒（Sigler，2011）则以 2006～2009 年 280 家纽约上市公司作为研究样本，实证研究发现公司规模对高管薪酬具有重要影响，是决定 CEO 薪酬最重要的因素，支持了盖尔和米勒（Gayle and Miller，2009）的发现。加尔贝斯和兰德尔（Gabaix and Landier，2008）通过研究美国上市公司高管 1980～2003 年的数据，发现样本期间的高管收入增长了 6 倍，其增长原因主要在于高管所属公司市场价值也增长了 6 倍，并且没有发现反向的相关关系，说明公司规模的扩大才是高管薪酬激励规模增长的原因，而不是高管薪酬激励的增长推动了公司市值规模的扩大。

因此，目前学者们开始推动高管显性激励与代理成本关系研究向一般均衡分析转变，其分析框架也较之于现有主流的局部均衡分析发生了一定的演进（见图 1 – 1）。

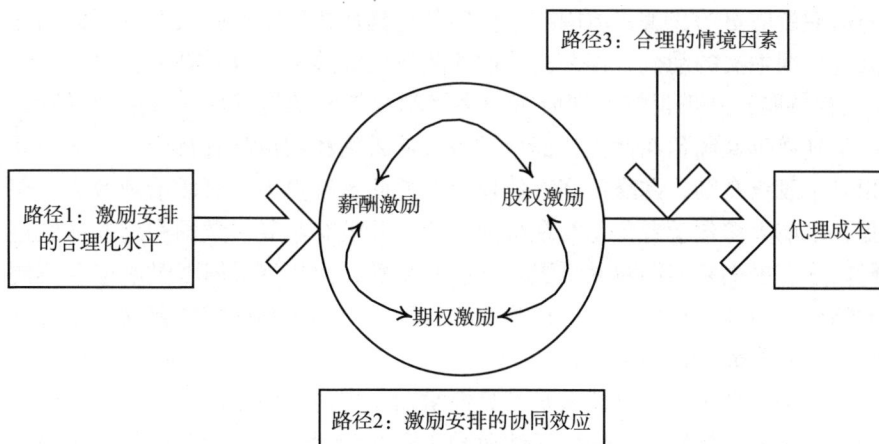

图 1 – 1　高管显性激励与代理成本关系分析框架

1.4　未来研究展望

　　通过梳理学者们关于高管显性激励与代理成本关系的研究，单一显性激励安排（薪酬激励、股权激励、期权激励等）得到了学者们的广泛关注，并分别从最优契约理论、管理层权力理论和心理所有权理论等理论视角进行了研究，但是结论令人莫衷一是。为了甄别有效的显性激励安排，该领域研究逐渐由局部均衡分析向一般均衡分析进行转变，研究对象也从单一显性激励安排转向了关注显性激励有效性的组合效应、显性激励有效性的情境因素以及显性激励规模的增长动因等方面，为高管显性激励与代理成本关系研究提供了诸多有益的理论探索。但是，现有关于高管显性激励与代理成本关系的研究在研究对象细分、情境因素设置、心理因素的引入等方面尚存在不足，进而衍生出几个亟须回答的问题，如股权激励与期权激励期限的差异是否发挥着不同的治理效应？显性激励安排的治理效应在引入隐性激励安排后是否存在权变性？高管心理因素的变化是否会影响显性激励安排的治理效果？针对以上问题，本书认为可以从以下几个方面进行深化研究，期望能够从理论上提供合理的激励制度安排。

　　首先，正确区分股权激励与期权激励，通过将激励期限引入分析框架，探究显性激励安排的有效性。蒂罗尔（Tirole，2010）认为，股票与股票期权作为高管激励的不同形态，其治理效应存在一定差异，其中后者的治理效应更为显著，原因在于借助其递延性的特征，股票期权可以弱化高管短期主义的动机、提升高管的薪酬业绩敏感性。也就是说，股权激励（高管持股）依旧没有实现股东与高管利益趋同的持续性，而期权激励则由于其递延性和预期性的特征，具备长期激励和约束高管行为的功能，其相对于股权激励，在降低高管代理成本方面具有更为显著的治理效应。但是，目前大多数学者，尤其是国内学者，并没有对股权激励和期权激励进行区分，更多是将期权激励混同于股权激励，而忽视了两者激励期限不同的问题。因此，正确区分股权与期权激励、识别激励期限的差异，也许是解决现有研究分歧的可行路径。

其次，系统考虑显性激励与隐性激励安排的协同效应，通过将隐性激励安排纳入分析框架，增强显性激励研究的合理性。高管激励，不仅包括薪酬激励、股权激励、期权激励等显性激励安排，还涉及声誉激励、控制权激励等隐性激励安排。如果在研究高管激励与代理成本关系时，仅仅关注高管显性激励，而忽略了隐性激励的作用，研究结果可能存在严重的内生性问题。如米切尔斯和沃尔德克斯（Michiels and Voordeckers，2013）指出，高管显性激励在家族企业和非家族企业的治理效果方面存在差异，具体表现为非家族企业的薪酬业绩敏感度显著高于家族企业。这是因为在家族企业中，股东通常选派亲属、亲信担任公司管理层高管，即基于股东与高管信任关系的声誉激励能够发挥治理效果，具体来说，由于股东与高管以信任关系作为纽带，即使股东给予高管的显性激励并不足以弥补高管的机会成本，但是高管依旧会忠诚于股东的利益，其目的不再是单一的谋取物质奖励，维系信任关系也可能是目标之一。布罗德斯伽德（Brodsgaard，2012）指出中国的经济发展证明了经济自由化与政治干预能够实现协同效应，原因之一就是中国大量上市公司脱胎于国企，而上市公司高管的任命和晋升并不仅仅是绩效导向的，还存在一定的政治前途导向，即上市公司高管为了维持良好的声誉、获取政治晋升，存在自愿牺牲经济利益的可能（周黎安，2007）。因此，如果在高管显性激励与代理成本关系研究中忽略了隐性激励的作用，潜在的内生性问题将严重影响研究结论的稳健性。

最后，深化高管心理因素对于高管激励安排的治理效果研究，通过引入行为经济学的最新研究，优化高管激励研究框架。尽管为了解决最优契约理论和管理层权力理论的研究分歧，学者们开始引入心理所有权理论，力求从心理学的视角寻求解决分歧的路径，但是目前在高管激励安排研究领域的心理学视角依旧没有跳出传统委托代理理论的束缚：将高管的心理变化看做股东激励安排的接受者，而不是互动者。哈特（Hart，2009）率先将"参照点契约"引入到经济学研究，指出契约双方的参照点显著影响各自的努力水平。随后埃伯利等（Abeler et al.，2011）、费尔等（Fehr et al.，2011）深化了"参照点契约"的经济学应用，指出如果委托人不能正确认识代理人的参照点，其激励安排可能难以满足代理人的诉求、进而存在失效的可能。进一步分析，如果将"参照点契约"引入到高管激励与代理成本关系研究框架中，学者们需要充分考虑股东与高管各自的参照点，如中国情境下上市公司高管的参照点可能更加倾向于政治晋升而非物质奖励，以期更加准确的捕捉高管的诉求点、优化高管激励制度安排。

参 考 文 献

［1］Abeler J，Falk A，Goette L，Huffman D. Reference points and effort provision，American Economic Review，2011，101（2）：470 – 492.

［2］Albuquerque A，De Franco G，Verdi R. Peer choice in CEO compensation，Journal of Financial Economics，2013，108（1）：160 – 181.

［3］Benmelech E，Kandel E，Veronesi P. Stock – based compensation and CEO（dis）incentives，Quarterly Journal of Economics，2010，125（4）：1769 – 1820.

［4］Benson B，Davidson Ⅲ. Reexamining the managerial ownership effect on firm value，Journal of Corporate Finance，2009，15（5）：573 – 586.

［5］Bizjak J，Lemmon M，Nguyen T. Are all CEOs above average？An empirical analysis of compensation peer groups and pay design，Journal of Financial Economics，2011，100（3）：538 – 555.

［6］Brookman J，Thistle P. Managerial compensation：luck，skill or labor markets，Journal of Corporate Finance，2013，21（1）：252 – 268.

［7］Burns N，McTier B C，Minnick K. Equity – incentive compensation and payout policy in europe，Journal of Corporate Finance，2015，30（3）：85 – 97.

[8] Chahine S, Goergen M. The two sides of CEO option grants at the IPO, Journal of Corporate Finance, 2011, 17 (4): 1116 – 1131.

[9] Chen J, Ezzamel M, Cai Z. Managerial power theory, tournament theory, and executive pay in China, Journal of Corporate Finance, 2011, 17 (4): 1176 – 1199.

[10] Coles J, Lemmonb M, Meschke J. Structural models and endogeneity in corporate finance: the link between managerial ownership and corporate performance, Journal of Financial Economics, 2012, 103: 149 – 168.

[11] Conyon M, He L. Executive compensation and corporate governance in China, Journal of Corporate Finance, 2011, 17 (4): 1158 – 1175.

[12] Corea J, Guaya W, Larcker D. The power of the pen and executive compensation, Journal of Financial Economics, 2008, 88 (1): 1 – 25.

[13] Evans A Portfoli. Manager ownership and mutual fund performance, Financial Management, 2008, 37 (3): 513 – 534.

[14] Faulkender M, Yang J. Inside the black box: the role and composition of compensation peer groups, Journal of Financial Economics, 2010, 96 (2): 257 – 270.

[15] Foster D, Young H. Gaming performance fees by portfolio managers, Quarterly Journal of Economics, 2010, 125 (4): 1435 – 1458.

[16] Frydman C, Saks R. Executive compensation: a new view from a long-term perspective, 1936 – 2005, Review of Financial Studies, 2010, 23 (5): 2099 – 2138.

[17] Gabaix X, Landier A. Why has CEO pay increased so much, Quarterly Journal of Economics, 2008, 123 (1): 49 – 100.

[18] Gayle G, Miller R. Has moral hazard become a more important factor in managerial compensation, American Economic Review, 2009, 99 (5): 1740 – 1769.

[19] Guillet B D, Kucukusta D, Xiao Q. An examination of executive compensation in the restaurant industry, International Journal of Hospitality Management, 2012, 31 (1): 86 – 95.

[20] Guthrie K, Sokolowsky J, Wan K. CEO compensation and board structure revisited, Journal of Finance, 2012, 67 (3): 1149 – 1168.

[21] Hart O, Moore J. Contracts as reference points, Quarterly Journal of

Economics, 2008, 123 (1): 1 - 48.

［22］ Hart O. Hold - up, Asset ownership and reference points, Quarterly Journal of Economics, 2009, 124 (1): 267 - 300.

［23］ Hua Y, Zhou X. The performance effect of managerial ownership: evidence from China, Journal of Banking & Finance, 2008, 32 (10): 2099 - 2110.

［24］ Hung M, Liu Y, Tsai C. Managerial personal diversification and portfolio equity incentives, Journal of Corporate Finance, 2012, 18 (1): 38 - 64.

［25］ Jensen M, Meckling W. Theory of the firm: managerial behavior, Agency Costs and Ownership Structure, Journal of Financial Economics, 1976, 3 (4): 305 - 360.

［26］ Kale J, Reis E, Venkateswaran A. Rank - order tournaments and incentive alignment: the effect on firm performance, Journal of Finance, 2009, 64 (3): 1479 - 1512.

［27］ La Porta, Lopez - de - Silanes F, Shleifer A. Corporate ownership around the world, Journal of Finance, 1999, 54 (2): 471 - 517.

［28］ Larkin I, Pierce L, Gino F. The psychological costs of pay-for-performance: implications for the strategic compensation of employees, Strategic Management Journal, 2012, 33 (10): 1194 - 1214.

［29］ Lee J, Lee K, Nagarajan N. Birds of a feather: value implications of political alignment between top management and directors, Journal of Financial Economics, 2014, 112 (2): 232 - 250.

［30］ Minnick K, Rosenthal L. Stealth compensation: do CEOs increase their pay by influencing dividend policy, Journal of Corporate Finance, 2014, 25 (6): 435 - 454.

［31］ Minnick K, Unal H, Yang L. Pay for performance? CEO compensation and acquirer returns in BHCs, Review of Financial Studies, 2010, 24 (2): 439 - 472.

［32］ Mishra D. The dark side of CEO ability: CEO general managerial skills and cost of equity capital, Journal of Corporate Finance, 2014, 29 (10): 390 - 409.

［33］ Morse A, Nanda V, Seru A. Are incentive contracts gigged by powerful CEOs, Journal of Finance, 2011, 66 (5): 1779 - 1821.

[34] Narayanan M, Seyhun H. The dating game: do managers designate option grant dates to increase their compensation, Review of Financial Studies, 2008, 21 (5): 1907 - 1945.

[35] Robinson D T, Sensoy B A. Do private equity fund managers earn their fees? Compensation, ownership, and cash flow performance, Review of Financial Studies, 2013, 26 (11): 2760 - 2797.

[36] 陈仕华、姜广省、李维安、王春林:《国有企业纪委的治理参与能否抑制高管私有收益》, 载《经济研究》2014 年第 49 卷第 10 期, 第 139 ~ 151 页。

[37] 丁保利、王胜海、刘西友:《股票期权激励机制在我国的发展方向探析》, 载《会计研究》2012 年第 6 期, 第 76 ~ 80 页。

[38] 黄再胜:《高管薪酬自愿性披露存在信息操纵吗——来自中国上市公司的经验证据》, 载《南开管理评论》2013 年第 16 卷第 4 期, 第 68 ~ 79 页。

[39] 徐宁、徐向艺:《技术创新导向的高管激励整合效应——基于高科技上市公司的实证研究》, 载《科研管理》2013 年第 34 卷第 9 期, 第 46 ~ 53 页。

[40] 周黎安:《中国地方官员的晋升锦标赛模式研究》, 载《经济研究》2007 年第 7 卷第 36 期, 第 36 ~ 50 页。

第2章 高管薪酬管制、产权性质与双重代理成本*

以双重代理理论为基础，运用中国上市公司 2007～2013 年的平衡面板数据对高管薪酬管制的利弊进行分析，并探讨在不同产权性质公司中多元治理主体对薪酬管制的调节效应及其差异。结果表明：薪酬管制利弊并存，表现为对高管在职消费的抑制作用与对大股东防御效应的促进作用；在国有控股公司中，董事会行为对高管薪酬与在职消费的关系具有负向调节效应，机构投资者治理对高管薪酬与大股东防御效应的关系具有负向调节效应；在民营控股公司中，管理层权力对高管薪酬与在职消费的关系具有正向调节效应。因此，理性权衡薪酬管制利弊并有效利用治理主体的制衡作用才是提高薪酬合理性的必要途径。

2.1 引　　言

高管薪酬的合理性问题一直是国内外理论界与实践界共同关注的焦点。根据有效契约假说的相关观点，合理的薪酬契约设计可以促进高管利益与股东利益相结合，从而降低委托代理成本，使股东财富得以增加[1]。然而，自 20 世纪 70 年代以来，美国公司的高管薪酬持续上升，社会公众对于高管的超额薪酬产生强烈不满，甚至演化为屡次的抗议活动。2001 年安然丑闻之后，高管薪酬受到更多的质疑与诘难[2]。伯切克（Bebchuk，2003）随之提出了管理层权力假说，指出由于管理层权力的滥用，过高的薪酬反而成为了代理问题的一部分[3]。伴随 2008 年金融危机的全球性蔓延，在中国公司中高管薪酬与绩效的严重脱钩及过大的薪酬差距也成为了

＊ 本章内容发表在《重庆大学学报（社会科学版）》2016 年第 6 期。

质疑的对象。为此，针对高管薪酬的规定相继颁布。近年来，薪酬管制政策的涉及范围不断扩大，力度也不断提高。2015 年 1 月 1 日《中央管理企业负责人薪酬制度改革方案》开始实施，旨在对国有企业，尤其是中央直属企业负责人及高层管理人员的薪酬及福利进行限定。在该项政策的指导之下，中国移动等企业发布了降薪方案。此项政策及其在企业界引起的高管降薪风波，在学术界引发了更为激烈的争论。

　　高管薪酬管制能否有效平息过高薪酬带来的争议？这种通过看得见的手对高管薪酬进行管制的方式，是对公司治理自主权的禁锢，还是发挥政策手段的有效途径？是权宜之计，还是治本之策？目前，学者们多持有相互对立的观点，如坎比尼（Cambini，2015）通过实证检验发现，只有当公司高管薪酬被管制的时候，薪酬与业绩之间才具有显著的敏感性，薪酬管制可以降低管理层防御（managerial entrenchment）行为发生的可能性[4]。赛伯恩和赫麦林（Cebon and Hermalin，2015）也认为，限制高管薪酬可以提高公司效率[5]。然而，有很多学者对此抱以怀疑甚至是反对的态度，如迪特尔等（Dietl et al.，2011）指出，高管薪酬的有效性在于薪酬结构的制定而不是薪酬水平的限制，较高水平的薪酬对于留住和激励高管是非常必要的[6]，徐细雄和刘星（2013）则通过实证检验证实，政府薪酬管制恶化了高管腐败等问题[7]。本书认为，单纯运用简单对立的思维方式去考虑高管薪酬管制的合理性问题是有待商榷的。首先对于以股权相对集中或高度集中为主要特征的上市公司而言，双重委托代理理论比单一委托代理理论的解释力更强，更有利于实现全体股东利益的最大化[8]，因此应将高管薪酬效应的研究范畴从单一代理成本拓展到双重代理成本。其次，应从系统整合的视角出发去客观地分析其利弊，即将高管薪酬作为公司治理系统中的一个子系统，综合考虑其受到多元治理主体制衡的影响及程度。这些主体包括控股股东、机构投资者、董事会以及管理者自身等，其行为或权力能够对高管薪酬激励的作用过程与效果产生影响。在不同产权性质之下，这些治理主体对于高管薪酬激励的影响也显著不同。

　　鉴于此，本章以双重代理成本理论为基础，从系统整合的视角出发，运用中国上市公司 2007 ~ 2013 年的平衡面板数据，对高管薪酬管制的利弊以及控股股东、机构投资者、董事会及管理层等多元公司治理主体的权力或行为对于高管薪酬激励效果的调节效应进行实证检验，并对国有控股与民营控股上市公司的差异进行分析，旨在为中国上市公司高管薪酬激励设计提供更多的理论参考。

2.2　理论分析与研究假设

2.2.1　双重代理成本视角下高管薪酬管制的利弊分析

在现代公司中，尤其是股权较为集中的上市公司中，普遍存在两类代理成本。经营者与股东间存在第一类代理成本，其实质是由于信息不对称与契约不完备而产生的权益损失[1]，而控股股东会利用其控制权侵占其他股东利益因而产生了第二类代理成本[9]。本书认为，双重代理成本理论是对高管薪酬利弊分析的基础。从该视角出发，合理的高管薪酬应具有两个方面的效用：一是能够为高管提供充分有效的激励，从而降低第一类代理成本；二是能够适度地发挥约束作用，减少其在经营管理中的短视行为，降低高管与大股东合谋的风险，使其更加注重除股东之外的其他利益相关者的长期利益。因此，过低的薪酬水平会导致激励不足，不利于吸引并留住人才，而过高的薪酬会导致激励过度、约束不足，甚至引起员工与公众的不满。那么，对薪酬进行管制可能会在一定程度上避免激励过度而导致的弊端，但如何应对其所引致的激励不足的问题？如何在激励过度与激励不足之间进行合理的权衡？

有研究表明，高管薪酬管制对公司而言是有利的，能够提高效率并增加利润。如赛伯恩和赫麦林（Cebon and Hermalin，2015）经过检验证实，基于产出的正式激励契约将会使 CEO 更愿意去攫取预期的租金，从而降低效率与收益。倘若基于产出的激励契约被制定一个上限，薪酬管制将会增加盈余及公司利润[5]。国内学者马连福（2012）也指出，在国有企业中薪酬管制能够起到一定的缩小高管与普通员工薪酬差距，降低民愤的作用，尤其是如果公司管理者也是党委会成员，他们会主动发挥表率作用，对高管薪酬管制的相关政策会更加积极地响应，降低自身的薪酬水平[10]。因此，对企业高管特别是国有企业高管的薪酬进行限制，面对晋升机会以及来自外部较强舆论媒体监督的企业高管会严格约束自己的行为，尽量降低自己的在职消费水平（perk）。也就是说，高管薪酬管制可以降低第一类代理成本。

然而，对高管薪酬进行限制也有其不利的一面。依照契约理论的观点，如果对高管的激励不足或偏离了外部参照基准，高管将产生消极的心理感知，进而在企业中表现出努力水平降低，组织承诺弱化甚至是主动离职的倾向[11]。而在此情形之下，高管也很有可能会产生与控股股东合谋的倾向，从而提高第二类代理成本。王和肖（Wang and Xiao，2011）经研究证实，当公司中存在隧道资源或者管理者的权力受到一定程度的限制而导致其利益遭到损失时，高管就可能与控股股东合谋，通过增加大股东防御效应（entrenchment effect）以使自己获利[12]。由此可知，对高管薪酬进行限制可能会导致高管的自利行为加强，这是因为在对高管薪酬进行限制的同时，也使得高管自身的权力受到了一定程度的管制，产生与大股东合谋、侵占中小股东权益的动机与行为。通过以上分析提出假设：

假设1a：高管薪酬激励强度与在职消费水平显著正相关，也即对高管薪酬进行管制会导致在职消费水平的下降，从而降低第一类代理成本。

假设1b：高管薪酬激励强度与大股东防御效应显著负相关，即对高管薪酬进行管制会增强大股东对中小股东的防御效应，从而增加第二类代理成本。

2.2.2 多元治理主体对高管薪酬激励效应的影响

本书认为，高管薪酬管制利弊并存，不能单纯将其孤立起来，运用简单对立的思维方式去判定其合理性。要从系统整合的视角出发去客观地分析其利弊，即将高管薪酬管制作为公司治理系统中的一个子系统，综合考虑其受到多元治理主体制衡的影响及程度。赛伯恩和赫麦林（Cebon and Hermalin，2015）的研究在一定程度上也验证了本章的上述观点。两位学者指出，高管薪酬管制能够提高公司效率的情形是根据情境条件的变化而变化的，研究表明，当管理层权力增加的时候，薪酬管制的有效性会有所降低，当董事会效率提高的时候，薪酬管制的有效性则会有所提高[5]。然而，本书认为，管理层权力与董事会效率仅仅是诸多情境条件中的一部分。为使该问题得到更好地诠释，应该考虑到公司主要的多个治理主体，其中包括控股股东、机构投资者、董事会以及管理层。这些主体的权力制衡将会显著影响高管薪酬管制的有效性。

由于控股股东的特殊性质，同时扮演着"监督者"与"侵占者"的双重角色。一方面，控股股东要承担战略决策带来的主要收益和成本，有动机参与战略决策，以获得收益避免损失[13]，这是控股股东的监督效应。

　　另一方面，由于现金流权与控制权的显著分离，控股股东拥有攫取公司资源的强烈动机，并且也有能力通过其高额持股操控公司实施有利于自己而损害其他股东的资源转移活动，这便是控股股东的防御效应。这种防御效应在不同产权性质中有所不同，相对于国有企业，民营控股公司的大股东对中小股东利益的侵占程度更高[14]。控股股东对于高管薪酬及其激励效果会产生显著的影响，如张等（Zhang et al.，2014）经研究得出，控股股东与中小股东之间的利益冲突会影响到公司高管的薪酬，控股股东会利用手中的权力通过降低高管薪酬与绩效的敏感性与高管合谋侵害股东利益，如果高管的薪酬契约被打破，高管的薪酬受到管制，就会促使高管与控股股东间的合谋[15]。王琦、吴冲（2015）经研究发现：大股东股权越集中，高管薪酬有效性越强；大股东管理介入度越高，高管薪酬有效性越弱。因此，控股股东的权力是影响高管薪酬管制效果的重要调节变量[16]。

　　机构投资者是上市公司中重要的外部治理主体，相对于中小投资者而言，机构投资者持股比例更大，专业性更强，因此更有动机与能力去参与上市公司的治理。倘若其能够通过多种途径发挥治理的积极作用，不仅能够有效监督管理者，同时也能够约束控股股东的行为。哈尔茨尔和斯塔克斯（Hartzell and Starks，2003）的研究表明，机构投资者的监督作用有利于减少股东与管理者之间的代理问题，从而影响高管薪酬的制定[17]。程书强（2006）也经研究证实，机构投资者参与公司治理会加强对管理层的监督，对上市公司盈余管理现象产生了一定的抑制作用[18]。同时，机构投资者能够帮助公司形成制衡度较强的股权结构，减少大股东对中小股东的侵占效应以及大股东控制权的私有收益，因此，机构投资者对于大股东的防御行为有抑制作用[19]。由此可知，机构投资者治理是影响高管薪酬管制效果的另一个重要调节变量。

　　作为股东与经理层之间连接的桥梁，董事会是公司治理最为重要的内部治理主体之一。由高管薪酬制定的程序与流程可知，董事会对于高管薪酬的制定有着较大的话语权，对于高管薪酬的合理性也有着更为直接的关系。董事会的作用在理论界一直备受推崇，观点相悖的代理理论与管家理论对此也拥有统一的看法，即董事会有能力也有积极的意愿监督管理层。代理理论认为，拥有雇佣、解雇、对高管支付薪酬的合法权利的董事会能够保护所投入的资本[20]，管家理论也认为，董事会会像管家一样管理好所有者财产，尽可能约束管理者的不正当行为，维护股东的利益[21]。本书认为，相对于董事会结构而言，董事会行为才是影响高管薪酬激励效应的调节变量，其原因在于，合理的董事会结构是保证其有效运行的必要条件，董事会有效性更多地取决于其运行机制与行为，而不仅仅是其结构完善与否[22]。

除上述三种治理主体之外，高管本身是高管薪酬最为直接的受益者，当然也受到高管薪酬管制最为直接的影响，他们拥有权力的大小决定了其攫取自身利益与避免自身损失的能力。由管理层权力理论可知，管理层有动机利用手中的权力来寻租，其权力与薪酬水平成正相关关系[23]。也有实证研究表明，管理层权力与在职消费之间存在显著的正相关关系[24,25]。傅颀、汪祥耀（2013）的研究结果表明，管理层权力的增大抑制和削弱了薪酬契约的有效性，表现为货币薪酬与在职消费都高，但业绩未必好，此时在职消费反倒可能诱发新的代理问题[26]。管理层权力在不同产权性质公司中的作用及程度有所不同，但学者们的观点有所差异。王新等（2015）认为，在国有企业，高管人员在企业决策中拥有相对于民营企业较强的自由裁量权，缺乏明确的所有者监督[27]；伯切克等（Bebchuk et al.，2002）却认为，在民营上市公司中企业高管通常由民营股东或其家属担任，这使得民营上市公司高管天然享有极大的管理者权力或企业权威[28]。

此外，我国特有的体制路径和制度环境造就了上市公司国有性质和非国有性质二元分离的现实格局，国有企业和非国有企业在很多方面存在着较大差异[29]。国有控股企业的高管多为政治官员身份，而民营控股企业的高管则多为职业经理人[30]。薪酬激励对于不同产权性质公司的高管具有不同的激励作用。刘绍娓、万大艳（2013）经研究发现，国有上市公司的高管薪酬增加对绩效的积极效应略高于非国有上市公司的高管薪酬对公司绩效的积极效应[31]。同时，两类企业的薪酬黏性①也不相同，方军雄（2009）证实了民营上市公司具有更高的薪酬业绩敏感性和更少的薪酬黏性[32]。因此，在不同产权性质的公司中，上述治理主体的制衡对高管薪酬管制的效果会产生不同的影响。综上所述，提出以下假设：

假设2a：控股股东权力、机构投资者治理、董事会行为以及管理层权力对于高管薪酬与在职消费水平之间的正向关系具有调节效应。但这种调节效应在国有控股与民营控股上市公司中具有明显差异。

假设2b：控股股东权力、机构投资者治理、董事会行为以及管理层

---

① 　在上市公司中，高管的薪酬呈现黏性特征，高管薪酬并不会因为其业绩的下降而大幅下降，有可能会呈现缓慢的上升趋势。

权力对于高管薪酬与大股东防御效应之间的负向关系具有调节效应。但这种调节效应在国有控股与民营控股上市公司中具有明显差异。

2.3　研究设计

2.3.1　样本选择与数据来源

本章选择中国沪深 A 股上市公司作为研究样本，选取 2007～2013 年为研究区间，除去金融类上市公司、剔除 ST 类公司、被停止上市的公司以及数据缺失的公司，每年度得到 499 家公司，7 年共 3493 个有效观测样本的平衡面板数据。按照终极产权属性将上市公司分为国有控股与民营控股两类。相关公司治理结构数据与财务指标数据来自于国泰安数据库。

2.3.2　变量定义与计算方式

1. 因变量

根据以往学者的研究，衡量第一类代理成本的变量在职消费（PK）水平用"公司年末披露的办公费、差旅费、业务招待费、通讯费、出国培训费、董事会费、小车费和会议费等八项费用之和与主营业务收入之比"来测量[33]。第二类代理成本的操作变量为大股东防御效应（EE），由于大股东"掏空"上市公司最为普遍的途径是对公司的资金占用，而这种资金占用在财务报表中主要体现在应收账款和其他应收款两个科目中，后者是大股东对资金的直接占用，因而选择"其他应收款/总资产"来测量大股东防御效应[34]。

2. 自变量

根据相关学者的研究，选择以"公司年末披露的前三位高管薪酬总额的自然对数"来测量货币薪酬激励强度。

3. 调节变量

参考以往学者的研究，选择对总经理和董事长是否两职合一来测度经营层权力，选择终极控制人控制权与所有权的两权偏离程度作为控股股东权力的操作变量[34]。董事会行为是董事会治理机制的表现形式，用董事会会议次数来衡量董事会行为非常具有价值[35]。董事会会议次数反映了信息交换的频率，是正式制度约束下的董事会履职行为强度的体现[36]。因此，本章选择董事会会议次数作为董事会行为的操作变量。机构投资者治理用十大股东中机构投资者的持股比例来进行测量。

其他变量定义与计算方式如表 2 – 1 所示。

表 2 – 1　　　　　　　　　变量定义与计算方式

分类	变量名称	符号	变量定义与计算方式
因变量	在职消费水平	PK	公司年末披露的办公费、差旅费、业务招待费、通讯费、出国培训费、董事会费、小车费和会议费等八项费用之和与主营业务收入之比
	大股东防御效应	EE	公司其他应收款占总资产的比例
自变量	薪酬激励强度	SI	公司年末披露的前三位高管薪酬总额的自然对数
调节变量	控股股东权力	CS	控制权与现金流权之差，控制权等于控制链上所持股份的最小值，现金流权等于最终控制人控制链上各个控制环节持股比例的乘积
	机构投资者治理	II	公司年末十大股东中机构投资者持股数量与股权总数的比例
	董事会行为	BB	董事会年度召开会议频率
	管理层权力	MP	虚拟变量。经营者与董事长或副董事长兼任，设为 1，否则为 0
控制变量	股权集中度	CO	公司年末第一大股东所持股权数量占股权总数的比例
	股权制衡度	Z	公司年末第一大股东与第二大股东之比
	产权性质	OW	虚拟变量。终极控制人为国有取值为 1，为非国有取值为 0
	公司规模	Size	公司期末总资产的自然对数
	成长性	Grow	总资产增长率* = (期末总资产 – 期初总资产)/期初总资产

注：*在实践中，公司通常可以通过外部增长与内部增长两种途径进行成长，外部增长是指通过各种外部融资方式（债券与股票等）筹集资金实现的增长模式，内部增长则是指依赖公司留存收益而实现的增长。但公司无论选择何种模式，其最终都至少表现为总资产的扩大，故本章选择总资产的增长率来表示公司成长性。

2.3.3　研究模型

本章采用 2007 ~ 2013 年的平衡面板数据，运用多元回归分析与 Hausman 检验对参数进行估计，建立模型如下：

$$Y_{i,t} = \alpha + u_i + b_1 SI_{i,t} + b_2 CS_{i,t} + b_3 II_{i,t} + b_4 BB_{i,t} + b_5 MP_{i,t} + b_6 CR_{i,t}$$
$$+ b_7 Z_{i,t} + b_8 OW_{i,t} + b_9 Size_{i,t} + b_{10} Grow_{i,t} + e_{i,t}$$

加入交互项作为调节变量，模型如下：

$$Y_{i,t} = \alpha + u_i + b_1 SI_{i,t} + b_2 SI_{i,t} \times II_{i,t} + b_3 CS_{i,t} + b_4 II_{i,t} + b_5 BB_{i,t} + b_6 MP_{i,t}$$
$$+ b_7 CR_{i,t} + b_8 Z_{i,t} + b_9 Size_{i,t} + b_{10} Grow_{i,t} + e_{i,t}$$

$$Y_{i,t} = \alpha + u_i + b_1 SI_{i,t} + b_2 SI_{i,t} \times MP_{i,t} + b_3 CS_{i,t} + b_4 II_{i,t} + b_5 BB_{i,t} + b_6 MP_{i,t}$$
$$+ b_7 CR_{i,t} + b_8 Z_{i,t} + b_9 Size_{i,t} + b_{10} Grow_{i,t} + e_{i,t}$$

$$Y_{i,t} = \alpha + u_i + b_1 SI_{i,t} + b_2 SI_{i,t} \times BB_{i,t} + b_3 CS_{i,t} + b_4 II_{i,t} + b_5 BB_{i,t} + b_6 MP_{i,t}$$
$$+ b_7 CR_{i,t} + b_8 Z_{i,t} + b_9 Size_{i,t} + b_{10} Grow_{i,t} + e_{i,t}$$

$$Y_{i,t} = \alpha + u_i + b_1 SI_{i,t} + b_2 SI_{i,t} \times CS_{i,t} + b_3 CS_{i,t} + b_4 II_{i,t} + b_5 BB_{i,t} + b_6 MP_{i,t}$$
$$+ b_7 CR_{i,t} + b_8 Z_{i,t} + b_9 Size_{i,t} + b_{10} Grow_{i,t} + e_{i,t}$$

在上述模型中，$Y_{i,t}$ 为在职消费水平（PK）或大股东防御效应（EE），i 表示横截面的个体，t 表示时间，α 表示截距项，$b_i (i = 1, 2, \cdots)$ 为模型回归系数，$e_{i,t}$ 表示随机干扰项。数据分析采用的是 Stata12.0。

2.4　实证研究结果分析

2.4.1　主要变量描述性统计

由表 2 - 2 可知，高管的薪酬激励强度均值呈现出逐年递增的趋势，从 2007 年的 13.5051 增长到 2013 年的 14.2241，其最大值也逐步上升，最小值则先下降后上升。在职消费水平的平均值各年度均在 0.05 以上，呈现出先下降后又上升的趋势，但变化幅度不大，趋势较为平稳。2009 年平均值的极值为 0.0585，其最大值在 0.15 左右，2011 年最大值的极值达到 0.1703。大股东防御效应均值的变化幅度较大，2007 年为 0.0301，2011 年变为 0.0165，下降了将近 50%。这说明，随着治理水平以及制度监管有效性的提升，上市公司的第二类代理问题较之 2007 年有了较大地改善。

表 2 – 2　　　　　　　　　　　分年度变量描述性统计

变量	年度	2007	2008	2009	2010	2011	2012	2013
薪酬激励强度（SI）	平均值	13.5051	13.6499	13.7495	13.9555	14.0906	14.1634	14.2241
	最大值	15.6529	16.0092	15.9209	15.9245	16.2747	16.9637	17.1668
	最小值	11.0186	11.7906	10.3609	10.3797	10.3080	12.2061	11.2118
	标准差	0.7669	0.7128	0.7293	0.7296	0.7297	0.6686	0.6800
在职消费水平（PK）	平均值	0.0555	0.0561	0.0585	0.0573	0.0575	0.0575	0.0564
	最大值	0.1491	0.1495	0.1489	0.1491	0.1703	0.1473	0.1497
	最小值	0.0039	0.0041	0.0057	0.0055	0.0057	0.0052	0.0052
	标准差	0.0347	0.0356	0.0375	0.0346	0.0361	0.0361	0.0365
大股东防御效应（EE）	平均值	0.0301	0.0236	0.0185	0.0186	0.0165	0.0163	0.0183
	最大值	0.5129	0.5565	0.3271	0.3615	0.3773	0.3786	0.3855
	最小值	0.0002	0.0002	0.0001	0.0001	0.0000	0.0000	0.0000
	标准差	0.0513	0.0408	0.0285	0.0312	0.0306	0.0278	0.0344

2.4.2　面板数据结果分析

表 2 – 3 是上市公司高管薪酬与在职消费以及大股东防御效应的关系实证分析结果。Model Ⅰ 与 Model Ⅱ 是因变量为在职消费水平的分析结果，其中，Model Ⅰ 未加入高管薪酬自变量，Model Ⅱ 加入了该变量，经过 Hausman 检验两者均选择了随机效应模型，模型具有整体有效性。由两者对比可知，当加入高管薪酬自变量之后，高管薪酬的系数在 0.01 的水平上显著为正，并且 ΔR^2 为 0.156。这表明，高管薪酬与在职消费水平之间具有显著的正相关关系，高管薪酬越低，在职消费水平越低。因此，对高管薪酬进行限制能够较好地控制在职消费水平。Model Ⅲ 与 Model Ⅳ 是因变量为大股东防御水平的分析结果，其中，Model Ⅲ 未加入高管薪酬自变量，Model Ⅳ 加入了该变量，经过 Hausman 检验两者均选择了随机效应模型，模型整体有效。由两者对比可知，当加入高管薪酬自变量之后，高管薪酬的系数在 0.01 的水平上显著为负。这表明，高管薪酬与大股东之防御效应之间具有显著的负相关关系，高管薪酬越低，大股东防御效应越高。因此，对高管薪酬进行限制，反而促进了高管与控股股东的合谋导致

了更多的大股东对中小股东的侵占行为。

表 2 - 3　　　　　　　　上市公司高管薪酬管制的利弊分析

模型 变量	DV 为 PK		DV 为 EE	
	Model Ⅰ	Model Ⅱ	Model Ⅲ	Model Ⅳ
高管薪酬（SI）		0.0046 *** （4.14）		- 0.0046 *** （- 3.30）
控股股东权力（CS）	- 0.0232 ** （- 2.18）	- 0.0219 ** （- 2.18）	0.0202 ** （2.09）	0.0215 ** （2.23）
机构投资者治理（II）	- 0.0082 * （- 1.90）	- 0.0091 ** （- 2.13）	0.0034 （0.64）	0.0043 （0.82）
董事会行为（BB）	0.0005 ** （2.57）	0.0005 ** （2.44）	0.0010 *** （5.05）	0.0010 *** （5.56）
管理层权力（MP）	0.0045 ** （2.10）	0.0036 （1.70）	- 0.0020 （- 0.90）	- 0.0012 （- 0.54）
股权集中度（CR）	0.0032 （0.45）	0.0053 （0.76）	- 0.0010 （- 1.28）	- 0.0116 （- 1.55）
股权制衡度（Z）	- 0.00004 *** （- 2.66）	- 0.00005 *** （- 2.84）	0.00001 （0.69）	0.00002 （0.84）
股权属性（OW）	- 0.0010 （- 0.44）	- 0.0005 （- 0.23）	- 0.0013 （- 0.65）	- 0.0018 （- 0.89）
公司规模（SIZE）	- 0.0029 *** （- 3.50）	- 0.0048 *** （- 5.70）	- 0.0036 *** （- 3.43）	- 0.0017 （- 1.45）
公司成长性（GROW）	0.0001 （0.38）	0.0002 （0.70）	- 0.0001 （- 0.65）	- 0.0002 （- 1.03）
R^2	0.0643	0.0799	0.0654	0.0580
F/Wald 检验	Wald = 2870.03 P = 0.0000	Wald = 2910.46 P = 0.0000	Wald = 402.10 P = 0.0000	Wald = 402.98 P = 0.0000
Hausman 检验	Random Effect	Random Effect	Random Effect	Random Effect

注：*** 、** 、* 分别表示 1%、5%、10% 的显著性水平，括号内为 T 值或 Z 值；Hausman 检验：P 小于 0.05 拒绝原假设，采用固定效应模型（FE），否则接受原假设，采用随机效应模型（RE）；对 Hausman 设定检验无法判别的模型，采用随机效应模型（RE）。

表 2 - 4 列示了在国有控股与民营控股上市公司中，不同治理主体对

高管薪酬与在职消费关系的调节效应。Model Ⅰ 到 Model Ⅳ 是以国有控股公司为样本的分析结果，Model Ⅴ 到 Model Ⅷ 是以民营控股公司为样本的分析结果。上述模型经过 Hausman 检验后均选择了随机效应，且均通过了 Wald 检验。从变量系数的显著性来看，Model Ⅲ 的交互项 SI * BB 在 0.1 水平上显著为负，同时自变量的系数在 0.05 水平上显著为正。这说明，在国有控股上市公司中，董事会行为（BB）对于高管薪酬与在职消费之间的正相关关系具有负向的调节效应，即高管薪酬越高，在职消费水平也随之提高，但董事会行为能够削弱高管薪酬对在职消费的正向影响。也就是说，董事会行为能够有效抑制由高管薪酬过度上涨所引起的负面效应，即第一类代理成本的提高。此外，在以民营控股上市公司为样本的分析结果中，Model Ⅷ 的交互项 SI * MP 在 0.1 水平上显著为正，同时自变量的系数在 0.1 水平上显著为正。这表明，在该类公司中，管理层权力对于高管薪酬与在职消费之间的正向关系具有正向的调节效应。也就是说，高管薪酬越高，在职消费水平越高，而高管权力越大，这种正向的促进效应越明显。在管理层权力较大的民营控股公司中，过高的高管薪酬所带来的负面效应将会更加严重。

表 2 - 4 　　　 不同治理主体对高管薪酬与在职消费关系的调节效应

模型 变量	国有控股上市公司				民营控股上市公司			
	Model Ⅰ	Model Ⅱ	Model Ⅲ	Model Ⅳ	Model Ⅴ	Model Ⅵ	Model Ⅶ	Model Ⅷ
SI	0.0026 * (1.67)	0.0024 (1.38)	0.0077 *** (2.72)	0.0034 ** (2.39)	0.0039 (1.60)	0.0040 * (1.70)	0.0083 *** (2.14)	0.0036 * (1.80)
SI * CS	0.0171 (1.16)				0.0093 (0.55)			
SI * II		0.0059 (1.12)				0.0037 (0.60)		
SI * BB			-0.0004 * (-1.73)				-0.0003 (-1.24)	
SI * MP				0.0002 (0.96)				0.0050 * (1.66)
CS	-0.2421 (-1.18)	-0.0031 (-0.24)	-0.0069 (-0.31)	-0.0035 (-0.27)	-0.1778 (-0.76)	-0.0511 *** (-2.81)	-0.0511 *** (-2.81)	-0.0519 *** (-2.85)

续表

变量 \ 模型	国有控股上市公司				民营控股上市公司			
	Model Ⅰ	Model Ⅱ	Model Ⅲ	Model Ⅳ	Model Ⅴ	Model Ⅵ	Model Ⅶ	Model Ⅷ
II	−0.0088*	−0.0916	−0.0094*	−0.0092*	−0.0100	−0.0621	−0.0106	−0.0113
	(−1.71)	(−1.23)	(−1.81)	(−1.77)	(−1.41)	(−0.72)	(−1.36)	(−1.46)
BB	0.0002	0.00023	0.0064*	0.0002	0.0006*	0.0006*	0.0053	0.0006**
	(1.18)	(1.12)	(1.78)	(1.13)	(1.77)	(1.80)	(1.16)	(1.83)
MP	0.0026	0.0027	0.0027	0.0005	0.0033	0.0034	0.0034	−0.0629
	(0.92)	(0.96)	(0.97)	(0.01)	(1.08)	(1.08)	(1.06)	(−1.58)
CR	−0.0064	−0.0069	−0.0069	−0.0066	0.0200*	0.0195*	0.0200*	0.01991*
	(−0.74)	(−0.80)	(−0.79)	(−0.76)	(1.70)	(1.70)	(1.75)	(1.74)
Z	−0.00001	−0.00002	−0.00002	−0.00002	−0.0001***	−0.0001***	−0.0001***	−0.0001***
	(−0.79)	(−0.82)	(−0.85)	(−0.85)	(−4.75)	(−4.68)	(−4.77)	(−4.68)
SIZE	−0.0061***	−0.0061***	−0.0061***	−0.0062***	−0.0024	−0.0023	−0.0023	−0.0022
	(−5.52)	(−5.50)	(−5.47)	(−5.53)	(−1.35)	(−1.32)	(−1.30)	(−1.25)
GROW	0.0002	0.00033	0.0002	0.0002	0.00002	0.00002	4.00e−06	0.00003
	(0.46)	(0.65)	(0.31)	(0.38)	(0.06)	(0.08)	(0.01)	(0.09)
R^2	0.0810	0.0760	0.0716	0.0740	0.0426	0.0374	0.0370	0.0382
F/Wald 检验	Wald = 50.7 P = 0.0000	Wald = 33.0 0.0002	Wald = 53.2 P = 0.0000	Wald = 49.9 P = 0.0000	Wald = 40.6 P = 0.0000	Wald = 40.3 P = 0.0000	Wald = 41.9 P = 0.0000	Wald = 41.5 P = 0.0000
Hausman 检验	Random Effect	Random Effect	Random Effect	Random Effect	Random Effect	Random Effect	Random Effect	Random Effect

注：***、**、*分别表示1%、5%、10%的显著性水平，括号内为 T 值或 Z 值；Hausman 检验：P 小于 0.05 拒绝原假设，采用固定效应模型（FE），否则接受原假设，采用随机效应模型（RE）；对 Hausman 设定检验无法判别的模型，采用随机效应模型（RE）。

表 2−5 列示了在国有控股与民营控股上市公司中，治理主体对高管薪酬与大股东防御效应关系的调节效应。Model Ⅰ到 Model Ⅳ是以国有控股上市公司为样本的分析结果，经过 Hausman 检验后均选择了随机效应，且通过了 Wald 检验；Model Ⅴ到 Model Ⅷ是以民营控股上市公司为样本的分析结果，经过 Hausman 检验后均选择了固定效应，且通过了 F 检验。但从变量系数的显著性上来看，Model Ⅱ的交互项 SI * II 在 0.05 水平上显著为正，同时自变量系数在 0.01 水平上显著为负，其他模型的交互项系数均不显著。由此可知，在国有控股上市公司中，机构投资者治理对于高管

薪酬与大股东防御效应之间的负相关关系具有负向的调节效应，即高管薪酬越低，大股东防御效应越高，在机构投资者治理削弱了这种关系。也就是说，在机构投资者有效参与公司治理的情境之下，对国有控股上市公司的高管薪酬进行管制，可以有效地抑制薪酬管制的弊端，即对于大股东防御效应的促进效应。

表 2 - 5   不同治理主体对高管薪酬与大股东防御效应关系的调节效应

变量	国有控股上市公司				民营控股上市公司			
	Model I	Model II	Model III	Model IV	Model V	Model VI	Model VII	Model VIII
SI	-0.0038* (-1.87)	-0.0064*** (-2.69)	-0.0028 (-1.32)	-0.0046** (-2.44)	-0.0026 (-0.65)	0.0023 (0.41)	0.0043 (0.73)	-0.0029 (-0.83)
SI * CS	-0.0127 (-1.12)				0.0145 (0.46)			
SI * II		0.0109** (2.34)				-0.0171 (-0.88)		
SI * BBD			-0.0002 (-0.65)				-0.0005 (-1.14)	
SI * DUL				0.0015 (0.59)				0.0061 (-0.83)
CS	0.1512 (0.97)	-0.0249** (-2.41)	-0.0258** (-2.48)	-0.0258** (-2.46)	-0.2760 (-0.63)	-0.0754** (-1.98)	-0.0765** (-2.00)	-0.0744* (-1.95)
II	0.0054 (1.01)	-0.1464** (-2.26)	0.0055 (1.04)	0.0056 (1.05)	-0.0261 (-1.10)	0.2096 (0.77)	-0.0270 (-1.40)	-0.0258 (-1.11)
BBD	0.0006*** (2.94)	0.0006*** (2.94)	0.0028 (0.81)	0.0006*** (2.97)	0.0011*** (2.62)	0.0011** (2.62)	0.0087 (1.31)	0.0012*** (2.59)
DUL	-0.0035 (-1.27)	-0.0034 (-1.24)	-0.0035 (-1.26)	-0.0239 (-0.67)	-0.0003 (-0.06)	-0.0003 (-0.06)	-0.0007 (-0.15)	-0.0847 (-0.84)
CR	-0.0242** (-2.44)	-0.0247** (-2.46)	-0.0242** (-2.43)	-0.0240** (-2.40)	0.0379* (1.77)	0.0412** (2.00)	0.0349* (1.64)	0.0349* (1.64)
Z	0.00002 (0.60)	0.00002 (0.46)	0.00002 (0.64)	0.00002 (0.63)	-5.14e-06 (-0.18)	-0.00001 (-0.53)	-6.39e-06 (-0.23)	-4.20e-0 (-0.15)
SIZE	0.0003 (0.24)	0.00037 (0.31)	0.0003 (0.28)	0.0003 (0.28)	-0.0126** (-2.37)	-0.0125** (-2.43)	-0.0123** (-2.31)	-0.0123** (-2.36)
GROW	-0.0006 (-1.42)	-0.0003 (-0.85)	-0.0006 (-1.40)	-0.0006 (-1.38)	0.00009 (0.32)	0.00005 (0.20)	0.0001 (0.32)	0.0001 (0.41)

变量	国有控股上市公司				民营控股上市公司			
	Model I	Model II	Model III	Model IV	Model V	Model VI	Model VII	Model VIII
R^2	0.0273	0.0204	0.0293	0.0261	0.0109	0.0152	0.0125	0.0132
F/Wald 检验	Wald = 38.70 P = 0.0000	Wald = 33.19 P = 0.0003	Wald = 36.75 P = 0.0001	Wald = 33.40 P = 0.0002	F = 2.57 P = 0.0045	F = 3.13 P = 0.0006	F = 2.53 P = 0.0052	F = 2.58 P = 0.0044
Hausman 检验	Random Effect	Random Effect	Random Effect	Random Effect	Fix Effect	Fix Effect	Fix Effect	Fix Effect

注：***、**、*分别表示 1%、5%、10% 的显著性水平，括号内为 T 值或 Z 值；Hausman 检验：P 小于 0.05 拒绝原假设，采用固定效应模型（FE），否则接受原假设，采用随机效应模型（RE）；对 Hausman 设定检验无法判别的模型，采用随机效应模型（RE）。

2.5　主要结论与政策建议

2.5.1　主要结论

本章从系统整合的视角出发，以双重代理成本理论为基础，运用中国上市公司 2007～2013 年的平衡面板数据，对高管薪酬管制的利弊进行理论与实证分析，并进一步探讨在不同产权性质的上市公司中，控股股东、机构投资者、董事会及管理层等多元公司治理主体的权力或行为对于高管薪酬激励效果的调节效应，得出以下结论：第一，高管薪酬与在职消费水平之间存在显著的正相关关系，与大股东防御效应之间存在显著的负相关关系。这表明，对于高管薪酬进行限制有利有弊，一方面，通过薪酬管制可以降低高管的在职消费水平；另一方面却加剧了大股东对中小股东的防御效应。第二，在国有控股上市公司中，董事会行为对高管薪酬与在职消费水平之间的关系具有显著的负向调节作用，机构投资者持股对高管薪酬与大股东防御效应之间的关系具有显著的负向调节作用。在国有控股公司中，高效的董事会可以削弱由高管薪酬过高而导致的在职消费过度问题，并且在积极机构投资者治理的作用之下，对高管薪酬进行限制，能够有效改善其催生大股东侵占行为的弊端。第三，在民营控股上市公司中，管理层权力对高管薪酬与在职消费水平之间的关系具有显著的正向调节效应，即管理层权力越大，高管薪酬对在职消费的正向作用更加明显。由于篇幅所限，本章聚焦于薪酬管制对代理成本的影响作用，后续研究将进一步探讨薪酬管制对高管行为、公司价值等因素的影响。

2.5.2　政策建议

第一，在国有控股公司中适度科学地实施薪酬管制，并从薪酬结构与决定因素两方面入手提高高管薪酬的合理性。正如 2015 年《关于深化国有企业改革的指导意见》对国企负责人的薪酬结构进行了调整，改为"基本年薪、绩效年薪和任期激励收入"三部分构成，同时限制了国企高管基本年薪收入。笔者建议，这三者的决定因素各不相同，基本年薪应由行业、规模等因素决定，绩效年薪应由企业综合绩效决定，当然，这里的绩效并不仅仅是财务绩效，也应该包括创新绩效，衡量绩效的指标也应该从单一型向多维型转变，如经济附加值（EVA）等。任期激励收入由工作年限等确定，同时绩效年薪所占比例应进一步加强。

第二，在不同产权性质的公司中通过强化各个治理主体的有效制衡作用来提高高管薪酬激励的合理性。在国有控股公司中，应尽量发挥董事会与机构投资者等治理主体的监督与治理作用。提高董事会有效性，强化独立董事的尽职行为，发挥党组织对董事会的示范引领与监管作用，鼓励机构投资者进入董事会，或者以外部大股东的身份参与公司治理，从而提高监督的有效性。而在管理层权力较大的民营控股公司中，薪酬过高所带来的负面效应将会更加严重，在此种情境之下，可通过其他治理主体对管理层的监督与制约减少管理层权力滥用现象。

第三，形成国有控股公司职业经理人的市场选聘机制，有效发挥国资委等治理主体的监督作用。在深入推进国有控股公司的市场化改革，真正实现国资委由"管资产"向"管资本"的方向转变的同时，应形成并完善职业经理人的市场选聘机制，经理人的身份不再是政府干部，而是市场化的职业经理人。同时，应进一步有效发挥国资委和纪委等治理主体的监督监察作用，严格约束企业内管理层不合理的在职消费，将国企高管的履职待遇、业务支出和薪酬标准等信息通过职工代表大会等沟通渠道进行公开公布，实现高管收入的透明化。

参 考 文 献

［1］Jensen M C, Meckling W H. Theory of the firm: managerial behavior, agency costs and ownership structure, Journal of Financial Economics, 1976, 3 (4): 305 – 360.

［2］Jarque A. CEO compensation: trends, market changes, and regulation, FRB Richmond Economic Quarterly, 2008, 94 (3): 265 – 300.

［3］Bebchuk L A, Fried J M. Executive compensation as an agency problem, Journal of EconomicPerspectives, 2003, 17 (2): 71 – 92.

［4］Cambini C, Rondi L, De Masi S. Incentive compensation in energy firms: does regulation matter? Corporate Governance: An International Review, 2015, 23 (4): 378 – 395.

［5］Cebon P, Hermalin B E. When less is more: the benefits of limits on executive pay, Review of Financial Studies, 2015, 28 (6): 1667 – 1700.

［6］Dietl H, Duschl T, Lang M. Executive pay regulation: what regulators, shareholders, and managers can learn from major sports leagues: business and politics, Business & Politics, 2011, 13 (2): 1 – 32.

［7］徐细雄、刘星:《放权改革、薪酬管制与企业高管腐败》,载《管理世界》2013 年第 3 期,第 119～132 页。

［8］冯根福:《双重委托代理理论:上市公司治理的另一种分析框架——兼论进一步完善中国上市公司治理的新思路》,载《经济研究》2004 年第 12 期,第 16～25 页。

［9］Lopez – De – Silanes F, Shleifer A, Porta R L, Vishny R W. Law and finance, Journal of Political Economy, 1998, 106 (6): 1113 – 1155.

［10］马连福、王元芳、沈小秀:《中国国有企业党组织治理效应研究——基于"内部人控制"的视角》,载《中国工业经济》2012 年第 8 期,第 82～95 页。

［11］徐细雄、谭瑾:《高管薪酬契约、参照点效应及其治理效果:基于行为经济学的理论解释与经验证据》,载《南开管理评论》2014 年第 4 期,第 36～45 页。

［12］Wang K, Xiao X. Controlling shareholders' tunneling and executive compensation：evidence from China，Journal of Accounting and Public Policy，2011，30（1）：89 – 100.

[13] 宋渊洋、李元旭：《控股股东决策控制、CEO 激励与企业国际化战略》，载《南开管理评论》2010 年第 4 期，第 13 ~ 27 页。

[14] 白云霞、林秉旋、王亚平、吴联生：《所有权，负债与大股东利益侵占——来自中国控制权转移公司的证据》，载《会计研究》2013 年第 4 期，第 66 ~ 72 页。

[15] Zhang M，Gao S，Guan X，et al. Controlling shareholder-manager collusion and tunneling：evidence from China，Corporate Governance：An International Review，2014，22（6）：440 – 459.

[16] 王琦、吴冲：《民营企业大股东控制与高管薪酬有效性的实证研究》，载《重庆大学学报（社科版）》2015 年第 21 卷第 5 期，第 65 ~ 71 页。

[17] Hartzell J C，Starks L T. Institutional investors and executive compensation，Journal of Finance，2003：2351 – 2374.

[18] 程书强：《机构投资者持股与上市公司会计盈余信息关系实证研究》，载《管理世界》2006 年第 9 期，第 129 ~ 136 页。

[19] 王奇波：《机构投资者参与的控制权竞争研究》，载《经济科学》2005 年第 6 期，第 54 ~ 64 期。

[20] Williamson O E. Corporate finance and corporate governance，The Journal of Finance，1988，43（3）：567 – 591.

[21] Desender K A，Aguilera R V，Crespi R，et al. When does ownership matter? Board characteristics and behavior [J]. Strategic Management Journal，2013，34（7）：823 – 842.

[22] 徐向艺、徐宁：《公司治理研究现状评价与范式辨析——兼论公司治理研究的新趋势》，载《东岳论丛》2012 年第 2 期，第 148 ~ 152 页。

[23] Grabke – Rundell A，Gomez – Mejia L R. Power as a determinant of executive compensation，Human Resource Management Review，2002（1）：3 – 23.

[24] 权小锋、吴世农、文芳：《管理层权力、私有收益与薪酬操纵》，载《经济研究》2010 年第 11 期，第 73 ~ 87 页。

[25] 张铁铸、沙曼：《管理层能力、权力与在职消费研究》，载《南开管理评论》2014 年第 5 期，第 63 ~ 72 页。

[26] 傅颀、汪祥耀：《所有权性质、高管货币薪酬与在职消费——基于管理层权力的视角》，载《中国工业经济》2013 年第 12 期，第 104 ~ 116 页。

[27] 王新、毛慧贞、李彦霖：《经理人权力、薪酬结构与企业业绩》，载《南开管理评论》2015 年第 1 期，第 130 ~ 140 页。

[28] Bebchuk L A, Fried J M, Walker D I. Managerial power and rent extraction in the design of executive compensation, The University of Chicago Law Review, 2002, 69 (3): 751 – 846.

[29] 袁振超、岳衡、谈文峰：《代理成本、所有权性质与业绩预告精确度》，载《南开管理评论》2014 年第 3 期，第 49 ~ 61 页。

[30] 杨瑞龙、王元、聂辉华：《"准官员"的晋升机制：来自中国央企的证据》，载《管理世界》2013 年第 3 期，第 23 ~ 33 页。

[31] 刘绍娓、万大艳：《高管薪酬与公司绩效：国有与非国有上市公司的实证比较研究》，载《中国软科学》2013 年第 2 期，第 90 ~ 101 页。

[32] 方军雄：《我国上市公司高管的薪酬存在粘性吗?》，载《经济研究》2009 年第 3 期，第 110 ~ 124 页。

[33] 陈冬华、梁上坤、蒋德权：《不同市场化进程下高管激励契约的成本与选择：货币薪酬与在职消费》，载《会计研究》2010 年第 56 期，第 64 ~ 97 页。

[34] 徐宁、任天龙、吴创：《治理主体间的权力博弈影响了股权激励双重效应吗？——以民营中小上市公司为例》，载《经济评论》2014 年第 3 期，第 64 ~ 74 期。

[35] 马连福、石晓飞：《董事会会议"形"与"实"的权衡——来自中国上市公司的证据》，载《中国工业经济》2014 年第 1 期，第 88 ~ 100 页。

[36] Grag S. Venture boards: Distinctive monitoring and implications for firm performance, Academy of Management Review, 2013, 38 (1): 90 – 108.

第3章 权力博弈视角的股权激励双重效应分析[*]

　　基于双重委托代理框架，构建了公司治理主体的权力博弈对股权激励的影响路径分析模型，并运用 2007～2012 年中国民营中小上市公司面板数据进行实证分析。研究发现：作为民营中小上市公司的核心治理主体，经营层与终极控制人的权力博弈对股权激励强度及其双重效应均具有显著影响。具体而言，经营层权力对股权激励强度具有显著的正向影响，终极控制人权力则对其产生负向影响，两者在对股权激励强度作用的过程中存在冲突，终极控制人权力对股权激励强度的负向作用更为强烈；股权激励对第一类代理成本具有抑制效应，而在经营层权力与终极控制权力的双重调节效应下，这种抑制效应更为凸显；股权激励对第二类代理成本的作用并不显著，但这种作用过程同样受到来自两类权力双重调节效应的显著影响。

3.1 引 言

　　自股权激励制度被现代公司采用以来，学术界关于股权激励效应的研究可谓汗牛充栋。然而已有研究多局限于关注股权激励与公司价值的直接关联关系，继而以利益趋同效应假说与堑壕效应假说为基础，得出了迥异的结论。随着公司治理研究的不断深入，处于中心的权力配置问题受到普遍关注（Magee and Galinsky, 2008; Lewellyn and Muller, 2012），从而为研究者提供了一种崭新的视角。但目前相关文献多是从单一静态维度出发，比如探讨管理层权力对于股权激励效应的影响。在实践中，管理层权

---

　　* 本章内容发表在《经济评论》2014 年第 3 期。

力并非独立作用的，核心治理主体之间的权力博弈才是客观存在，将其引入到股权激励研究框架之中则是该领域的重要拓展方向。

国美电器中最为突出的委托代理问题为大股东与经营层之间的控制权之争（祝继高、王春飞，2012）。伴随着大股东与管理层之间的权力博弈，国美电器的股权激励强度与效应也发生了显著变化。在大股东权力占据绝对优势的情况之下，股权激励计划一直搁浅，而随着经营层权力逐步撼动大股东权力，该计划开始启动，但此时激励方案已经成为经营层掠夺权力的工具，偏离了其预期轨道。由其可知，股权激励可以作为公司利益主体之间博弈的重要工具。尤其是对于民营中小上市公司而言，股权激励实施与否及其合理性是影响公司内部权力制衡的关键因素，而这两类权力的博弈对于此类公司股权激励的成败有着更为显著的影响。由于对丧失公司控制权风险的规避，部分民营中小公司一直未敢尝试股权激励，尤其是当国美控制权之争等事件发生之后，多数公司更加谨慎地看待股权激励的"双刃剑"效应。因此，在该类公司中股权激励效应如何实现？治理主体之间的权力博弈将对股权激励强度产生怎样的影响？不同权力分别在股权激励效应实现过程中扮演什么角色？上述理论问题的解决对于股权激励的推行以及公司治理的完善有着重要意义，然而尚未有研究对其进行深入探讨。

鉴于此，本章选择这一独特的视角来进行研究。首先基于双重委托代理分析框架，构建双重代理框架下权力博弈对股权激励的影响路径分析模型，继而运用 2007~2012 年中国民营中小上市公司面板数据对权力博弈对于股权激励强度及其效应的影响进行实证检验，以期为股权激励研究的拓展与深化提供新的思路。

3.2　理论分析与研究假设

在双重委托代理理论分析框架下研究股权激励必然要考虑到公司治理主体的权力配置问题。对于民营中小上市公司而言，公司治理的核心主体为终极控制人与经营层。因此本章构建了双重代理框架下治理主体的权力博弈对股权激励的影响路径分析模型，如图 3－1 所示。权力博弈对股权激励的影响主要通过两个路径实现：一是股权激励强度受到终极控制人权力与经营层权力的影响，两者会在作用过程中产生冲突效应；二是股权激励在解决两类代理问题时会受到两种权力的双重影响。在这一过程中，终极控制人权力和经营层权力作为调节变量对两类代理成本发生作用。

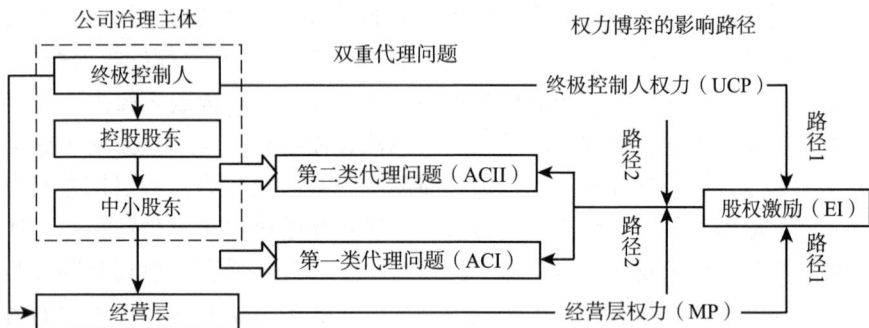

图 3-1　治理主体之间的权力博弈对股权激励的影响路径分析模型

3.2.1　治理主体间的权力博弈对股权激励强度的影响

当经营层拥有较大的决策权和执行权之时，其薪酬往往较高（Core, et al.，1999）。因此，由于经营层权力的存在，经营层实际上成为了其薪酬制定的控制者，从而使股权激励机制实际上成为了经营层寻租的工具（Bebchuk and Fried，2003）。摩尔斯等（Morse et al.，2011）发现，具有较大权力的 CEO 能够通过影响董事会而使其关注点转向他们业绩较为突出的方面，从而掌控激励契约设计。近年来，国内也涌现出诸多关于经理层权力对高管激励强度影响的研究，如权力较大的经营者能够通过控制董事会进而影响薪酬的制定（卢锐，2008）；经营层权力主导下易产生薪酬尺蠖效应①（方军雄，2011）；股权分散度较高的公司与董事长和总经理两职合一的公司较倾向于授予高管更多的股权激励（孙健、卢闯，2012）。本书认为，在经营层权力相对较大之时，经理人在自身的薪酬安排上掌握着一种凌驾于薪酬委员会之上的权力，从而会严重影响薪酬委员会的独立性，此时的激励计划有可能会向着有利于其利益的方向演变，激励强度也会相应提高，因此提出假设：

假设1a：经营层权力与股权激励强度之间存在显著的正相关关系，即经营层权力越大，股权激励强度越大。

在股权结构相对集中的上市公司中，终极控制人拥有公司的实际控制

---

① "尺蠖效应"通常用来描述权责不对等的情况下有权势者对运作方式调整的结果。

权，受到机会主义倾向的影响，很可能会产生侵占中小股东的行为。存在控股股东的公司股东的掏空行为更为严重（唐建新等，2013）。而在这种情况下，终极控制人掌握着绝对的权力优势。由此衍生出另一议题：终极控制人权力究竟会不会对股权激励强度产生影响？对此国内外学者也展开了相关研究。伊特纳等（Ittner et al.，2003）发现，大股东持股比例与授予CEO 的股票期权比例显著负相关，大股东持股比例越高，CEO 获得的股票期权越少。范斯蒂恩（Van den Steen，2005）认为，当委托人与代理人对正确行动的先验判断存在冲突时，委托人的控制权与代理人激励之间可能存在冲突。夏纪军和张晏（2008）研究证实，大股东控制权与股权激励之间存在显著的冲突。在实践中，很多民营中小上市公司的实际控制人出于对控制权转移风险的担忧，也并不情愿进行较大范围的股权激励，据此得出假设：

假设 1b：终极控制人权力与股权激励强度之间存在显著的负相关关系，即终极控制人权力越大，股权激励强度越小。

阿吉翁和蒂罗尔（Aghion and Tirole，1997）对组织内部的权力配置的研究表明，提高代理人的实际控制权有助于提高其工作的主动性与积极性，但这是以委托人部分控制权的过渡为代价的。范斯蒂恩（Van den Steen，2005）通过模型证实，赋予代理人的激励越强，代理人越关心决策的正确性，而越坚持自己的观点，拒绝委托人命令的可能性也就越高。因此，基于权力的稀缺性，经营层权力与终极控制人权力的实现分别以削弱对方为代价，即两者之间存在冲突效应。这一点我们可以清楚地从广东华帝集团的案例中看出①。

通过对华帝集团成长历程的回顾，可以看到华帝从引入中国首位职业经理人、实现所有权与经营权形式上的分离，再到职业经理人出局、创业者重新控制企业，最后到公开上市这一系列重大事件中，公司在权力配置方面发生着几番戏剧性的变化，最终的控制权还是落在控股股东兼创业者手中。而该公司一直以"实施股权激励的时机不够成熟"、"受到公司基本情况的限制"等理由而不肯实施股权激励。同样，国美电器在大股东权力占据绝对优势之时，也迟迟未推行股权激励计划。由以上案例可以初步推断，权力配置的确能够对股权激励强度产生影响，而通过两类权力的博弈，终极控制人对于股权激励强度的负向影响可能更大。据此提出假设：

---

① 案例详细内容请参照《资本合作与信任扩展：一个跨越家族的创业故事》一文（载《管理世界》2008 年第 6 期），由于篇幅限制，此处不予赘述。

假设1c： 经营层权力和控制人权力在对股权激励强度作用的过程中存在冲突效应。而在民营中小上市公司中，终极控制人权力对于股权激励强度的负向作用更为强烈。

3.2.2 权力博弈对股权激励与双重代理成本之间关系的调节效应

股权激励产生的初衷是将股东与经营者的利益相结合，解决第一类代理问题。近几年，也有学者证实，股权激励同样可以作用于第二类代理问题，即能够抑制大股东对上市公司的侵占（丑建忠等，2008）。然而，安然丑闻等事件使股权激励的负面效应受到理论界与实践界的普遍关注。诸多研究也发现，股权激励并不必然解决两类代理问题，反而会带来更加严重的代理问题，如经营层会利用盈余管理手段使得行权时获得较大利益。从权力博弈的角度来探究其深层次原因，不同权力显现出的极大不对称性是影响激励机制发挥作用的重要因素。

具体而言，在经营层权力占主导地位的公司中，股权激励能否发挥治理作用很大程度上取决于经理层。如权小锋等（2010）发现，管理层权力越大，薪酬与操纵性业绩之间的敏感性越大。随着权力的增长，管理层更倾向利用盈余操纵获取绩效薪酬。王烨等（2012）以公告或实施股权激励的公司为样本进行检验发现：管理层权力越大，股权激励计划中所设定的初始行权价格就越低，即管理层会影响激励方案的制订，使其于己有利。而在终极控制人权力占据主导地位的公司中，股权激励效应的发挥在很大程度上取决于终极控制人。周仁俊和高开娟（2012）证实，大股东控制显著影响股权激励效果，第一大股东持股比例越高，股权激励效果越差。杨兴全等（2012）也发现，控股股东的两权分离度会削弱管理层激励的治理效应。由此可知，经营层权力与终极控制人权力将对股权激励与两类代理成本之间的关系产生明显的调节效应，因此提出假设：

假设2a： 股权激励能够对第一类代理成本产生显著的抑制效应，而经营层权力与终极控制人权力将对两者的关系产生双重调节作用，即两者的权力博弈将影响股权激励对第一类代理成本的作用。

假设2b： 股权激励能够对第二类代理成本产生显著的抑制效应，而经营层权力与终极控制人权力将对两者的关系产生双重调节作用，即两者的权力博弈将影响股权激励对第二类代理成本的作用。

3.3 研究设计

3.3.1 数据来源与样本选择

本章选择在深圳证券交易所中小企业板或者创业板上市，并且最终控制人性质为民营企业的非金融类公司作为研究样本，并在上述样本中，逐步剔除 ST 类公司、被停止上市的公司以及数据缺失的公司。由于股权激励制度的正式推行是在《上市公司股权激励管理办法（试行）》颁布之后，而多数股权激励草案的公布及其实施之间具有一定的时滞，因此，本章选择 2007 ~ 2012 年为研究区间。每年度得到 194 家上市公司，6 年共计 1164 个有效观测样本的平衡面板数据。文中数据均来自于国泰安（CSMAR）数据库。

3.3.2 变量设计（见表 3 - 1）

表 3 - 1　　　　　　　　　　　　变量设计

变量类型	变量名称	符号	变量定义与计算方式
因变量	第一类代理成本	ACI	管理费用与主营业务收入之比
	第二类代理成本	ACII	其他应收款与公司总资产之比
自变量	股权激励	EI	高管持股数量与公司总股份的比值
调节变量	经营层权力	MP	总经理由董事长或副董事长兼任设为 1，否则设为 0
	终极控制人权力	UCP	终极控制人控制权与所有权的偏离程度
控制变量	股权集中度	CR	公司前三位大股东持股比例之和
	股权制衡度	Z	公司第一大股东与第二大股东持股比例的比值
	董事会规模	BS	董事会总人数
	独立董事比例	IB	独立董事数量占董事总数的比例
	公司规模	Size	公司总资产的自然对数
	财务杠杆	Lev	负债总额与资产总额的比值
	成长性	Growth	用总资产增长率来表示，计算方式为"期末总资产 – 期初总资产)/期初总资产"

1. 第一类代理成本（ACI）与第二类代理成本（ACII）的测量

根据已有文献，选择管理费用率（即管理费用与主营业务收入的比值）作为第一类代理成本的操作变量。由于控股股东对上市公司的资金侵占主要体现在应收账款和其他应收款，其他应收款作为大股东对资金的直接占用，更能体现第二类代理成本（Jiang et al. , 2010），所以选择"其他应收款/总资产"测量第二类代理成本。

2. 股权激励（EI）的测量

根据周仁俊和高开娟（2012）等学者的研究，选择高管持股数量与公司总股份的比值作为高管股权激励的操作变量。

3. 经营层权力（MP）与终极控制人权力（UCP）的测量

参考孙健和卢闯（2012）等学者的研究，选择对总经理和董事长是否两职合一进行赋值来测度经营层权力。杨兴全等（2012）指出，控股股东的侵占动机将随着两权的日趋分离而更为强烈，对管理层激励效应的负面影响也就更加严重。因而选择终极控制人控制权与所有权的两权偏离程度（LaPorta et al. , 1999）作为终极控制人权力的操作变量。

3.3.3 研究模型与方法

本章将采用面板数据分析方法来估计参数，以解决横截面数据或混合数据分析中较易出现误差项的序列相关性与异方差性等问题。为了检验经营层权力与终极控制人权力对股权激励强度的交互影响，引入交互项（MP ∗ UCP），为了检验两者对股权激励与双重代理成本之间的双重调节效应，引入三维交互项（EI ∗ MP ∗ UCP）。其中，α 表示截距项，i 表示横截面的个体，t 表示时间，$e_{i,t}$ 表示随机干扰项。模型如下所示：

$$EI_{i,t} = \alpha + u_i + b_1 MP_{i,t} + b_2 UCP_{i,t} + b_3 MP_{i,t} \times UCP_{i,t} + b_4 CR_{i,t} + b_5 Z_{i,t}$$
$$+ b_6 BS_{i,t} + b_7 IB_{i,t} + b_8 Size_{i,t} + b_9 Lev_{i,t} + b_{10} Growth_{i,t} + e_{i,t}$$

$$AC_{i,t} = \alpha + u_i + b_1 EI_{i,t} + b_2 MP_{i,t} + b_3 UCP_{i,t} + b_4 EI_{i,t} \times MP_{i,t} + b_5 EI_{i,t} \times UCP_{i,t}$$
$$+ b_6 MP_{i,t} \times UCP_{i,t} + b_7 EI_{i,t} \times MP_{i,t} \times UCP_{i,t} + b_8 CR_{i,t} + b_9 Z_{i,t} + b_{10} BS_{i,t}$$
$$+ b_{11} IB_{i,t} + b_{12} Size_{i,t} + b_{13} Lev_{i,t} + b_{14} Growth_{i,t} + e_{i,t}$$

3.4　实证结果分析

3.4.1　描述性统计

表 3 - 2 给出了主要变量的分年度描述性统计。结果表明，样本公司的高管股权激励水平逐年提升，均值从 2007 年的 3.43％ 增长到 2012 年的 10.45％，涨幅明显。但仍有部分公司股权激励强度一直为零。因变量第二类代理成本的均值水平表现出相应地降低，而第一类代理成本尽管在个别年份有所起伏，但总体依然保持下降趋势，初步证实了股权激励确实对于民营中小上市公司的代理成本存在抑制作用。此外，第一类代理成本 2010 年和 2011 年的最大值分别为 10.2595 和 16.6075，即管理费用达到了主营业务收入的 10 倍以上。股权激励是否能够抑制代理成本，权力博弈又起到怎样的调节作用，将通过面板数据分析来获得经验证据。

表 3 - 2　　　　　　　　　　分年度变量描述性统计

变量		2007 年	2008 年	2009 年	2010 年	2011 年	2012 年
股权激励强度	平均值	0.0343	0.0537	0.0562	0.1043	0.1086	0.1045
	最大值	0.7910	0.6929	0.4838	0.5587	0.5517	0.5402
	最小值	0.0000	0.0000	0.0000	0.0000	0.0000	0.0000
	标准差	0.1171	0.1239	0.0992	0.1503	0.1444	0.1359
终极控制人权力	平均值	8.1802	7.5037	7.7156	6.5165	6.5951	7.5037
	最大值	31.8202	39.4299	28.8190	28.5280	29.4489	39.4299
	最小值	0.0000	0.0000	0.0000	0.0000	0.0000	0.0000
	标准差	8.8171	9.1566	8.6519	7.8495	8.0623	9.1566
经营层权力	平均值	0.3299	0.3196	0.3247	0.3196	0.3196	0.3247
	最大值	1.0000	1.0000	1.0000	1.0000	1.0000	1.0000
	最小值	0.0000	0.0000	0.0000	0.0000	0.0000	0.0000
	标准差	0.4714	0.4675	0.4695	0.4675	0.4675	0.4695

续表

变量		2007 年	2008 年	2009 年	2010 年	2011 年	2012 年
第一类代理成本	平均值	0.1082	0.1295	0.1291	0.2136	0.2094	0.1147
	最大值	2.2162	2.1591	3.6741	10.2595	16.6075	0.6199
	最小值	0.0054	0.0080	0.0101	0.0093	0.0059	0.0034
	标准差	0.1902	0.2241	0.2734	0.9860	1.2054	0.0976
第二类代理成本	平均值	0.0255	0.0218	0.0187	0.0166	0.0178	0.0183
	最大值	0.2387	0.2877	0.2173	0.1509	0.2200	0.5853
	最小值	0.0000	0.0000	0.0001	0.0000	0.0000	0.0000
	标准差	0.0434	0.0383	0.0287	0.0231	0.0299	0.0472

3.4.2 权力博弈对股权激励强度的影响

表 3-3 给出了权力博弈对股权激励强度影响的面板数据分析结果。在对所有模型进行豪斯曼检验之后，M1、M2 选择固定效应模型，而 M3、M4 选择随机效应模型。由 M1 可知，股权集中度及公司成长性等控制变量对股权激励强度产生显著的负向影响，而董事会规模、公司规模、股权制衡度等对股权激励强度具有正向影响。当分别加入经营层权力与终极控制人权力变量之后，R^2 明显增加。M2 的 F 值和 P 值表明模型整体有效，而经营层权力的系数在 0.1 水平上显著为正，说明经营层权力越大，股权激励强度越大，假设 1a 得证。而由 M3 可知，终极控制人权力的系数在 0.01 水平上显著为负，即终极控制人权力越大，股权激励强度越小，假设 1b 得证。在 M4 中交互项的回归系数显著为负，表明两者在对股权激励强度作用的过程中存在冲突效应，且终极控制人权力对股权激励强度的负向作用更为强烈，假设 1c 得到证实。

表 3-3   权力博弈对股权激励强度的影响

变量	M1	M2	M3	M4
CR	-0.0016 *** (-3.66)	-0.0016 *** (-3.74)	-0.0008 ** (-2.15)	-0.0008 ** (-2.08)
Z	0.0012 * (1.83)	0.0011 * (1.73)	0.0005 (0.82)	0.0005 (0.81)

续表

变量	M1	M2	M3	M4
BS	0.0096 ** (2.31)	0.0096 ** (2.32)	0.0013 (0.45)	0.0011 (0.37)
IB	0.0038 (0.03)	0.0239 (0.19)	−0.0131 (−0.14)	−0.0111 (−0.12)
Size	0.0333 *** (6.50)	0.0334 *** (6.52)	0.0260 *** (5.79)	0.0259 *** (5.78)
LEV	0.0171 * (1.72)	0.0199 * (1.95)	−0.0020 (−0.19)	−0.0019 (−0.18)
Growth	−0.0247 *** (−2.71)	−0.0246 *** (−2.72)	−0.0213 *** (−2.78)	−0.0210 *** (−2.75)
MP		0.0209 * (1.77)		0.0052 (0.55)
UCP			−0.0031 *** (−6.13)	−0.0032 *** (−6.34)
MP * UCP				−0.0010 * (−1.67)
R^2	0.0727	0.0763	0.0960	0.1075
F/Wald 检验	F = 9.36 P = 0.000	F = 8.57 P = 0.000	Wald = 242.19 P = 0.000	Wald = 248.77 P = 0.000
Hausman 检验	固定效应模型 (P < 0.05)	固定效应模型 (P < 0.05)	随机效应模型 (chi2 < 0)	随机效应模型 (chi2 < 0)

注：***、**、* 分别表示 1%、5%、10% 的显著性水平；Hausman 检验：P 大于 0.05 则接受原假设，意味着模型为随机效应模型（RE）；否则拒绝原假设，采用固定效应模型（FE）；对 Hausman 设定检验无法判别的模型，采用随机效应模型（RE）；本表未报告常数项。

3.4.3　股权激励、权力博弈与第一类代理成本

表 3 - 4 列示了在经营层权力与终极控制人权力的调节作用下，股权激励对第一类代理成本的影响。如其所示，股权激励变量的系数均在 0.1 水平上显著为负，即股权激励对第一类代理成本具有显著的抑制作用。而 M5 的数据分析结果显示，交互项（EI * MP）系数显著为正，而交互项（EI * UCP）的系数则显著为负。也就是说，经营层权力对于股权激励与代理成本的关系具有显著的负向调节效应，而终极控制人权力具有正向调

节效应，即经营层权力越大，股权激励对于第一类代理成本的抑制效应减弱，而终极控制人权力越大，这种抑制效应反而增强。此外，三维交互项（EI * MP * UCP）的系数显著为负，即经营层权力和终极控制人权力的双重调节效应为正向作用，使股权激励对代理成本的抑制效应更为明显。由此可知，两种权力具有冲突效应，但终极控制人权力的调节效应更加凸显。因此，假设 2a 得到证实。此外由表可知，股权集中度、股权制衡度、董事会规模等控制变量与第一类代理成本显著负相关，但资产负债率却与第一类代理成本显著正相关。

表 3 – 4   股权激励、权力博弈与第一类代理成本

变量	M1	M2	M3	M4	M5
CR	- 0.0024 *** (- 3.68)	- 0.0021 *** (- 3.43)	- 0.0021 *** (- 3.37)	- 0.0021 *** (- 3.44)	- 0.0021 *** (- 3.39)
Z	- 0.0060 * (- 1.95)	- 0.0059 * (- 1.94)	- 0.0060 * (- 1.93)	- 0.0060 * (- 1.94)	- 0.0061 * (- 1.93)
BS	- 0.0120 *** (- 2.63)	- 0.0114 *** (- 2.64)	- 0.0116 *** (- 2.62)	- 0.0116 *** (- 2.62)	- 0.0113 *** (- 2.56)
IB	- 0.2308 (- 0.77)	- 0.2283 (- 0.78)	- 0.2401 (- 0.78)	- 0.2535 (- 0.92)	- 0.2393 (- 0.79)
Size	- 0.0293 * (- 1.96)	- 0.0240 (- 1.39)	- 0.0240 (- 1.38)	- 0.0226 (- 1.32)	- 0.0238 (- 1.38)
LEV	0.1557 * (1.69)	0.1599 * (1.66)	0.1604 * (1.66)	0.1607 * (1.67)	0.1614 * (1.66)
Growth	0.0242 (0.44)	0.0198 (0.38)	0.0194 (0.37)	0.0193 (0.37)	0.0190 (0.37)
EI		- 0.1243 * (- 1.79)	- 0.1266 * (- 1.74)	- 0.2116 * (- 1.75)	- 0.2339 ** (- 2.14)
MP			- 0.0314 (- 0.87)		- 0.0439 (- 0.89)
UCP				- 0.0037 (- 1.07)	- 0.0040 (- 1.00)
EI * MP			0.0991 (0.71)		0.1021 * (1.78)

续表

变量	M1	M2	M3	M4	M5
EI * UCP				−0.0089 (−0.77)	−0.0153 * (1.72)
MP * UCP					0.0010 (0.27)
EI * MP * UCP					−0.0281 * (1.69)
R^2	0.112	0.136	0.160	0.160	0.183
F/Wald 检验	Wald = 42.41 P = 0.000	Wald = 53.26 P = 0.000	Wald = 52.79 P = 0.000	Wald = 54.93 P = 0.000	Wald = 54.59 P = 0.000
Hausman 检验	随机效应模型 (P > 0.05)	随机效应模型 (chi2 < 0)	随机效应模型 (P > 0.05)	随机效应模型 (P > 0.05)	随机效应模型 (chi2 < 0)

注：*** 、 ** 、 * 分别表示 1%、5%、10% 的显著性水平；Hausman 检验：P 大于 0.05 则接受原假设，意味着模型为随机效应模型（RE）；否则拒绝原假设，采用固定效应模型（FE）；对 Hausman 设定检验无法判别的模型，采用随机效应模型（RE）；本表未报告常数项。

3.4.4　股权激励、权力博弈与第二类代理成本

由表 3 - 5 可知，股权激励对于第二类代理成本并没有产生显著的抑制作用。但由 M5 可知，交互项（EI * MP）的回归系数显著为负，与股权激励变量的系数符号相同，即经营层权力对于股权激励与第二类代理成本的关系具有显著的正向调节，经营层权力越大，股权激励对于第二类代理成本的抑制效应越明显。三维交互项（EI * MP * UCP）的系数也显著为负，说明两类权力的双重调节效应也为正向效应，即两类权力存在冲突，且在它们的共同影响下，股权激励对代理成本的抑制效应更加显著。因此尽管股权激励系数并不显著，假设 2b 部分得证。此外，股权制衡度与第二类代理成本显著正向关，而与公司规模及成长性显著负相关。为保证研究结论的可靠性，分别采用"总资产周转率"与"应收账款/总资产"作为第一类与第二类代理成本的替代变量进行稳健性检验，所得结论基本一致。

表 3 - 5 股权激励、权力博弈与第二类代理成本

变量	M1	M2	M3	M4	M5
CR	0.0001 (0.61)	0.0001 (0.67)	0.0001 (0.68)	0.0001 (0.65)	0.0001 (0.64)
Z	0.0007 ** (2.47)	0.0007 ** (2.45)	0.0007 ** (2.44)	0.0007 ** (2.39)	0.0007 ** (2.33)
BS	− 0.0010 (− 1.07)	− 0.0011 (− 1.06)	− 0.0010 (− 1.14)	− 0.0011 (− 1.06)	− 0.0010 (− 1.07)
IB	− 0.0092 (− 0.34)	− 0.0092 (− 0.34)	− 0.0004 (− 0.02)	− 0.0034 (− 0.34)	− 0.0015 (− 0.01)
Size	− 0.0038 ** (− 2.09)	− 0.0040 ** (− 2.24)	− 0.0040 ** (− 2.30)	− 0.0040 ** (− 2.25)	− 0.0040 ** (− 2.22)
LEV	0.0061 (0.89)	0.0061 (0.89)	0.0064 (0.96)	0.0067 (0.89)	0.0066 (0.98)
Growth	− 0.0056 *** (− 3.12)	− 0.0054 *** (− 2.85)	− 0.0053 *** (− 2.57)	− 0.0054 *** (− 2.92)	− 0.0054 *** (− 2.84)
EI		0.0084 (0.91)	0.0089 (0.95)	0.0077 (0.89)	− 0.0058 (− 0.57)
MP			− 0.0070 *** (− 2.93)		− 0.0094 *** (− 3.37)
UCP				0.0007 (0.09)	0.0007 (0.44)
EI * MP			− 0.0184 (− 1.33)		− 0.0565 ** (− 2.30)
EI * UCP				− 0.0001 (− 0.13)	− 0.0022 (− 1.43)
MP * UCP					0.0001 (0.32)
EI * MP * UCP					− 0.0063 * (− 1.83)
R^2	0.061	0.066	0.065	0.051	0.128
F/Wald 检验	Wald = 156.48 P = 0.000	Wald = 174.65 P = 0.000	Wald = 181.92 P = 0.000	Wald = 172.30 P = 0.000	Wald = 193.32 P = 0.000
Hausman 检验	随机效应模型 (P > 0.05)	随机效应模型 (P > 0.05)	随机效应模型 (P > 0.05)	随机效应模型 (P > 0.05)	随机效应模型 (P > 0.05)

注：*** 、** 、* 分别表示1%、5%、10% 的显著性水平；Hausman 检验：P 大于 0.05 则接受原假设，意味着模型为随机效应模型（RE）；否则拒绝原假设，采用固定效应模型（FE）；对 Hausman 设定检验无法判别的模型，采用随机效应模型（RE）；本表未报告常数项。

3.5　结论与启示

本章基于双重委托代理分析框架，构建了权力博弈对股权激励影响路径模型，并运用 2007～2012 年中国民营中小上市公司面板数据对权力博弈对股权激励强度及效应的影响进行检验发现：作为核心治理主体，经营层与终极控制人的权力博弈对股权激励强度及其双重效应均具有显著影响。第一，经营层权力与终极控制人权力分别对股权激励强度产生显著的正向和负向影响，两者在对股权激励强度作用的过程中存在冲突效应，终极控制人权力对股权激励强度的负向作用更为强烈；第二，股权激励对第一类代理成本具有抑制效应，在经营层权力与终极控制权力的双重调节效应下，这种抑制效应更为凸显；第三，股权激励对第二类代理成本的作用并不显著，但这种作用过程同样受到来自两类权力双重调节效应的显著影响。本章将权力博弈引入到股权激励效应研究之中，从权力博弈的新视角解读了股权激励强度及其效应发挥的过程，揭示了股权激励效应研究难以取得一致性结论的深层次原因。需要强调的是，由于公司规模与性质等因素会影响权力博弈的结果及其对股权激励效应的作用，本章选择采用民营中小上市公司作为样本，得出了更有针对性的结论。而这与以往以主板上市公司作为样本而得出的结论有着明显差异。比如，卢锐等（2008）、孙健和卢闯（2012）、王烨等（2012）等均发现管理层权力对股权激励乃至薪酬、在职消费等激励契约具有显著影响，甚至严重抑制了这些契约正向效应的发挥。而在民营中小上市公司中，终极控制人权力可以作为制衡管理层权力的重要力量，从而保障股权激励计划的顺利实施。

因此，本章的研究结论对于民营中小上市公司而言有重要启示。合理的权力配置，能够减少合作行为中的谈判成本与监督成本，也是股权激励制度发挥预期效应的前提与基础。公司不能依靠通过股权激励计划来实现权力的均衡，而应主动地通过完善公司治理机制以及制度环境等对权力进行配置，从而更好地发挥股权激励对代理成本的抑制效应，实现一个良好的权力均衡。

参 考 文 献

［1］丑建忠、黄志忠、谢军:《股权激励能够抑制大股东掏空吗?》,载《经济管理》2008 年第 17 期,第 48～53 页。

［2］方军雄:《高管权力与企业薪酬变动的非对称性》,载《经济研究》2011 年第 4 期,第 107～120 页。

［3］卢锐、魏明海、黎文靖:《管理层权力、在职消费与产权效率》,载《南开管理评论》2008 年第 5 期,第 85～92 页。

［4］权小锋、吴世农、文芳:《管理层权力、私有收益与薪酬操纵》,载《经济研究》2010 年第 11 期,第 73～87 页。

［5］孙健、卢闯:《高管权力、股权激励强度与市场反应》,载《中国软科学》2012 年第 4 期,第 135～142 页。

［6］唐建新、李永华、卢剑龙:《股权结构、董事会特征与大股东掏空——来自民营上市公司的经验证据》,载《经济评论》2013 年第 1 期,第 86～95 页。

［7］王宣喻、李新春、陈凌:《资本合作与信任扩展:一个跨越家族的创业故事》,载《管理世界》2006 年第 8 期,第 113～125 页。

［8］王烨、叶玲、盛明泉:《管理层权力、机会主义动机与股权激励计划设计》,载《会计研究》2012 年第 10 期,第 35～41 页。

［9］夏纪军、张晏:《控制权与激励的冲突——兼对股权激励有效性的实证分析》,载《经济研究》2008 年第 3 期,第 87～98 页。

［10］杨兴全、张丽平、吴昊旻:《控股股东控制、管理层激励与公司过度投资》,载《商业经济与管理》2012 年第 10 期,第 28～39 页。

［11］周仁俊、高开娟:《大股东控制权对股权激励效果的影响》,载《会计研究》2012 年第 5 期,第 50～58 页,94 页。

［12］祝继高、王春飞:《大股东能有效控制管理层吗?——基于国美电器控制权争夺的案例研究》,载《管理世界》2012 年第 4 期,第 138～152 页,158 页。

［13］Aghion, P, and J Tirole. Formal and real authority in organizations, Journal of political economy, 1997, 105 (1): 1-29.

［14］Bebchuk, L A, and J M Fried. Executive compensation as an agency problem, Journal of Economic Perspectives, 2003, 17 (3): 71 –92.

[15] Core, J E, R W Holthausen, and D F Larcker. Corporate governance, chief executive officer compensation, and firm performance, Journal of financial economics, 1999, 51 (3): 371 –406.

[16] Ittner, C D, R A Lambert, and D F Larcke. The structure and performance consequences of equity grants to employees of new economy firms, Journal of Accounting and Economics, 2003, 34 (1): 89 – 127.

[17] Jensen, M C, and W H Meckling. Theory of the firm: Managerial behavior, agency costs and ownership structure, Journal of financial economics, 1976, 3 (4): 305 – 360.

[18] Jiang, G H, M C Charles, and H Yue. Tunneling through intercorporate loans: the China experience, Journal of financial economics, 2010, 98 (1): 1 – 20.

[19] Keltner, D, D H Gruenfeld, and C Anderson. Power, approach, and inhibition, Psychological Review, 2003, 110 (2): 265 – 284.

[20] La Porta, R, F Lopez-de – Silanes, A Shleifer, and R Vishny. Corporate Ownership around the World, Journal of Finance, 1999, 54 (2): 471 – 517.

[21] Lewellyn, K B, and M I Muller – Kahle. CEO power and risk taking: Evidence from the subprime lending industry, Corporate Governance: An International Review, 2012, 20 (3): 289 – 307.

[22] Magee, J C and A D Galinsky. Social hierarchy: The self reinforcing nature of power and status, Academy of Management Annals, 2008, 2 (1): 351 – 398.

[23] Morck, R, A Shleifer, and R W Vishny. Management ownership and market valuation: An empirical analysis, Journal of financial economics, 1988, 20 (1 – 2): 293 – 315.

[24] Morse, A, V Nanda, and A Seru. Are incentive contracts rigged by powerful CEOs, The Journal of Finance, 2011, 66 (5): 1779 – 1821.

[25] Van den Steen, E. Organizational beliefs and managerial vision, Journal of Law, Economics, and Organization, 2005, 21 (1): 256 – 283.

第4章 股权激励对中小上市公司成长的影响机理[*]

民营中小企业的可持续成长问题是现阶段理论界与实践界共同关注的焦点。我们基于内部因素成长理论与双重委托代理分析框架，以 2007 ~ 2011 年中国民营中小上市公司的平衡面板数据为样本，探讨高管股权激励对民营中小企业成长的影响机理，结果表明：高管股权激励能够有效抑制股东与管理层之间的第一类代理成本，但对于由控股股东与中小股东利益冲突而形成的第二类代理成本并没有显著影响；同时第一类代理成本在高管股权激励与民营中小企业成长之间具有显著的中介效应，即股权激励以抑制第一类代理成本为影响路径对民营中小企业成长产生促进效应，但第二类代理成本的中介效应并未显现。

4.1 引　言

在当前高度动态的竞争环境中，民营中小企业的可持续成长面临巨大挑战，尤其是受到金融危机等外部环境因素的制约，让此类根基尚未稳固的公司更加举步维艰。在此背景下，深入探讨影响民营中小企业成长性的因素及其实现途径成为理论界与实践界共同关注的焦点。潘罗斯（Penrose）提出的内部因素成长论认为，真正限制企业扩张的因素来自企业内部，管理能力是企业增长的内在动力[1]。有学者也通过实证检验发现，外部环境因素中的政策环境、法律环境和经济环境均不能够显著解释中小企业绩效，从而对企业成长不能发挥显著作用[2]。由此可知，公司内部治理因素，尤其是高管的动机与行为是影响民营中小企业成长的重要因素。然而，在缺乏资源的情况下，民营中小企业的高管可能更加关注短期财富以及个人利益的最大化，会大大降低对于长期性决策的理性。诸多学者经研究证

＊ 本章内容发表在《财经论丛（浙江财经大学学报）》2014 年第 4 期。

实，中小企业成长性普遍较低[3]，并频频出现高管为获得巨额私利而离职等现象。因此，如何通过对高管进行合理激励，将有能力的高管留在企业，并且能够充分发挥他们的能力，是确保民营中小企业可持续成长的关键。

对于规模较小或者现金流量并不充足的民营中小企业而言，股权激励可以说是一种对高管进行长期激励的有效方式。詹森和麦考林（Jensen and Meckling，1976）提出，股权激励机制是解决所有者与经营者之间的委托代理问题、降低第一类代理成本的有效手段[4]，随后诸多学者也通过研究证实了该观点。由于我国制度环境的特殊性，股权激励的发展过程较为曲折，直至股权分置改革之后开始在上市公司中正式推行。而对于以股权相对集中或高度集中为主要特征的中国上市公司治理问题而言，双重委托代理理论的解释力更强[5]。在转型经济的制度背景下，大股东以较少的资源掌握了公司的控制权，这将激励他们以"隧道行为"获得私人收益，损害上市公司的价值（曾春华、胡国柳，2013）[6]，使得第二类代理问题更加凸显。基于此，在对股权激励能够有效降低第一类代理成本进行实证的同时[7]，也有学者通过实证分析验证了股权激励可以作用于第二类代理问题，即股权激励安排能够抑制大股东对中小股东的利益侵占[8]。而这种双重代理分析框架对于研究民营上市公司的治理问题更为重要。但是，由于对丧失公司控制权风险的规避，有些民营中小企业一直未敢尝试股权激励，尤其是当国美控制权之争等事件出现之后，多数民营公司对待股权激励的采用更为慎重。针对于实践的迫切要求，从双重代理成本框架出发，下列问题成为理论界亟待解决的关键命题：高管股权激励能否对民营中小企业的成长性产生影响？这种影响是通过何种途径实现的，两类代理成本是否在高管股权激励与公司成长性之间起中介效应？目前却鲜有研究对其进行深入系统地探讨。

鉴于此，本章运用 2007～2011 年中国民营中小上市公司的平衡面板数据，对高管股权激励对民营中小企业成长的影响以及两类代理成本的中介效应进行实证检验，以期深入揭示高管股权激励对民营中小企业成长的影响机理，从而为民营中小企业设计持续成长导向的高管激励契约提供更为有益的理论参考。

4.2　文献回顾与研究假设

4.2.1　高管股权激励与双重代理成本

国内外学者对于股权激励的实施效果问题仍未形成一致结论。以詹森和墨菲（Jensen and Murphy）为代表的学者们大多认同，可以通过设计最优薪酬契约来有效地解决所有者与经营者之间的委托代理问题。比如，代理冲突会随着经理层持股比例的提高而减弱，行动的利益函数会逐渐与企业价值最大化趋向一致（梅波，2013）[9]。然而，21世纪初安然、世通丑闻的陆续出现，尤其是安然公司高管不惜以伪造财务数据为代价，试图通过股票期权而获得巨额个人收益的幕后真相公之于众之后，让理论界与实践界开始对股权激励的效果进行更为深刻的审视。在此背景下，伯切克和弗里德（Bebchuk and Fried）提出了管理层权力理论。该理论认为，由于管理层寻租行为的存在，管理层权力越大操纵自身薪酬的能力越强，股权激励机制并不能妥善解决第一类代理问题，反而成为了促进代理成本增加的一个重要原因[10]。由于会计盈余和股价之间存在增量相关关系，股权激励完全有可能诱使管理层为满足自身效用而操纵会计盈余，从而诱发会计行为异化，甚至与大股东合谋操纵股价，从而实现自身利益（傅颀、邓川，2013）[11]。近年来，有学者将代理问题加以细化与分类，发现股权激励能够解决部分委托代理问题，如埃德曼斯等（Edmanse et al.）发现，股权激励能够解决战略选择过程中的代理问题，但对于在职消费等问题却难以发挥作用[12]。

股权激励在中国的发展经历了漫长而曲折的过程，直到2005年股权分置改革后对于股权激励的实践应用与理论研究才得以快速发展。部分学者指出，产权性质是影响股权激励效应的一个重要因素，在国有产权控股的公司中，股权激励对于代理成本的作用并不明显，但在民营产权控制的公司中，该作用则会得到显现。徐向艺、徐宁（2010）运用2006～2009年中国上市公司面板数据对股权激励的双重效应进行实证检验，研究发现：在非国有控股上市公司中，股权激励对于第一类代理问题具有显著的治理效应，但对第二类代理问题的治理效应并未显现[7]。程柯、孙慧（2012）选取我国沪深两市2007～2010年983家公司为样本进行实证研究发现：在产权性质不同的公司，管理层持股对于第一类代理成本影响存在差异，民营公司管理层持股对于代理效率提高更为显著，体现出更强的利益协同效应，但对第二类代理成本却未在研究中加以阐释[13]。

除上述针对一般上市公司的研究之外，也有学者以中小上市公司为对象进行实证检验。昂等（Ang et al.，2000）运用美国1708家小企业样本进行研究，发现管理层持股比例与第一类代理成本之间具有负向关系[14]。吴文华、康平对法人控股的中小上市公司经营者持股比例与公司绩效的相关性进行统计分析后发现，我国现阶段并不存在经营者利用职权增加持股比例以牟取私利的现象，并且经营者持股对提高企业绩效的作用越来越明显[15]。这说明高管股权激励对于中小上市公司具有正向影响，但汪健等得出了与之不同的经验证据。他们以 257 家中小板上市的制造业公司 2005 ~ 2011 年数据为样本，以销售费用与管理费用之和与营业收入之比来衡量代理成本，研究发现：实行股权激励计划的中小板上市公司并没有使代理成本水平显著降低[16]。因此，中小上市公司高管股权激励对于代理成本的作用究竟如何，在理论界尚未取得一致性结论。

本书认为，民营中小公司的实际控制人与法定代表人重合程度较高，而且实际控制人还可以通过直接担任董事长的方式控制上市公司，因此，在该类公司中实际控制人拥有较大的权力。而对于整个高管团队进行有效的股权激励，适度增加非实际控制人高管的股权，在一定程度上能够对实际控制人的权力进行制衡。这种制衡能够有效降低民营中小上市公司的双重代理成本，包括第一类与第二类。并且，民营企业具有较好的竞争文化、高管聘任制度相对市场化、晋升机制透明化和管理层权力相对分散且受到监督等特点[17]，因而相对于那些实际控制人性质为国有的企业而言，企业的高管权力并不容易被滥用，即高管凌驾于股东或者董事会之上对其股权激励方案进行操纵的可能性会显著降低。由此推断，高管股权激励计划在民营中小上市公司实施的过程中能够获得较为有效的约束与规制，从而能够实现其激励的预期效应。基于此，本章提出以下假设：

假设 1a：高管股权激励能够显著抑制民营中小上市公司中的第一类代理成本。

假设 1b：高管股权激励能够显著抑制民营中小上市公司中的第二类代理成本。

4.2.2　股权激励对民营中小上市公司成长的影响机理：基于双重代理成本的中介效应

随着外部环境因素的日益复杂与多变，中小上市公司可持续成长性问题成为实践界亟待探究的焦点。公司治理作为公司的核心组织制度，其对于中小上市公司成长性的影响方式及机理成为了公司治理研究领域与中小企业成长研究领域共同关注的主题。南开大学公司治理研究中心公司治理评价课题组（2006）经研究证实，良好的公司治理机制有助于提升公司的盈利能力、股本扩张能力、运营效率和成长能力，对企业增长有积极的作用[18]。高雷、张杰以沪深两市 2004～2006 年非金融类上市公司为样本进行实证检验发现，公司治理与企业增长之间呈显著的正相关关系[19]。王亚星等经实证研究发现，提升治理水平是民营企业实现可持续增长的重要保证[20]。近年来，股权激励制度作为一种主要的公司治理机制被引入中国，而该项制度是否能够对中小上市公司成长产生显著影响，尚未获得一致性结论。陈晓红指出，股权激励作为管理层分享剩余索取权的一个有效方式，可以实现管理层与公司所有者的利益同步增长，进而对中小上市公司成长产生显著影响[21]。而马跃如、段斌却通过实证研究表明，对中小企业而言，经理层持股的激励方式不能促进其成长[22]。更为严重的是，本米莱克等（Benmelech et al.）运用动态理性预期模型（Rational Expectations Model）进行分析，发现股权激励不仅使高管容易作出非理性的投资决定，而且还促使他们隐藏对企业未来成长的不良预期，从而选择次优的投资组合[23]。本书认为，单纯研究股权激励与中小上市公司成长性之间的直接关联关系并不能产生明确的结论，两者之间存在相互联结的中介桥梁，因此，深入探究股权激励对于中小上市公司成长的影响机理，即如何通过中介变量的联结作用实现对中小上市公司成长产生显著性影响才是解决上述问题的关键。

毋庸置疑的是，股权激励制度建立的初衷是解决现代公司中所有者与经营者之间的委托代理问题，降低代理成本。而只有公司的代理成本得到控制，其绩效表现、成长能力等才能得到保障。已有学者通过实证研究证实，代理成本是能够联结公司治理与公司绩效等其他变量之间的中介变量。如周建、袁德利运用 2001～2009 年沪深两市 444 家上市公司的平衡面板数据，检验了公司治理机制如何通过对两类股权代理成本产生作用，从而影响公司绩效的过程，研究表明，第一类与第二类代理成本能够在不同的公司治理机制与公司绩效之间起部分中介作用[24]。同样，作为重要公司治理机制的股权激励，也需要代理成本的中介作用对公司绩效等因素产生影响。基于双重委托代理理论以及已有研究结论，可以初步推断，高管股权激励对民营中小上市公司成长的影响也是通过降低两类代理成本这个途径所实现的。因此，综合以上分析，形成如下假设：

假设 2a：高管股权激励能够对民营中小上市公司成长产生显著的促进作用，而该作用是通过降低第一类代理成本的中介效应实现的。

假设 2b： 高管股权激励能够对民营中小上市公司成长产生显著的促进作用，而该作用是通过降低第二类代理成本的中介效应实现的。

4.3　研究设计

4.3.1　样本选择与数据来源

选择在深圳证券交易所中小企业板或者创业板上市，并且最终控制人性质为民营企业的非金融类公司作为研究样本，剔除 ST 类公司、被停止上市的公司以及数据缺失的公司。由于股权激励制度的正式推行是在 2005年 12 月 31 日《上市公司股权激励管理办法（试行）》颁布之后，而多数股权激励草案的公布及其实施之间具有一定的时滞，因此，本章选择 2007 ～ 2011 年为研究区间。每年度得到 201 家上市公司，5 年共计 1005 个有效观测样本的平衡面板数据。相关公司治理结构数据与财务指标数据均来自国泰安（CSMAR）数据库。

4.3.2　变量定义与计算方式

1. 因变量：公司成长性（Growth）

已有研究常用主营业务收入增长率、净利润增长率、总资产增长率等来对公司成长性进行测量。本书认为，从成长的不同方式来看，中小上市公司可以通过各种外部融资方式筹集资金来实现增长（即外部增长），也可以依赖公司留存收益来实现增长（即内部增长）。但无论公司选择何种方式进行成长，其最终结果都至少表现为总资产的扩大，因此选择总资产的增长率来对公司成长性进行测量，计算方式为"期末总资产与期初总资产之差除以期初总资产"。选择主营业务增长率来进行稳健型检验。

2. 自变量：股权激励强度（EI）

根据徐向艺、徐宁（2010）[7]，周仁俊、高开娟（2012）[25] 等学者的研究，本章选择高管持股数量与公司股份总数量的比值作为高管股权激励强度的操作变量。

3. 中介变量：第一类代理成本（ACI）与第二类代理成本（ACII）

参照已有研究[26]，本章选择管理费用率（即管理费用与主营业务收入的比值，以消除公司规模的影响）作为代理成本的操作变量，并采用总资产周转率进行稳健型检验。大股东侵占行为在财务报表中体现的主要渠道是"其他应收款"，其大多来自金字塔大股东或其交叉持股关联方的拖欠[7]，因此选取"其他应收款/总资产"作为衡量第二类代理成本的变量，同时采用"应收账款/总资产"进行稳健性检验。

4. 控制变量

根据以往研究文献，本章选择股权集中度（CR）、股权制衡度（Z）、两职合一情况（PLU）、董事会规模（BS）、独立董事监督（IB）等公司治理特征与公司规模（Size）、财务杠杆（LEV）、盈利能力（ROA）等公司基本特征作为控制变量。全部变量的定义与测度如表4-1所示。

表4-1　　　　　　　　　　　变量设计

变量类型	变量名称	符号	变量定义与计算方式
因变量	成长性	Growth	用总资产增长率来表示，计算方式为"（期末总资产－期初总资产）/期初总资产"
自变量	股权激励	EI	高管持股数量与公司总股份的比值
中介变量	第一类代理成本	ACI	管理费用与主营业务收入之比
	第二类代理成本	AC II	其他应收款占公司总资产之比
控制变量	股权集中度	CR	公司前3位大股东持股比例之和
	股权制衡度	Z	公司第一大股东与第二大股东持股比例的比值
	两职合一情况	PLU	经营者与董事长或副董事长是否兼任，是设为1，否则设为0
	董事会规模	BS	董事会总人数
	独立董事监督	IB	独立董事数量占董事总数的比例
	公司规模	Size	公司总资产的自然对数
	财务杠杆	LEV	负债总额与资产总额的比值
	盈利能力	ROA	扣除非正常性损益后的资产收益率

4.3.3 研究模型设计

采用2007～2011年的平衡面板数据，运用 Hausman 检验与多元回归分析对参数进行估计。中介效应的检验步骤，第一步检验自变量高管股权激励（EI）与因变量民营中小上市公司的成长性（Growth）之间的关系是否显著。如果显著的话，第二步分别做中介变量（第一类代理成本（ACI）与第二类代理成本（AC II））对自变量（EI）的回归，检验回归系数是否显著。第三步分别把中介变量（ACI 或者 AC II）与自变量（EI）同时放入第一步的回归方程中，如果此时自变量与因变量之间的显著性消失，说明存在完全中介效应；而如果两者的关系仍然显著但数值有所下降，则说明存在部分中介效应。以上步骤所采用的三个模型如下所示。

$$Growth_{i,t} = \alpha + u_i + b_1 EI_{i,t} + b_2 CR_{i,t} + b_3 Z_{i,t} + b_4 PLU_{i,t} + b_5 BS_{i,t} + b_6 IB_{i,t}$$
$$+ b_7 Size_{i,t} + b_8 Lev_{i,t} + b_9 ROA_{i,t} + e_{i,t}$$

$$AC_{i,t} = \alpha + u_i + b_1 EI_{i,t} + b_2 CR_{i,t} + b_3 Z_{i,t} + b_4 PLU_{i,t} + b_5 BS_{i,t} + b_6 IB_{i,t}$$
$$+ b_7 Size_{i,t} + b_8 Lev_{i,t} + b_9 ROA_{i,t} + e_{i,t}$$

$$Growth_{i,t} = \alpha + u_i + b_1 EI_{i,t} + b_2 AC_{i,t} + b_3 CR_{i,t} + b_4 Z_{i,t} + b_5 PLU_{i,t} + b_6 BS_{i,t}$$
$$+ b_7 IB_{i,t} + b_8 Size_{i,t} + b_9 Lev_{i,t} + b_{10} ROA_{i,t} + e_{i,t}$$

在模型中，AC 表示中介变量（ACI 或者 AC II），i 表示横截面的个体，t 表示时间，α 表示截距项，b_i（i = 1，2，…）为模型回归系数，$e_{i,t}$ 表示随机干扰项。数据分析采用的是 Stata12.0。

4.4 实证检验结果分析

4.4.1 描述性统计

表 4 - 2 给出了主要变量的分年度描述性统计。结果表明，样本公司的高管股权激励（EI）水平逐年提升，均值从 2007 年的 3.55% 增长到 2011 年的 10.7%，涨幅为 201%。然而，5 年来股权激励强度的最小值均为 0，说明部分中小上市公司仍然采用股权激励计划。与之相对应的是公司成长性（Growth），尽管在 2008 年有小幅下降，但总体依然保持稳步上升趋势，初步证实了股权激励确实对于民营中小上市公司成长性的提升有较为显著的促进作用。此外，公司成长性变量在 2010 年与 2011 年取得了较高增长率，均值分别达到了 26.64% 和 49.80%，负增长的出现和标准差的显著变动则说明了民营中小上市公司的成长性在研究区间内有较大差

异。第一类代理成本（ACI）的平均值2007～2011年5年来一直在总体上保持着增长趋势，尤其是到了2010年，均值增长率达60%以上。值得注意的是，标准差也是逐渐增加，这说明不同公司之间的差距较大，而且代理成本的最大值均大于2.0，并且在2010年与2011年的最大值达到了10.2595与16.6075，这种极值的出现，说明在某些民营中小上市公司中，可能由于其公司治理机制与管理制度的缺失，对于管理费用并不能得以有效控制，出现异常变动。从总体上看，第二类代理成本（ACⅡ）的均值与标准差均呈现下降趋势，但变化并不十分显著，最大值保持在0.2左右。股权激励是否对两类代理成本产生抑制作用，从而影响中小上市公司成长，下文将进一步通过面板数据分析来获得经验证据。

表4-2　　　　　　　　　　描述性统计

变量		2007 年	2008 年	2009 年	2010 年	2011 年
股权激励 （EI）	平均值	0.0355	0.0519	0.0548	0.1013	0.1070
	最大值	0.7910	0.6929	0.4838	0.5587	0.5517
	最小值	0.0000	0.0000	0.0000	0.0000	0.0000
	标准差	0.1194	0.1222	0.0980	0.1486	0.1441
第一类代理成本 （ACI）	平均值	0.1077	0.1292	0.1293	0.2106	0.2068
	最大值	2.2162	2.1591	3.6741	10.2595	16.6075
	最小值	0.0054	0.0080	0.0101	0.0093	0.0059
	标准差	0.1871	0.2207	0.2690	0.9688	1.1843
第二类代理成本 （ACⅡ）	平均值	0.0251	0.0217	0.0185	0.0163	0.0175
	最大值	0.2387	0.2877	0.2173	0.1509	0.2200
	最小值	0.0000	0.0000	0.0001	0.0001	0.0000
	标准差	0.0428	0.0378	0.0283	0.0228	0.0294
公司成长性 （Growth）	平均值	0.1801	0.1414	0.1639	0.2664	0.4980
	最大值	2.0842	2.3989	1.5344	6.3388	4.4881
	最小值	-0.5960	-0.3538	-0.8271	-0.7194	-0.3735
	标准差	0.2601	0.2854	0.2745	0.5576	0.6211

4.4.2　面板数据分析

表 4 - 3 列示了面板数据的回归分析结果，其中 M_1 是对第一类代理成本中介效应的检验，M_2 是对第二类代理成本中介效应的检验，分别进行三个步骤逐步检验。在对 M_1 所有模型进行 Hausman 检验之后，模型 I 的 chi2 值为 20.53，P 值为 0.0149（小于 0.05），所以应选择固定效应模型（FE），而模型 II 与 III 的 chi2 值均小于 0，故两者应选择随机效应模型（RE）。由 Step I（即第一列）的检验结果可知，F 值和 P 值分别为 3.39 和 0.0004，表明该模型整体有效，而高管股权激励（EI）的系数在 0.01 的水平上显著为正，说明高管股权激励与中小上市公司成长性之间存在显著的正相关关系。由 Step II（即第二列）的回归分析结果来看，Wald 检验值为 40.78，P 值为 0.0000，即模型具有整体有效性，而由变量系数及其显著性水平可知，第一类代理成本（ACI）与自变量高管股权激励（EI）在 0.05 的水平上显著负相关，即股权激励能够显著降低中小上市公司的第一类代理成本，假设 H1a 得到证实。同样，由 Step III（即第三列）的分析结果可知，模型整体有效，且由公司成长性（Growth）对自变量和中介变量的回归结果显示，仅有中介变量（代理成本）系数在 0.05 的水平上显著，为 - 0.0277，而自变量的系数不显著，这说明第一类代理成本起到完全中介效应，即股权激励通过降低中小公司的代理成本，从而促进了中小公司的成长，假设 H2a 得到证实。

表 4 - 3　　　　　　　　　　　　面板数据分析结果

变量	M_1：第一类代理成本为中介变量			M_2：第二类代理成本为中介变量		
	Step I DV：Growth	Step II DV：ACI	Step III DV：Growth	Step I DV：Growth	Step II DV：AC II	Step III DV：Growth
自变量						
EI	0.4641 *** (2.73)	- 0.1311 ** (-2.39)	0.0686 (0.71)	0.4641 *** (2.73)	0.0077 (0.85)	0.4314 *** (2.57)
中介变量						
ACI/ACII	—	—	- 0.0277 ** (-2.32)	—	—	- 1.5669 (-1.36)

续表

变量	M_1：第一类代理成本为中介变量			M_2：第二类代理成本为中介变量		
	Step Ⅰ DV：Growth	Step Ⅱ DV：ACI	Step Ⅲ DV：Growth	Step Ⅰ DV：Growth	Step Ⅱ DV：ACⅡ	Step Ⅲ DV：Growth
控制变量						
CR	0.0007 (0.25)	−0.0019 ** (−2.26)	0.0030 ** (2.23)	0.0007 (0.25)	0.0001 (1.13)	0.0015 (0.64)
Z	−0.0115 ** (−1.99)	−0.0032 (−1.57)	−0.0024 ** (−1.97)	−0.0115 ** (−1.99)	0.0006 ** (2.37)	−0.0104 ** (−1.98)
PLU	0.0084 (0.16)	0.0217 (0.75)	−0.0194 (−0.67)	0.0084 (0.16)	0.0082 *** (3.27)	0.0208 (0.37)
BS	0.0255 (0.93)	−0.0131 *** (−3.12)	−0.0150 (−1.68)	0.0255 (0.93)	−0.0011 (−1.13)	0.0259 (0.96)
IB	−0.5301 (−1.03)	−0.1925 (−0.70)	−0.0928 (−0.32)	−0.5301 (−1.03)	0.0130 (0.45)	−0.4640 (−0.89)
Size	0.1226 ** (2.32)	−0.0183 (−0.96)	0.0748 *** (4.29)	0.1226 ** (2.32)	−0.0021 (−1.55)	0.1204 ** (2.33)
LEV	−0.0877 (−0.94)	−0.0365 (−1.19)	−0.0582 (−1.52)	−0.0877 (−0.94)	0.0032 (0.70)	−0.1014 (−1.07)
ROA	0.6305 *** (2.80)	−0.6758 ** (−2.08)	0.9245 *** (6.62)	0.6305 *** (2.80)	−0.0195 (−1.51)	0.6554 *** (2.90)
R^2	0.0524	0.0546	0.0798	0.0524	0.0484	0.0520
F/Wald 检验	F = 3.39 P = 0.0004	Wald = 40.78 P = 0.000	Wald = 197.6 P = 0.000	F = 3.39 P = 0.0004	Wald = 22.67 Prob = 0.007	F = 3.11 P = 0.0007
Hausman 检验	chi2 = 20.53, Prob = 0.014 (采用 FE)	chi2 < 0 (采用 RE)	chi2 < 0 (采用 RE)	chi2 = 20.53, Prob = 0.014 (采用 FE)	chi2 = 4.76, Prob = 0.854 (采用 RE)	chi2 = 22.67, Prob = 0.012 (采用 FE)

注：***、**、*分别表示1%、5%、10%的显著性水平，括号内为 T 值或 Z 值；Hausman 检验：P 大于 0.05 则接受原假设，意味着模型为随机效应模型（RE）；否则拒绝原假设，采用固定效应模型（FE）；对 Hausman 设定检验无法判别的模型，采用随机效应模型（RE）；本表未报告常数项。

　　通过对 M_2 所有模型进行豪斯曼检验之后发现，Step Ⅰ（第四列）与 Step Ⅲ（第六列）均应采用固定效应模型，而 Step Ⅱ（第五列）应采用随机效应模型。由于第四列与第一列的模型相同，所以可得出股权激励对成长性的显著正向作用，但通过 Step Ⅱ 的检验结果推断，股权激励不能对第二类代理成本产生抑制作用，同时由 Step Ⅲ 的结果可知，当同时在模型中加入股权激励与第二类代理成本时，股权激励的系数仍然显著为正，且变化不大，但第二类代理成本的系数并不显著，这说明第二类代理成本并不能在股权激励与中小上市公司成长之间起到中介作用。正如 M_1 的检验结果所示，第一类代理成本在两者之间起到完全中介效应。所以假设 1b 与假设 2b 均未得到证实。

为保证研究结论的可靠性，进一步采用"总资产周转率"与"应收账款与总资产之比"分别作为第一类与第二类代理成本的操作变量，以"主营业务收入增长率"作为公司成长性的操作变量进行稳健型检验，所得结果与结论基本一致。

4.5　结论与启示

根据内部因素成长论，真正限制企业成长的因素来自企业内部。在资源相对缺乏的情况下，民营中小上市公司的高管可能更加关注短期财富以及个人利益的最大化，会大大降低对于长期性决策的理性。构建合理的高管长期激励机制是解决上述问题的重要途径。本章运用 2007 ~ 2011 年中国民营中小上市公司的平衡面板数据，对于高管股权激励对民营中小上市公司成长的促进作用及其实现途径进行实证检验，研究发现：股权激励有效抑制了股东与管理层之间的代理成本（即第一类代理成本），但对大股东与中小股东之间的代理成本（即第二类代理成本）并没有明显影响；同时基于第一类代理成本的中介效应，股权激励能够对民营中小企业成长产生显著的促进作用，但第二类代理成本的中介效应并不显著。

根据以上结论可知，在民营中小上市公司中推行股权激励是降低该类公司股东与管理层之间的代理成本，促进其持续成长的重要途径。但在实践中，很多民营中小上市公司的实际控制人出于对控制权转移风险的担忧，并不情愿进行较大范围的股权激励，这使得该类公司实施股权激励面临着一定的阻碍。为更好地发挥股权激励的作用并且避免其可能带来的风险，应从两个方面入手：一是根据民营中小上市公司的具体情况，有针对地设计股权激励的契约结构，包括激励对象、激励模式、激励期限、激励条件等要素。在有关股权激励的政策中，对于国有控股上市公司的股权激励制度实施有着更为严格的规定，民营中小上市公司的股权激励方案可以参照此类规定，从而有效规避风险。二是应通过加强独立董事监督、信息披露制度等约束机制，对股权激励方案的设计与实施进行进一步的规制。综上所示，民营中小上市公司应该科学地设计股权激励方案，理性地推行股权激励制度，并对股权激励实施过程进行有效监督，从而促进其稳定、健康及持续的成长。然而，由于推行高管股权激励对第二类代理问题的治理效应并未显现，因此需要其他公司治理机制对其进行有效补充并实现协同。

参 考 文 献

［1］Penrose E T. The growth of the firm-a case study: the hercules powder company, Business History Review, 1960, 34 (1): 1 – 23.

［2］郝臣：《中小企业成长：外部环境、内部治理与企业绩效——基于23个省市300家中小企业的经验数据》，载《南方经济》2009年第9期，第3～12页。

［3］张玉明、梁益琳：《创新型中小企业成长性评价与预测研究——基于我国创业板上市公司数据》，载《山东大学学报》（哲学社会科学版）2011年第5期，第32～38页。

［4］Jensen, M C, and Meckling, W H. Theory of the firm: managerial behavior, agency costs and ownership structure, Journal of Financial Economics, 1976, 3 (4): 305 – 360.

［5］冯根福：《双重委托代理理论：上市公司治理的另一种分析框架——兼论进一步完善中国上市公司治理的新思路》，载《经济研究》2004年第12期，第16～25页。

［6］曾春华、胡国柳：《治理环境，终极股东控制与公司并购绩效》，载《商业经济与管理》2013年第9期，第68～77页。

［7］徐向艺、徐宁：《金字塔结构下股权激励的双重效应研究——来自中国上市公司的经验证据》，载《经济管理》2010年第9期，第59～65页。

［8］丑建忠、黄志忠、谢军：《股权激励能够抑制大股东掏空吗？》，载《经济管理》2008年第17期，第48～53页。

［9］梅波：《行业周期、两类代理冲突与研发费用投入——来自企业

和行业层面的证据》，载《财经论丛》2013 年第 4 期，第 73 ~ 80 页。

[10] Bebchuk L A, Fried J M. Executive compensation as an agency problem, Journal of Economic perspectives, 2003 (17): 71 – 92.

[11] 傅颀、邓川：《高管控制权，薪酬与盈余管理》，载《财经论丛》2013 年第 4 期，第 66 ~ 72 页。

[12] Edmans A, Gabaix X, Landier A. A multiplicative model of optimal CEO incentives in market equilibrium, Review of Financial Studies, 2009, 22 (12): 4881 – 4917.

[13] 程柯、孙慧：《产权性质、管理层持股与代理效率——基于随机前沿模型的度量与分析》，载《山西财经大学学报》2012 年第 10 期，第 97 ~ 105 页。

[14] Ang J S, Cole R A, Lin J W. Agency costs and ownership structure, The Journal of Finance, 2000, 55 (1): 81 – 106.

[15] 吴文华、康平：《法人控股中小上市公司经营者持股与企业绩效——来自深圳市中小企业板的数据》，载《经济与管理研究》2007 年第 5 期，第 67 ~ 71 页。

[16] 汪健、卢煜、朱兆珍：《股权激励导致过度投资吗？——来自中小板制造业上市公司的经验证据》，载《审计与经济研究》2013 年第 5 期，第 70 ~ 79 页。

[17] 石榴红、张时森、冯照桢：《基于面板数据的上市公司薪酬差距与公司绩效关系研究》，载《当代经济科学》2013 年第 4 期，第 64 ~ 73，126 页。

[18] 南开大学公司治理研究中心公司治理评价课题组，李维安等：《中国上市公司治理指数与公司绩效的实证分析——基于中国 1149 家上市公司的研究》，载《管理世界》2006 年第 3 期，第 104 ~ 113 页。

[19] 高雷、张杰：《公司治理、盈余管理与企业成长》，载《经济理论与经济管理》2009 年第 12 期，第 53 ~ 59 页。

[20] 王亚星、叶玲、管亚梅：《基于因子分析的民营上市公司可持续增长研究》，载《财经理论与实践》2012 年第 6 期，第 61 ~ 65 页。

[21] 陈晓红、李玉环、曾江洪：《管理层激励与中小上市公司成长性实证研究》，载《科学学与科学技术管理》2007 年第 7 期，第 134 ~ 140 页。

[22] 马跃如、段斌：《董事会特征、高管激励方式与中小企业成

长——基于国有样本与民营样本数据的对比研究》，载《科学学与科学技术管理》2010 年第 10 期，第 180 ~ 185 页。

［23］Benmelech E，Kandel E，Veronesi P. Stock-based compensation and CEO（dis）incentives，The Quarterly Journal of Economics，2010，125（4）：1769 – 1820.

［24］周建、袁德利：《公司治理机制与公司绩效：代理成本的中介效应》，载《预测》2013 年第 2 期，第 18 ~ 25 页。

［25］周仁俊、高开娟：《大股东控制权对股权激励效果的影响》，载《会计研究》2012 年第 5 期，第 50 ~ 94 页。

［26］李寿喜：《产权、代理成本和代理效率》，载《经济研究》2007 年第 1 期，第 102 ~ 113 页。

第 2 篇

高管隐性激励契约研究

第5章 控制权激励的双重性与技术创新动态能力[*]

高管激励契约对技术创新的显著影响受到理论界与实践界的普遍关注，但以往研究多以显性激励为主。控制权激励作为一种重要的高管隐性激励契约，在本质上具有双重性，应从非线性视角出发对其与技术创新的关联性进行重新审视。本章基于创新经济学相关理论，运用中国高科技上市公司 2007～2010 年的平衡面板数据，对高管控制权激励与技术创新动态能力的关联性进行实证检验，结果表明：技术创新动态能力由技术创新投入能力、技术创新产出能力、技术创新转化能力三个维度构成；控制权激励与技术创新动态能力之间存在显著的倒 U 型关系，即当达到极值之前，控制权激励以积极性为主导从而对技术创新动态能力具有促进效应，但超过此极值，控制权激励的消极性逐渐凸显，转而对技术创新动态能力产生明显的抑制效应。因此，保持适度的控制权激励力度，并对显性激励与隐性激励进行合理配置是提升上市公司技术创新动态能力的理性选择。

5.1 问题提出

具有可持续性的技术创新能力是现代公司在高度动态的竞争环境中得以生存与发展的必要条件，这对于高科技公司尤为重要。而如何使这类公司能够拥有这种能力，成为理论界与实践界亟须解决的问题。创新经济学集中考察在企业层面上创新引入的决定因素以及这种引入所产生的影响，技术创新与制度创新的互动关系问题成为该理论体系的重要构成。以此为基础而产生的组织控制理论（Organizational Control Theory）指出，作为企

---

* 本章内容发表在《中国工业经济》2012 年第 10 期。

业制度的核心，公司治理的主旨应是通过资源的有序协调与合理配置而实现对技术创新的支持作用（O'Sullivan，2000）。而那些拥有资源配置权力的高层管理者也被认为是技术创新或生产要素组合的主要组织者与推动者，使他们有能力且有意愿进行技术创新投资、促进价值创造是现阶段公司治理的重要导向之一。因此，在公司治理诸多机制中，设计合理的高管激励契约是引导公司高管支持技术创新的动机与行为，从而持续提升公司技术创新能力的关键措施。

在理论演进与实践发展的共同驱动之下，国内外诸多学者开始将高管激励契约与技术创新的关联性作为研究重点（Wu and Tu，2007；李春涛和宋敏，2010；Tien and Chen，2012），但多数文献将高管激励锁定于货币薪酬激励、股权激励等显性激励（Explicit Incentives），并且由于数据易得性等原因，只关注于高管激励对技术创新投入的影响。可见，现有研究体系具有明显的局限性。这首先体现在，已有研究忽视了隐性激励（Implicit Incentive）对技术创新的重要作用。高管激励是一个契约体系，显性激励与隐性激励并存（Dale-Olsen，2012）。显性激励是在一定时限内高管可获得的实质性补偿的总和，具有明确的合同约定，如货币薪酬激励、股权激励等。隐性激励则是一种寻求代理成本最小化的补偿性契约安排，并不存在明确的合同约定，但具有能够使被激励者实现自我激励、激励作用持久等优势，最为常见的便是控制权（Control Rights）激励。黄群慧（2000）认为，从企业家激励约束问题的本意看，企业家的报酬无疑是最直接的影响因素，但实质上控制权对企业家的激励约束更具有根本的决定意义，因为获得经营控制权是企业家激励约束问题产生的前提。王昌林、蒲勇健（2005）提出，在人力资本所有者享有控制权的情况下，虽然代理成本有所提高，但人力资本所有者的努力程度也将会提高，从而使企业绩效相对提高，同时也证明了享有控制权有利于抑制技术创新中的机会主义行为。但至今，鲜有研究对控制权激励与技术创新能力的关联性进行系统的理论与实证研究。因此，对上述论题进行深入剖析是对现有研究体系的深化与拓展。

此外，目前有关技术创新的实证研究多将研发（R&D）投入作为技术创新的操作变量。但在实践中，研发过程中的投入只是创新实现的必要而非充分条件，研发过程的复杂性和风险性也决定了其结果的不确定性（顾群、翟淑萍，2012）。因此，仅用研发投入对技术创新能力进行量化是有待商榷的。本书认为，"技术创新动态能力（Technology Innovation Dynamic Capability）"才是体现技术创新的过程性与累积性、全面诠释技术创新能力的综合指标。鉴于此，本章借鉴委托代理理论与管理层权力理论等的观点，对控制权激励的本质与双重性进行理论诠释，然后以高科技上市公司为例，对技术创新动态能力及其构成维度进行全新解构与测度，并对控制权激励与技术创新动态能力的关联性进行实证检验，克服了以往研究的局限性，以期为企业的创新实践提供更为可靠的理论依据。

5.2 理论分析与研究假设

5.2.1 控制权激励的本质及其双重性

迄今为止，有关控制权激励效应的研究仍未取得一致的结论。究竟授予高管控制权是解决委托代理问题的有效手段，还是导致委托代理问题的重要来源？这需要从控制权激励的本质出发，对其激励机理进行深入剖析。一般而言，企业的收益可以分解为控制权收益和货币收益，哈里斯和拉维夫（Harris and Raviv，1988），阿吉翁和波特图（Aghion and Bolton，1992）由此对企业的权利安排进行了深入的研究。他们提出，货币收益是货币形态的收益，容易量化，而控制权收益是控制者通过对控制权的行使而占有的难以量化的全部价值之和，这些收益一般为拥有控制权的企业家或高管人员所直接占有，如特殊权力带来的满足感、可享受到有形或无形的在职消费（Perk）等①。黄群慧（2000）指出，企业家控制权激励机制是一种通过决定是否授予特定控制权以及选择对授权的制约程度来激励约束企业家行为的制度安排。从本质上看，企业家控制权激励机制是一种动态调整企业家控制权的决策机制，决策的内容包括是否授予控制权、授予谁和授权后如何制约等，决策的结果在很大程度影响着企业家的产生、努力程度和行为。本书认为，将控制权授予高管，同样可以作为一种激励机

---

① 陈冬华等（2010）定义下的在职消费满足以下特征：（1）与高管的工作和职位相关；（2）能够提升高管的效用；（3）对公司价值提升并无此消彼长的直接联系；（4）发生的数量、目的、时点更为弹性，而且不受制于明示的契约；（5）体现了高管个人的主观意愿、兴趣与社会资本。

制，其本质是把特定控制权授予与否、授予后控制权的制约程度作为高管努力程度和贡献大小的相应回报，因此，控制权激励的有效性取决于高管对公司做出的贡献与他所得的控制权之间的对称性。这便决定了控制权激励在本质上具有双重性。委托代理理论（Agency – Principle Theory）与管理层权力理论（Managerial Power Theory）是高管激励研究体系中的基础理论，本章基于上述两种理论对控制权激励的双重性进行剖析。

1. 控制权激励的积极性：解决代理问题的手段

现代公司经营权与控制权的分离导致了代理问题的出现，高管激励机制是解决代理问题的重要手段。除了常见的薪酬激励、股权激励等显性激励之外，控制权激励是一种被普遍采用的隐性激励机制。公司将特定的控制权通过契约或其他方式授权给公司代理人，一般而言，这种特定控制权只有高级管理人员拥有，包括日常的生产、销售、聘用，以及享受在职消费等权力。由于这些特定权力的稀缺性与价值性，拥有它们是高管这一特殊地位所能带来的隐性辐射，也是对高管贡献的一种无形肯定，从而会对高管产生内在的激励作用。周其仁（1997）提出，控制权存在"控制权回报"，而"控制权回报"意味着以"继续工作权"或"更大的继续工作权"作为对经营者"努力工作"的回报，这种回报能够激发高管人员对于工作本身的热情与满足感。根据赫斯伯格的双因素理论，这种与工作本身相关的因素才能真正起到激励作用。相比而言，薪酬激励等是与工作条件相关的，仅仅是一种保健因素。此外，由激励相容性原理可知，一种有效的激励契约，要求经营者在追求个人利益的同时，其行为所取得的客观效果应该同时实现机制设计者的目标，即实现委托人所要达到的目的。因此，对于那些通过控制权的增加而获得自我价值实现和成就需要的经营者来说，控制权激励具有显著的积极作用，并且这种激励机制可在不增加其他支付的前提下提高公司绩效。

2. 控制权激励的消极性：代理问题的重要来源

根据管理层权力理论（Bebchuk et al.，2003），由于管理层寻租效应的存在，在代理人拥有较大权力的情况下，如同薪酬、股权等其他激励契约一样，控制权激励并不能有效解决代理问题，反而成为了代理问题的一部分。如前文所述，控制权激励的有效性取决于高管所做出的贡献与他所得的控制权之间的对称性。如果高管对于公司的贡献大于其所获得的控制权，那么控制权的激励效果将不能得到较好地体现，这种状态一般被称为"激励不足（underpayment）"。但如果高管获得的控制权大于其对公司所做的贡献，即"激励过度（overpayment）"，控制权激励的消极性便会突显出来，此时将产生更为严重的后果。在此情境下，高管获得了超过其贡献的控制权，就更加有能力影响他们激励契约制定的过程及结果从而达成具有福利性质的激励契约，同时他们也更有能力采取寻租行为，并且能够及时采取措施掩盖这些行为，从而严重损害委托人及其他利益相关者的利益。加之制度环境的外部约束与部分公司的内部监督机制尚未完善，拥有过剩权力的高管也许会放弃通过提高经营业绩而获得报酬的合理途径，反而利用其所拥有的权力采用一些机会主义手段来大肆攫取高额报酬。此时，控制权激励便成为了代理问题的重要来源。

5.2.2　技术创新动态能力的理论释义：投入能力、产出能力与转化能力的整合

动态能力理论（Dynamic Capability Theory）是基于资源基础观提出的。进入 20 世纪 90 年代以来，急速变化的竞争环境对传统的资源基础观提出了挑战，促进了由静态视角向动态视角的演进。蒂斯等（Teece et al. , 1997）指出，动态能力是整合、建立、重置和再造内外部资源和能力以满足环境变化需求的能力，并于 2007 年提出阐释动态能力的理论框架，具体将动态能力分为"感知"能力（Sensing）、"攫取"能力（Seizing）和"转化"能力（Transforming）。尽管关于动态能力的维度构成目前仍不存在统一的定论，但从动态能力的本质来看，它强调企业通过整合、利用、再造资源来创造新的竞争能力以达到与外部环境相匹配的目的（林海芬、苏敬勤，2012）。同样，技术创新一直被认为是推动企业持续成长和不断更新最强有力的推动者，而拥有持续的技术创新能力是企业应对高度动荡的外部环境所必备的资源条件。因此，有关技术创新能力的研究也必须摒弃以前的静态观点，从动态能力视角出发进行重新界定。

本书认为，技术创新是一个累积性的复杂过程，受到不同层次因素的多重影响。考虑到技术创新的过程性、累积性以及不确定性特征，应该借鉴动态能力理论的相关观点，将技术创新能力从一个动态的视角进行诠释，即构建"技术创新动态能力"这个综合指标对技术创新能力进行全新解构。本章引用动态能力的内涵，结合技术创新的特点，将"技术创新动态能力"界定为"为积极应对环境变化，企业持续地进行一定的技术创新

投入，带来相应的技术创新产出，并能进行有效技术创新转化的能力"。在此理论释义中，有三个关键要素：技术创新投入、技术创新产出与技术创新转化。技术创新投入是技术创新的必要条件，也是创新过程的开端，只有投入足够的物质资本与人力资本，才能为创新提供丰富的资源条件。技术创新产出是技术创新过程的直接成果，如专利等。但需要强调的是，技术创新产出也是创新过程的一部分，并不是最终成果。若想技术创新能够真正地创造价值，还必须进行有效的转化。技术创新产出经过转化，成为能够为公司创造价值的资产，才真正实现了技术创新的目的。所以说，技术创新的每个指标都有其特殊的意义，需要进行提炼归纳，从而更好地衡量技术创新动态能力。本章由上述分析推断，技术创新投入能力、技术创新产出能力与技术创新转化能力是技术创新动态能力的重要构成维度。因而，提出以下假设：

H1：技术创新动态能力由技术创新投入能力、技术创新产出能力与技术创新转化能力三个维度构成。

5.2.3　控制权激励对技术创新动态能力的影响：促进，还是抑制？

1. 控制权激励对技术创新动态能力的促进效应

奥沙利文（O' Sullivan，2000）以创新经济学为基础提出组织控制理论，该理论从创新过程的特点出发，得出推动企业创新的公司治理机制必须体现财务支持（Financial commitment）、组织整合（Organizational integration）和内部人控制（Insider control），通过组织控制而不只是市场控制，将企业的重要资金和知识资源配置到创新过程中去。其中，内部人控制，也即战略控制，是指企业的实际控制者必须对技术创新有足够的热情，并且拥有足够的知识和技能推动企业创新的开展。因此，高层管理者作为上市公司战略决策的主体，其动机与行为将对上市公司的技术创新动态能力产生重要影响。王昌林、蒲勇健（2005）通过理论模型构建与分析证实，让高管享有控制权有利于抑制技术创新中的机会主义行为。因此，从该理论出发，控制权激励作为重要的隐性激励机制，由于其本身所具有的内在激励与激励相容等积极效应，对上市公司的技术创新将会产生一定的促进效应，与技术创新动态能力也将呈现出显著的正向关系。

2. 控制权激励对技术创新动态能力的抑制效应

也有学者指出，控制权激励对技术创新并不会起到促进作用，反而会产生明显的抑制。正如方（Fong，2010）的研究结论那样，在高技术密集型行业内 CEO 激励过度会降低企业的 R&D 投入，而在经理人控制的企业中，CEO 激励过度对 R&D 投入的负面影响更大。一般而言，控制权激励有两种表现形式，一类是可以货币化的在职消费；另一类是满足心理需求难以货币化的收益，因此，通常采用"在职消费"额度来对高管的控制权激励进行测度。而在高管薪酬结构中，在职消费是以高管人员"在其位"为前提的，与企业绩效并不直接相关（黄再胜，2012）。松德尔和耶麦克（Sunderan and Yermack，2007），德弗斯等（Devers et al.，2008）指出，诸如"在职消费"这些具有固定收益特征的薪酬成分比例越高，高管获得的报酬与风险之间的不对称性越大，他们就越倾向于安于现状，甚至热衷于巩固自己目前的"地位"，而不去积极寻求与实施有利于企业价值创造的技术创新或其他长期投资。此外，由于技术创新投资的高度风险性，一旦该项投资失败，高管面临被解职的风险就会大大增加。因此，为了能够保留住现有职位所带来的权力，高管也可能倾向于追求短期利润，而非以技术创新为支撑的长远目标。综合上述观点，控制权激励对于技术创新动态能力会产生一定程度的抑制效应。

3. 控制权激励与技术创新动态能力的非线性关系：从促进到抑制

那么，究竟控制权激励对于技术创新动态能力的影响作用是以促进效应为主，还是以抑制效应为主？本书认为，基于控制权激励的本质与双重性，控制权激励与技术创新动态能力之间应该存在显著的曲线关系，即随着控制权激励力度的变化，它对技术创新动态能力的影响效应会经历从促进到抑制的演化过程。控制权激励的有效性取决于高管对公司的贡献与他所获得的控制权之间的对称性，两者越对称，高管行为就越趋向于谨慎。当高管所做出的贡献小于他所获得的控制权时，即在处于激励不足状态的情况下，随着控制权激励力度的增加，控制权对于高管的激励效应将逐步增强，同时对于技术创新的支持力度便会增加，公司的技术创新动态能力也会随之得到提升；当控制权激励力度达到了一定程度，高管获得的控制权与他所做出的贡献大致相等，付出与回报达到平衡，而此时控制权激励对于技术创新动态能力的正向效应也达到最大值；但超过此极值之后，随着高管拥有的控制权的增加，高管所做的贡献与所拥有权力之间的非对称性将继续加剧，此时，控制权激励的消极作用开始逐步显现，继而导致控制权激励对技术创新动态能力也开始呈现出抑制效应。由此可知，基于控制权激励的双重性，控制权激励与技术创新动态能力之间并不存在显著的线性关系，而应是倒 U 型的非线性关系。因此，提出以下假设：

H2：控制权激励与技术创新动态能力之间存在倒 U 型关系，即控制权激励力度存在极值，在经过此极值之前，控制权激励对技术创新动态能力具有促进效应，但经过此极值后，控制权激励对技术创新动态能力则产生抑制效应。

5.3　研　究　设　计

5.3.1　样本选取与数据来源

鉴于技术创新能力对于高科技上市公司的重要性以及高科技上市公司创新实践的典型性，本章选择高科技上市公司作为研究样本。根据证监会 2001 年颁布的《上市公司行业分类指引》及其他学者的研究，王华、黄之骏（2006）确定电子业、医药生物制品业、信息技术业、化学纤维制造业、化学原料及化学制品制造业、仪器仪表及文化和办公用机械制造业等行业的企业为高科技企业。本章引用上述学者对高科技企业的界定，对 ST 类公司、被停止上市的公司以及部分数据缺失的样本进行剔除之后，每年度分别得到 102 家上市公司，选择 2007～2010 年为研究区间，连续 4 年共获得 408 个有效观测样本的平衡面板数据。实证检验所使用的财务数据、公司治理数据等均来自国泰安中国股票市场研究数据库（CSMAR 数据库）。技术人员数据由笔者通过手工整理公司年报披露的员工构成情况获得。专利数据来自中国知识产权网专利信息服务平台，通过购买与手工查询获得。

5.3.2　变量设计

1. 技术创新变量设计

以往多数文献将"研发支出"作为技术创新的操作变量，然而考虑到技术创新的过程性特点，对其界定与衡量不能仅仅局限在一个单一静态的维度。因此，本章从技术创新投入、技术创新产出与技术创新转化三个关键点出发，选择研发投入强度、技术人员强度、专利申请总量、发明申请总量、技术资产比率等多个指标作为技术创新能力变量，并通过对这些指标进行因子分析，从而获得技术创新动态能力的构成维度。各个指标的定义与计算方式如表 5－1 所示。

表 5－1   技术创新变量设计

变量名称	符号	变量定义与计算方式
研发投入强度	R&D－input	公司年末披露的研发支出①/主营业务收入
技术人员强度	R&D－employee	公司年末披露的技术人员数②/企业总人数
专利申请总量	Patent	所有类型专利（发明、实用新型、外观设计）年度申请数③
发明申请总量	I－patent	发明专利④年度申请数
无形资产比率	Intangible	公司年末披露的无形资产⑤/总资产

注：①自 2007 年开始实施的会计准则要求上市公司应当在年报中详细披露公司的研发投入等技术创新情况。

②技术人员是企业技术创新的主体，技术人员数量的多少能够从一定程度上反映一个企业技术创新投入能力的高低。

③相对于专利申请量而言，专利授予数量更容易受到专利机构等众多人为因素的影响，使其不确定性大大增强而出现异常变动，因此，专利申请量比专利授予量更能反映创新产出的真实水平（Croby，2000）。

④发明专利，是指对产品、方法或者其改进所提出的新的技术方案。

⑤顾群、翟淑萍（2012）指出无形资产是企业创新活动所形成的非物质形态的价值创造来源，因此，用技术资产，即无形资产比率作为创新的产出指标。

2. 解释变量与控制变量设计

高管拥有控制权，就能够享受到诸多在职消费，因此，控制权激励一般用"在职消费（perk）"来量化。在职消费的具体内容包括：办公费、差旅费、业务招待费、通讯费、出国培训费、董事会费、小车费和会议费等，这些费用是高管人员处理公司日常事务合法且必要的支出，高管人员有权力在一定范围内支配这些费用，满足自身效用（陈冬华等，2010）。因此，本章选取上市公司年报中披露的该八项费用之和与公司主营业务收入之比作为控制权激励的操作变量，具体数据通过查阅上市公司年报附注中"支付的其他与经营活动有关的现金流量"项目收集（见表 5－2）。

表 5 – 2 　　　　　　　　　　　　解释变量及控制变量设计

变量类别	变量名称	符号	变量定义与计算方式
解释变量	控制权激励	CI	公司年末披露的办公费、差旅费、业务招待费、通讯费、出国培训费、董事会费、小车费和会议费等八项费用之和与主营业务收入之比
控制变量	股权集中度	CR	公司第一大股东持股比例
	股权属性	OW	根据终极控制人是否具有国有性质，将上市公司分为国有控股上市公司（设为1）与非国有控股上市公司（设为0）。
	两职合一情况	PLU	经营者与董事长或副董事长兼任，设为1，否则为0
	独立董事监督	IB	公司年末独立董事占董事总数的比例
	公司规模	Size	公司期末总资产的自然对数
	成长性	Grow	总资产增长率 =（期末总资产 – 期初总资产)/期初总资产
	财务杠杆	LEV	公司年末披露的资产负债表中负债总额与资产总额的比值
	盈利能力	ROE	公司年末扣除非经常性损益后的净资产收益率

5.3.3 　研究方法与模型构建

首先，运用因子分析将原有的技术创新变量进行浓缩，即将原有变量中的信息重叠部分提取和综合成最终因子，进而探究技术创新动态能力的主要构成维度。运用主成分分析、方差最大化旋转等方法，最后得到因子分析结果。

其次，运用面板数据分析方法对参数进行估计。与截面数据与时间序列数据分析相比，面板数据可以减少解释变量之间的共线性，克服前两者较易出现的误差项序列相关性与异方差性等问题，也可以显著地减少缺省变量所带来的内生性问题，从而改进计量经济估计的有效性。而且，为检验控制权激励与技术创新动态能力的非线性关系，在模型中加入控制权激励的平方项，如果控制权激励一次项的系数显著为正，而平方项的系数显著为负，则说明两者存在倒 U 型关系，假设得证。基本模型设计如下：

$$TII_{i,t} = \alpha + u_i + b_1 CI_{i,t} + b_2 CI_{i,t}^2 + b_3 CR_{i,t} + b_4 OW_{i,t} + b_5 PLU_{i,t} + b_6 IB_{i,t}$$
$$+ b_7 Size_{i,t} + b_8 Grow_{i,t} + b_9 Lev_{i,t} + b_{10} ROE_{i,t} + e_{i,t}$$

$$TIO_{i,t} = \alpha + u_i + b_1 CI_{i,t} + b_2 CI_{i,t}^2 + b_3 CR_{i,t} + b_4 OW_{i,t} + b_5 PLU_{i,t} + b_6 IB_{i,t}$$
$$+ b_7 Size_{i,t} + b_8 Grow_{i,t} + b_9 Lev_{i,t} + b_{10} ROE_{i,t} + e_{i,t}$$

$$TIT_{i,t} = \alpha + u_i + b_1 CI_{i,t} + b_2 CI_{i,t}^2 + b_3 CR_{i,t} + b_4 OW_{i,t} + b_5 PLU_{i,t} + b_6 IB_{i,t}$$
$$+ b_7 Size_{i,t} + b_8 Grow_{i,t} + b_9 Lev_{i,t} + b_{10} ROE_{i,t} + e_{i,t}$$

$$TIDC_{i,t} = \alpha + u_i + b_1 CI_{i,t} + b_2 CI_{i,t}^2 + b_3 CR_{i,t} + b_4 OW_{i,t} + b_5 PLU_{i,t} + b_6 IB_{i,t}$$
$$+ b_7 Size_{i,t} + b_8 Grow_{i,t} + b_9 Lev_{i,t} + b_{10} ROE_{i,t} + e_{i,t}$$

在模型中，α 表示截距项，$b_i(i=1，2，\cdots)$ 为模型回归系数，i 表示横截面的个体，t 表示时间，$e_{i,t}$ 表示随机干扰项。因子分析使用的是 SPSS16.0，分年度描述性统计与面板数据分析采用的是 Stata10.0。

5.4 实证结果分析与讨论

5.4.1 主要变量描述性统计

表 5 – 3 是对主要变量进行的分年度描述性统计。由其可知，2007 ~ 2010 年高科技上市公司的控制权激励（CI）均值分别为 0.095、0.109、0.123 与 0.120，大致在 10% 左右。由于高科技公司激烈的竞争环境与独有的行业特征，控制权激励水平较一般上市公司略低。四年来，样本的研发投入强度（R&D – input）均值一直未超过 0.4%，与西方国家的高科技公司相差非常悬殊。更有甚者，仍有部分公司连续四年的研发投入强度一直为 0。对于高科技公司而言，这样的研发投入水平的确有待提高。

表 5 – 3   **主要变量分年度描述性统计**

	变量	平均值	标准差	最小值	最大值
	控制权激励	0.095	0.064	0.015	0.343
	研发投入强度	0.002	0.008	0.000	0.050
	技术人员比例	0.177	0.173	0.000	0.910
2007 年	专利申请总数	8.010	26.669	0.000	203.000
	发明申请总数	3.235	11.220	0.000	101.000
	无形资产比率	0.041	0.041	0.000	0.219

续表

变量		平均值	标准差	最小值	最大值
2008 年	控制权激励	0.109	0.064	0.023	0.309
	研发投入强度	0.003	0.009	0.000	0.049
	技术人员比例	0.192	0.174	0.000	0.915
	专利申请总数	11.216	31.697	0.000	228.000
	发明申请总数	4.647	13.360	0.000	110.000
	无形资产比率	0.046	0.039	0.000	0.212
2009 年	控制权激励	0.123	0.093	0.026	0.681
	研发投入强度	0.004	0.011	0.000	0.087
	技术人员比例	0.194	0.179	0.000	0.897
	专利申请总数	16.510	41.932	0.000	236.000
	发明申请总数	9.206	28.747	0.000	236.000
	无形资产比率	0.048	0.039	0.000	0.191
2010 年	控制权激励	0.120	0.114	0.022	0.354
	研发投入强度	0.004	0.011	0.000	0.067
	技术人员比例	0.192	0.183	0.000	0.887
	专利申请总数	18.569	46.060	0.000	332.000
	发明申请总数	9.078	25.231	0.000	200.000
	无形资产比率	0.047	0.052	0.000	0.444

注：专利申请总数与发明申请总数的单位是"项"。

在研究区间内，逐年增长趋势最为明显的变量是专利申请总量（Patent），均值分别为 8.010 项、11.216 项、16.510 项与 18.569 项，2010 年比 2007 年增长了 132%。但专利申请数在样本公司之间的不平衡性是一个较为突出的问题，专利申请数最多的公司一年能达到数百个，但有的公司却连续多年为 0，而且标准差也逐年增大。发明申请总量（I – patent）也呈现出增长态势，年度均值分别为 3.235 项，4.647 项，9.206 项与 9.078 项，但 2010 年比 2009 年减少了 1.2%。这表明，虽然 2010 年的专利申请数量增加了，但最具创新性的发明专利申请总量却减少了，即在技术创新产出数量持续增长的情况下，产出质量有所降低。

值得强调的是，无形资产比率（intangible）这一变量四年的变化并不明显。这在一定程度上说明，专利申请增长速度虽然很快，但这些申请的专利真正成为高科技上市公司的知识产权，计入无形资产价值，还不能在短期内实现。由此可知，技术创新转化是高科技公司的弱项。而若想进一步提升高科技公司的技术创新动态能力，克服技术创新转化这一短板将成为高科技公司下一步加强的重点。

5.4.2　技术创新动态能力因子分析

由表 5 - 4 可知，巴特利特检验统计量的观测值为 760.014，相应的概率 p 等于 0.000，小于显著性水平 0.05，应拒绝零假设，认为相关系数矩阵与单位阵有显著差异。同时，KMO 值为 0.786，根据恺撒（Kaiser）给出的 KMO 度量标准可知原有变量适合进行因子分析。而且，最终因子对变量的累积解释达到 85.473%，相应得到三个最终因子（F1，F2 与 F3）。

表 5 - 4　　　　　　　　　　因子解释原有变量总方差的情况

因子编号	初始因子解			因子解			最终因子解		
	特征根值	方差贡献率（%）	累积贡献率（%）	特征根值	方差贡献率（%）	累积贡献率（%）	特征根值	方差贡献率（%）	累积贡献率（%）
1	1.917	38.337	38.337	1.917	38.337	38.337	1.909	38.186	38.186
2	1.292	25.837	64.174	1.292	25.837	64.174	1.263	25.260	63.446
3	1.065	21.299	85.473	1.065	21.299	85.473	1.101	22.026	85.473
4	0.635	12.703	98.176						
5	0.091	1.824	100.000						

注：KMO 样本充分性检验：0.786；Approx. Chi - Square：760.014；sig：0.000。

如表 5 - 5 所示，三个因子均具有命名解释性。F1 主要由专利申请总数（patent）与发明专利总数（I - patent）构成（权重均超过 0.5）。专利申请总数反映的是技术创新产出的数量，而与实用新型与外观设计相比，发明是最具创新性的专利，因而专利申请总量反映的是技术创新产出的质量，两者相结合形成了技术创新产出能力的综合指标。F2 主要由研发投入强度（R&D - input）与技术人员强度（R&D - employee）构成。可以说，研发投入强度是"物质资本（主要是资金成本）"投入，技术人员强度是"非物质资本（主要是人力资本）"投入，两者均是技术创新投入所必需的资源条件，共同构成了技术创新投入能力的综合指标。F3 主要由无形资产比率（intangible）构成。戴维、希特和希梅诺（David, Hitt and Gimeno, 2001）指出，研发投资代表着创新对于企业的战略重要性，是企业在开发无形资产等方面的重要投入。由研发投资而产生的知识产权最终都会计入无形资产，所以，无形资产应作为研发投资的最终产出结果。因此，本章将 F3 设定为反映公司技术创新成果转化能力的指标。

表 5 – 5　　　　　　　　　　　因子得分系数矩阵

初始因子	最终因子		
	F1：技术创新产出	F2：技术创新投入	F3：技术创新转化
无形资产比率（Intangible）	0.015	0.067	0.853
专利申请总量（Patent）	0.512	– 0.010	0.003
发明申请总量（I – patent）	0.512	– 0.009	0.019
研发投入强度（R&D – input）	– 0.020	0.691	0.273
技术人员强度（R&D – employee）	0.002	0.560	– 0.331

注：提取方法为主成分分析；旋转方法为方差最大正交旋转。

综上所述，分别将上述因子界定为：技术创新产出能力（TIO）；技术创新投入能力（TII）；技术创新转化能力（TIT）。每个因子的计算方式如下：

$$TIO = 0.015Intangible + 0.512Patent + 0.512I - patent - 0.020R\&D - input + 0.002R\&D - employee$$

$$TII = 0.067Intangible - 0.010Patent - 0.009I - patent + 0.691R\&D - input + 0.560R\&D - employee$$

$$TIT = 0.853Intangible + 0.003Patent + 0.019I - patent - 0.273R\&D - input - 0.331R\&D - employee$$

最后，采用计算因子加权总分的方法，对技术创新动态能力进行综合评价。以三个因子的方差贡献率作为权数，得到"技术创新动态能力"计算公式为：

$$TIDC = 0.38186 \times TIO + 0.25260 \times TII + 0.22026 \times TIT$$

通过上述因子分析结果可知，技术创新动态能力由技术创新投入能力、技术创新产出能力与技术创新转化能力三个维度构成，假设 1 得证。

5.4.3　面板数据回归分析结果

表 5－6 列示了对面板数据模型进行回归分析的结果，四个模型依次以技术创新投入能力、技术创新产出能力、技术创新转化能力与技术创新动态能力为被解释变量。如表所示，在进行豪斯曼（Hausman）检验之后，所有模型均选择了随机效应模型（Random Effects Models，简称 RE）。从每个模型的回归分析结果来看，模型 I 的瓦尔德（Wald）检验值为 21.950，P 值为 0.020，说明该模型整体有效。控制权激励一次项（CI）的系数在 0.05 水平上显著为正，而其平方项（CI^2）的系数在 0.05 水平上显著，且为负值。这表明，控制权激励与技术创新投入能力之间的确存在倒 U 型关系。由模型 II 可知，瓦尔德（Wald）检验值为 60.670，P 值为 0.000，证明了模型的整体有效性，观察解释变量的系数会发现，控制权激励一次项系数显著为正，二次项显著为负，且均在 0.05 的水平上显著，证明了控制权激励与技术创新产出能力之间的非线性关系。模型 III 也具有整体有效性（Wald = 37.530，P = 0.000），而且由解释变量的系数可知，控制权激励一次项的系数在 0.05 显著性水平上显著为正，二次项的系数在 0.01 的显著性水平上显著为负，由此可知，控制权激励与技术创新转化能力也存在倒 U 型的曲线关系。

表 5－6　　　　　　　　　　面板数据分析

变量	Model I 技术创新投入	Model II 技术创新产出	Model III 技术创新转化	Model IV 技术创新动态能力
控制权激励（CI）	3.151 ** （2.220）	2.659 ** （2.470）	3.690 ** （2.440）	2.901 *** （4.160）
控制权激励平方项（CI^2）	－2.640 ** （－1.960）	－2.764 ** （－2.160）	－6.191 *** （－3.420）	－3.321 *** （－4.380）
股权集中度（CR）	－0.156 （－0.500）	－0.510 （－1.570）	－0.043 （－0.120）	－0.214 （－1.240）
股权属性（OW）	－0.006 （－0.070）	－0.016 （－1.070）	－0.087 （－0.550）	－0.017 （－0.310）

续表

变量	Model I 技术创新投入	Model II 技术创新产出	Model III 技术创新转化	Model IV 技术创新动态能力
两职合一情况（PLU）	0.174 * (1.950)	0.379 ** (2.280)	0.055 (0.500)	0.204 *** (2.850)
独立董事比例（IB）	−0.301 (−0.340)	−0.849 (−1.060)	−0.115 (−0.140)	−0.476 (−1.050)
公司规模（Size）	0.083 (1.430)	0.452 *** (4.390)	−0.020 (−0.290)	0.184 *** (4.190)
成长性（Grow）	−0.123 * (−1.950)	−0.186 ** (−2.440)	−0.104 (−1.100)	−0.121 *** (−3.400)
财务杠杆（LEV）	−0.201 (−0.990)	0.617 ** (2.200)	0.967 ** (2.440)	0.381 *** (2.600)
盈利能力（ROE）	0.395 (1.030)	0.269 (0.620)	−2.552 * (−1.940)	0.269 (−0.740)
R^2	0.115	0.108	0.281	0.182
F/Wald 检验	Wald = 21.950 P = 0.020	Wald = 60.670 P = 0.000	Wald = 37.530 P = 0.000	Wald = 77.110 P = 0.000
Hausman 检验	采用 RE (chi2 < 0)	采用 RE (chi2 < 0)	采用 RE (P = 0.208)	采用 RE (chi2 < 0)

注：*** 、** 、* 分别表示1%、5%、10%的显著性水平，括号内为 Z 值；Hausman 检验：P 大于 0.05 则接受原假设，意味着模型为随机效应模型（RE）；否则拒绝原假设，采用固定效应模型（FE）；对 Hausman 设定检验无法判别的模型，采用随机效应模型（RE）；本表未报告常数项。

最后，由模型IV可知，Wald 检验值为 77.110，P 值接近 0.000，即模型整体有效。控制权激励一次项系数为正，且在 0.01 水平上显著，二次项系数显著为负，也在 0.01 水平上显著。这充分说明，控制权激励与技术创新动态能力之间具有更为显著的倒 U 型关系，假设 2 得到证实。同时，根据控制权激励一次项与平方项的系数可知，当控制权激励达到43.68%时，高科技公司的技术创新动态能力达到最大，而当控制权激励高于此值时，控制权激励力度越大，对于技术创新能力的抑制效应越明显。由上述四个模型的分析结果可知，控制权激励与技术创新动态能力及其三个维度之间均存在倒 U 型关系，即控制权激励力度存在极值，在达到该极值之前，控制权激励对技术创新动态能力具有促进效应，但经过此极值后，随着控制权激励力度的增加，技术创新动态能力却呈递减趋势，即控制权激励对技术创新动态能力的影响作用从促进效应转化为抑制效应。

5.5　主要结论与政策建议

本章基于委托代理理论与管理层权力理论，对控制权激励的本质与双重性进行理论诠释，然后以创新经济学与动态能力理论为基础，运用中国高科技上市公司 2007～2010 年的平衡面板数据，对技术创新动态能力的构成维度进行全新解构，并对控制权激励与技术创新动态能力的关联性进行实证检验。主要结论如下：（1）控制权激励的本质是授予高管控制权以补偿其对公司所做出的贡献，高管拥有权力与其贡献之间的对称性决定了控制权激励的双重性质；（2）技术创新动态能力是"企业持续地进行一定的技术创新投入，带来相应的技术创新产出，并能进行有效技术创新转化的能力"，由技术创新投入能力、技术创新产出能力与技术创新转化能力三个维度构成；（3）控制权激励与技术创新动态能力之间存在倒 U 型关系，即控制权激励力度存在极值，在经过此极值之前，控制权激励对技术创新动态能力具有促进效应，但经过此极值后，控制权激励对技术创新动态能力则产生抑制效应。根据上述结论，本章提出以下政策建议：

第一，构建公司高管激励风险治理体系，将控制权激励力度控制在合理范围内，并尽量削弱控制权激励的消极性及其对技术创新的抑制效应。高明华（2011）根据 2010 年高管在职消费的相对值，将上市公司分为"激励过度"、"激励适中"与"激励不足"三个类别，分别包括 431 家、863 家与 431 家公司。在"激励过度"的公司中，ST 北生（600556）的高管在职消费达到当年营业收入的 28 倍之多，南京熊猫（600775）与 ST 远东（000681）也分别达到了 13 倍与 12 倍。而目前 ST 北生的经营已基本瘫痪，陷入严重的财务危机。可见，在部分上市公司中，控制权激励过度的情况较为严重，这在一定程度上影响了上市公司技术创新动态能力的形成与提升。由本章结论可知，由于控制权激励的双重性，激励风险普遍存在，倘若控制权激励超过一定范围，这种潜在风险便会带来严重后果。因此，将高管的控制权控制在合理范围之内，并对此类风险进行识别、分析与控制是控制权激励发挥积极作用的前提。但从现阶段国内外诸多公司的实践来看，高管激励所引致的风险还未真正纳入到公司治理风险体系中，也未形成有效的高管激励风险治理体系。正如在近期席卷全球的金融危机中，公司董事会及其他监督主体在经理人薪酬治理过程与风险控制方面的低效率被广泛诟病。因此，应在上市公司中构建高效的公司高管激励风险治理体系，对高管激励的风险进行系统的管理与控制。具体而言，该体系由公司内部的监督制衡体系与外部的信息披露体系共同构成。在公司内部，应构建以薪酬委员会为主体的监督制衡体系，在控制激励风险的同时，尽可能地防止由高管权力激增而引致的大肆攫取控制权收益的行为。在公司外部，形成公开透明的高管激励信息披露体系，及时披露有关高管激励契约的信息，将高管激励的风险程度真实地展现在公司的利益相关者面前。这种内外部双重控制的高管激励风险治理体系，能够采用内外两大类途径与手段对控制权激励的消极效应进行规制，从而削弱由这种消极效应所引起的对技术创新动态能力的抑制作用。

第二，加强经理人市场的完善与运作，构建科学合理的经理人声誉评价与传递机制，充分发挥控制权激励的积极性及其对技术创新的促进效应。控制权激励的作用机理是使高管通过获得控制权而拥有包括在职消费等诸多特权，而在精神层面，他们会拥有权力本身带来的满足感与成就感。相对于物质激励，这种满足感与成就感对于高管的激励作用更加强烈与持久。而如果想要这种感觉继续得到拓展，其影响力继续得以扩大，那么，就需要将这种感觉以及所带来的激励效应延伸到公司外部，如经理人市场。高管在经理人市场的声誉得到提升，控制权激励的积极作用也会相应得到大幅度增强。良好的声誉是高管持续获得控制权的保障，可以说，声誉激励作为另一种重要的隐性激励契约，与控制权激励是一种互补关系。经理人市场为公司提供了广泛筛选、鉴别职业经理人候选人素质和能力的基础制度，一般是通过声誉显示的信号传递功能，以及运用竞争效应形式构建市场选择与评价机制、市场控制机制来提供外部约束作用（徐宁，2012）。而其中的声誉传递功能主要是通过构建声誉显示机制，通过经理人能力和努力程度的公开显示与评价，以防止经营者做出可能摧毁其未来职业生涯的行为。充分竞争的经理人市场拥有高效的声誉评价与传递机制，能够动态地显示高管的能力与努力程度，使其处于持续的自激励过程中。同时，这种显示与传递功能也应借助新闻媒体等的治理力量，以形成强大的舆论影响，使此功能的效果得到大幅加强。因此，在完善的经理人市场与科学的声誉评价体系之下，高管获得的控制权激励将发挥更为积极的作用，对于技术创新的促进效应也会得到强化。

　　第三，构建合理的高管激励契约整合体系，通过不同激励契约的协同与配置，特别是寻求股权激励等具有长期性与约束性特征的激励契约对控制权激励的替代作用，以实现控制权激励的最优效应。若想提升高科技公司的技术创新动态能力，仅靠控制权激励等单一激励机制是难以实现的，构建技术创新导向的高管激励契约整合体系才是必然选择。霍斯金森和卡斯尔顿（Hoskisson and Castleton，2009）提出，单个治理机制边际效用递减，甚至会产生因过度使用而导致的负面作用，其实际达到的经济效率总是次优的。由该原理推断，单个激励机制的边际效应也呈递减趋势。从理性决策的视角看，高管的风险决策和行为是否有利于企业价值的创造，取决于风险结果在委托人和代理人之间的分摊情况（黄再胜，2012）。这种分摊状态的平衡性与合理性难以用一种激励机制实现，需要不同激励机制的协同与整合。因此，鉴于控制权激励的双重性及其对技术创新能力影响的双重作用，应该通过高管显性激励契约与隐性激励契约的合理配置，发挥不同激励机制之间的协同效应，以凸显控制权激励对技术创新的促进效应，规避其抑制效应。自2006年《上市公司股权激励管理办法（试行）》实施以来，股权激励逐渐受到我国上市公司的青睐。股权激励的作用机理为通过授予高管一定数量的公司股票，使其拥有股票所带来的经济利益与权力，从而促进代理人利益与委托人利益相一致。而公司股票带来的这种利益与权力，使股权激励能够对控制权激励产生一定的替代作用。冯根福、赵珏航（2012）通过理论模型分析与实证分析证实了管理层持股比例与在职消费之间的替代关系。除了对上述物质层面的在职消费进行替代之外，股权激励也可以使高管在精神层面的成就与权力需要得到满足。而作为"金手铐"的股权激励，能够通过设置激励期限与激励条件等约束性因素，为代理人提供一种约束机制，使激励与约束达到一种有机平衡（徐宁、徐向艺，2010）。这是控制权激励难以做到的。因此，应构建合理的高管激励整合契约体系，必要时用股权激励来替代控制权激励，以更好地控制激励过度风险。

　　第四，在高科技上市公司内部进行技术创新导向的高管激励契约设计，并将技术创新动态能力及其三个构成维度加入高管绩效考核指标体系。创新是高科技公司发展的根本推动力，而技术创新动态能力的高低是影响高科技公司持续生存与稳定发展的决定性因素。鉴于高管激励对于技术创新动态能力的显著性影响，进行技术创新导向的高管激励契约设计是此类公司在实践中亟待解决的问题。虽然已有部分高科技上市公司，如通化金马（000766）选取"研发投入"这个指标作为股票期权激励的行权条件，并规定"2008~2010年三个考核年度的研发投入较上年度的增长率不低于10%"①。但由于技术创新的过程性、累积性与不确定性，研发投入仅仅是公司技术创新动态能力的一个维度，并不能全面衡量公司的技术创新能力。因此，应从促进技术创新的视角出发，将高管激励契约设计与技术创新动态能力的形成与提升相联系。具体而言，应在高管绩效考核指标体系中加入技术创新投入、技术创新产出与技术创新转化等反映技术创新动态能力的相关指标，并将技术创新动态能力作为高管综合绩效的重要构成维度。此外，将这种创新性的指标体系应用于高管绩效评价的同时，也应使货币薪酬激励中的风险薪酬、股票期权的行权条件与限制性股票的解锁条件等与其挂钩，从而引导公司战略决策能够更多的将资源向创新活动转移，以减少高管的短期行为。总之，在高科技公司内部进行技术创新导向的高管激励契约设计，积极引导高管支持技术创新的动机与行为，是不断提升公司的技术创新动态能力，为公司自主创新提供不竭原动力的重要途径。值得强调的是，技术创新动态能力的提升是一个长期性与系统性的任务，仅仅依靠高管激励契约配置对其的促进效应是远远不够的，应在高科技公司中构建支持创新的公司治理结构，为技术创新提供更为坚实的制度基础。

参 考 文 献

［1］O'Sullivan, M. The innovation enterprise and corporate governance, Cambridge Journal of Economics, 2000, 24（4）: 393 - 416.

［2］Wu, Jianfeng, and Tu, Runtig. CEO stock option pay and R&D spending: a behavioral agency explanation, Journal of Business Research, 2007, 60（5）: 482 - 492.

［3］Tien, Chengli and Chen, Chien - Nan. Myth or reality? Assessing the moderating role of CEO compensation on the momentum of innovation in R&D, International Journal of Human Resource Management, 2012, 23

---

① 详情请参见《通化金马药业集团股份有限公司首期股票期权激励计划（草案）》（2008年4月25日）。

（13）：2763 – 2784.

［4］ Dale – Olsen, H. Executive pay determination and firm performance: empirical evidence from a compressed wage environment, The Manchester School, 2012, 80（3）：355 – 376.

［5］ Harris, M and Raviv, A. Corporate governance: voting rights and majority rules, Journal of Financial Economics, 1988, 20: 203 – 235.

［6］ Aghion, P and Bolton, P. An incomplete contracts approach to financial contracting, Review of Economic Studies, 1992, 59（3）：473 – 494.

［7］ Bebchuk, L and J Fried. Executive compensation as an agency problem, Journal of Economic Perspectives, 2003,（17）：71 – 92.

［8］ Teece, D J. Explication dynamic capabilities: the nature and micro foundations of（sustainable）enterprise performance, Strategic Management Journal, 2007, 28（4）：1319 – 1350.

［9］ Fong, E A. Relative CEO underpayment and CEO behavior towards R&D spending, Journal of Management Studies, 2010, 47（6）：1095 – 1122.

［10］ Sundaram, R and Yermack, D. Pay me later: inside debt and its role in managerial compensation, Journal of Finance, 2007, 62（5）：1551 – 1588.

［11］ Devers, C E. Moving closer to the action: examining compensation design effects on firm risk, Organization Science, 2008, 19（4）：548 – 566.

［12］ Croby, M. Patents, Innovation and growth, The Economic Record, 2000, 76（234）：255 – 262.

［13］ David P, Hitt M A and Gimeno J. The influence of activism by institutional investors on R&D, Academy of Mangement Journal, 2001, 44（2）：144 – 157.

［14］ Hoskisson, R E, Castleton M W and Withers M C. Complementarity in monitoring and bonding: more intense monitoring leads to higher executive compensation, Academy of Management Perspectives, 2009, 23（2）：57 – 74.

［15］ 李春涛、宋敏：《中国制造业企业的创新活动：所有制和 CEO 激励的作用》，载《经济研究》2010 年第 5 期，第 135 ~ 137 页。

［16］ 黄慧群：《控制权作为企业家的激励约束因素：理论分析及现

实解释意义》，载《经济研究》2000 年第 1 期，第 41～47 页。

[17] 王昌林、蒲勇健：《企业技术创新中的控制权激励机制研究》，载《管理工程学报》2005 年第 19 卷第 3 期，第 52～56 页。

[18] 顾群、翟淑萍：《融资约束、代理成本与企业创新效率——来自上市高新技术契约的经验证据》，载《经济与管理研究》2012 年第 5 期，第 73～80 页。

[19] 陈冬华、梁上坤、蒋德权：《不同市场化进程下高管激励契约的成本与选择：货币薪酬与在职消费》，载《会计研究》2010 年第 11 期，第 56～64 页。

[20] 周其仁：《"控制权回报"和"企业家控制的企业"——"公有制经济"中企业家人力资本产权的案例研究》，载《经济研究》1997 年第 3 期，第 31～42 页。

[21] 林海芬、苏敬勤：《管理创新效力机制研究：基于动态能力观视角的研究框架》，载《管理评论》2012 年第 24 卷第 3 期，第 49～57 页。

[22] 黄再胜：《经理薪酬激励风险效应与风险治理研究述评》，载《外国经理与管理》2012 年第 34 卷第 5 期，第 67～74 页。

[23] 王华、黄之骏：《经营者股权激励、董事会组成与企业价值——基于内生性视角的经验分析》，载《管理世界》2006 年第 9 期，第 101～116 页。

[24] 高明华：《中国上市公司高管薪酬指数报告》，经济科学出版社 2011 年版。

[25] 徐宁：《中国上市公司股权激励契约安排与制度设计》，经济科学出版社 2012 年版。

[26] 冯根福、赵珏航：《管理者薪酬、在职消费与公司绩效——基于合作博弈的分析视角》，载《中国工业经济》2012 年第 6 期，第 147～158 页。

[27] 徐宁、徐向艺：《股票期权激励契约合理性及其约束性因素——基于中国上市公司的实证分析》，载《中国工业经济》2010 年第 2 期，第 100～109 页。

第6章 公司高管声誉的三重激励效用及其实现途径[*]

现代公司普遍以薪酬、股权等显性契约对其高管进行激励，但随着该类契约局限性的逐步凸现，深入探究如何发挥声誉的激励效用，是实现不同高管激励契约配置与协同的前提与基础。本章承续经济学、社会学、管理学对声誉提出的理论框架，通过案例研究方法，揭示了声誉的三重激励效用，即信号效用、工具效用和心理效用。通过从实践层面归纳新的研究发现，阐释了激励效用的实现途径，构建了以声誉为激励物和强化物的循环性声誉激励机制。以期通过深化声誉激励的研究为公司高管激励的理论和实践提供有益指导。

6.1 引　　言

自 1932 年伯利和米恩斯（Berle and Means，1932）提出公司所有权与控制权相分离的命题之后[1]，如何激励高管使其选择和实施真正以公司利益为导向的活动成为公司治理研究领域的核心内容[2]。在以薪酬激励为代表的显性激励机制之外，学者们从经济学、管理学、社会学等不同范式出发，初步探讨了以声誉为代表的隐性激励机制对管理者的影响。由于研究方法的局限性，上述结论尚处于理论层面，缺乏经验证据的支持。费里斯等（Ferris et al，2003）将个人声誉界定为"在过往中由个人突出的特质和造诣、卓著的行为以及既有印象融合而成的集合"[3]。而根据邓巴和施瓦巴赫（Dunbar and Schwalbach，2000）的调查结果，管理者把声誉看做是其成功的可持续驱动力[4]。声誉与高管行为紧密相连，具有更为持久的

＊ 本章内容发表在《经济与管理研究》2016 年第 2 期。

价值性。因此，深入探讨高管声誉激励效用的类型及实现途径成为现阶段公司治理研究的重要拓展方向。

经济学将动态博弈理论引入委托代理关系的研究中，构建了声誉模型[5-6]，论证了在多次重复博弈代理关系的情况下，声誉等隐性激励机制能够发挥激励代理人的作用[7]，赫姆斯特姆（Holmstrom，1999）基于法玛（Fama，1980）的思想建立的代理人市场—声誉模型则直接用于说明市场上的声誉可以作为显性激励契约的替代物[8-9]。基于管理学相关理论，追求良好声誉，是经营者的成就发展需要，或归于马斯洛的尊重和自我实现的需要。经营者努力经营，不仅仅是为了得到更多的报酬，还期望得到高度评价和尊重，期望有所作为和成就，期望通过企业发展证实自己的经营才能和价值，达到自我实现[10]。社会学扩展了声誉的作用范围，从公司这一孤立组织和规范的经济学逻辑扩展到多层次社会关系之中，认为名声（reputation）代表着社会资本，因为社会网络和它们的价值表现物也可以被动员起来产生某种回报。行动者在工具性和表达性行动中可以通过名声来动员他人的支持[11]。

上述多学科的声誉激励理论为公司高管声誉激励提供了理论框架，由于现有对公司高管激励问题的研究中，大多集中于对薪酬、股权激励为代表的显性激励的研究，缺乏对声誉如何发挥激励作用的研究。为了能够更加深入细致地进行案例跟踪调研和演化分析，本章在理论分析的基础上，通过案例研究方法，系统探讨公司高管声誉效用的类型，并在此基础上深入探讨声誉激励机制的构建，以期丰富与拓展现有研究成果，为相关学者的后续研究提供有益借鉴。

6.2　理论探讨与命题提出

作为隐性激励契约的重要构成，声誉激励将高管个人认同与公司的持续成长相结合，与薪酬激励、股权激励等显性激励方式有明显的互补性。隐性激励是一种寻求代理成本最小化的补偿性契约安排，并不存在明确的合同约定，但具有能够使被激励者实现自我激励、激励作用持久等优势[12]。然而，较之易于制度化和数量化的显性激励契约，基于高管心理感知的隐性激励契约缺少描述体系，难以清晰表述声誉激励的作用过程。为了能够更好地阐释声誉激励的作用过程，揭示其作用机制，对声誉的效用及其实现途径进行系统分析是必要的前提和基础。

6.2.1 公司高管声誉的信号效用及其实现

公司高管所经历的职业生涯中，需要发挥声誉的信息传递效用，以取得各方的认可，促进其职业发展和事业成功。员工个人声誉不仅直接地影响他人对其自身形象的评价，如他人会认为拥有良好个人声誉的员工更有能力[13]、更可信任[14]、更易获得他人的尊敬[15]，而且还会使其人际关系行为的有效性受到影响[16]。有实证研究表明，员工的个人声誉有助于其获得更好的工作业绩评价[16-17]。员工在组织中的形象（口碑）和工作业绩评价往往是员工职业晋升的重要标准，所以个人声誉会促进员工的职业发展。

高管追求事业成功就需要通过声誉的信息传递效用使利益相关方充分认知其品质、能力、既有业绩，从而对其行为和未来业绩形成良性预判，促进合作的稳定性和持久性，达成共同目标的实现。信息经济学的信号理论解释了声誉的信息传递效用，一方的竞争优势（如强项或能力）是其私人信息（private information），如果没有设计良好的信号（如教育水平、证书等）作为传递载体，别人可能不会知道或不会相信[18]。实践中，高管的声誉信息源于品质、能力和业绩三个价值维度，由此三个维度形成了高管的声誉矢量，这一矢量既有数量上的强度差异也有方向上的美誉度差异。实践中，高管希望自身声誉矢量在三个维度上皆为正向，是充分的正声誉，通过口碑、媒体等途径传播之后，高管可以获得显著的声誉溢价，从而助力其事业成功。当高管声誉两维度为正时，我们称其具有偏正声誉，利益相关方对其共识往往是"美中不足"，这一声誉会影响到合作的开展；当高管声誉为两维度为负的偏负声誉甚至三维度皆负的负声誉时，往往造成合作方的不信任，使交易成本升高，甚至无法合作。

综合上述分析，高管对其需要的认知和追求是产生动机的本源，自我实现、尊重和归属感形成的优势需要和需要组合是激励高管的直接动机，事业成功成为自我实现的一个代表变量，在直接动机的激发下，高管声誉成为一个前因要素，声誉的激励作用表现在其助力高管事业成功的信号传递效用。基于此，本研究提出：

命题1：声誉具有高管信息的信号传递效用，高管为有效传递个人信息而具有追求良好声誉的动机。

6.2.2 公司高管声誉的工具效用及其实现

无论集体还是个体行动者的行动都有两个主要动机：保护既有的有价值资源和获得额外的资源，行动者在工具性和表达性行动中可以通过名声来动员他人的支持。获取资源是公司高管胜任其"企业家"和"一般管理者"双重角色的一项基础条件，出于企业家行为模式的诱因，公司高管需要获取并运用资源创造企业绩效并据此根据贡献获得报酬；作为"一般管理者"，同样需要尽量多掌控资源，从而稳固地位并争取晋升，并基于掌控的资源总量获得报酬[19]。声誉发挥了工具效用，帮助高管掌控资源从而实现事业成功，因此追求声誉并发挥其工具效用成为公司高管的激励要素。

公司高管声誉的工具效用表现在维护关系网络、提升关系质量、增强资源动员能力三个方面。作为企业的代言人和象征符号，公众总是会从企业家的行动和信息中寻找超越其本身的象征性意义[20]，从而嫁接企业家与其所带领的企业、产品等，这样对企业家的认知和评判也就自然影响了对其企业和产品的评价[21]。具有良好个人声誉或企业商誉的企业家，通过自我关系网络和企业关系网络获得的资源或动员能力就会越多，从而为企业获得更多的优势资源，企业更可能获得更好的绩效，反之亦然。企业家作为企业的形象代表，企业家个人声誉、企业商誉往往是很难完全区分开来的，而企业家在为企业动员资源的时候，关系网络成员更多看重的是包含了企业家个人声誉的企业商誉[22]。良好的声誉反映了潜在合作伙伴对其内在特质和未来前景的肯定[23]。在企业间关系中，声誉可以明显降低个人首次接触的障碍，产生如同"相识"的可信性[24]。声誉机制是通过提供关于成员信任度的信息来减少行为的不确定性，以增强网络成员间互动的有效性。信任是社会资本的一种形式，与物质资本、人力资本具有同等的重要性。信任是组织间有效合作的前提，是一项价值很高的资产[25]。社会地位源于声誉的积累和分配，是社会资本的代表，声誉可以动员社会网络和网络中的价值，从而获得他人支持，因此提高了个体在社会结构中影响他人的能力[11]。

综合上述理论分析，并根据社会资本理论模型，可以构建一个塔式社会声誉效用结构。结构位置代表高管可以达到的社会资源层面的高度，由高管个体声誉和公司声誉构成的组合声誉决定，我们称其为双元高管声誉；高管在结构位置上能够动员的社会资源总量又决定于高管声誉构成的关系数量和关系强度两个维度指标。通过塔式社会声誉效用结构可以看出，高管所处的社会资源层面，由结构位置、关系数量和关系强度三个维度共同决定，而这三个维度又取决于高管双元声誉的广度、强度和美誉度，高管声誉成为其寻求社会资源结构中的"优势位"并掌控社会资源的关键工具。因此，本研究提出：

命题2：声誉对高管有工具效用，高管为有效掌控资源而具有追求良好声誉的动机。

6.2.3　公司高管声誉的心理效用及其实现

需要层次理论向人们揭示了激励的切入点：激励不在于激励者向被激励者提供何种可能的激励物，而在于这种激励物对于被激励者的价值，或者说激励者应当向被激励者提供其所需要的激励。要实现激励的这种效用，激励者就必须研究被激励者的需要、动机、价值观等内在的"心理"[26]。公司高管的低层次的物质需要往往已得到满足，在这种情况下，声誉因其能够满足高管社交、尊重和自我实现的高层次心理需要，从而具有心理满足效用，能够成为激励高管的动机。

公司高管声誉的心理满足效用首先来源于高管的内生动机。人们从企业得到的收益可以有不同的形式，可以是工资、奖金、股息等货币形态的收益，也可以是心理满足、社会声望等非货币形态的收益[27]。两种收益构成了公司高管的两类动机，前者为外生动机，后者为内生动机。外生动机可以通过发挥金钱的回报作用来实现，是对需要的间接满足[28]。内生动机通过对需要的直接满足发挥作用，个体按照自身的偏好来评价其行为，具有自我维持的特征。内生动机可以分为快乐导向型和职责导向型，所谓快乐导向型，就是人们因为自身的喜好或满意去从事一项活动而无须任何报酬，职责导向型就是人们因为自身的使命感或者社会规范要求而去从事一项活动[29]。

根据自主理论，自己做主（autonomy）和自己能胜任工作（competence）的感觉是人们的一种需要。个体对自身自主性和胜任力的判断，构成了其内生动机的直接动因。那些提升个体在自主性与胜任力方面感觉的因素（如社会情境）能强化个体的内生动机，反之，那些减少这些感觉的因素会破坏内生动机[29]。当某种奖励可以作为个人能力的证明，或者个体的自主性需求由其满足，则个体的内生动机因受奖励而得到强化[30]。更一般意义上而言，个人声誉和个人获得的来自知识的竞争优势都直接影响着个体在自主性和胜任力方面的感觉，进而影响着个体的内生动机。

上述理论从心理学理论、认知结构学习理论、行为科学的框架内为声誉的心理满足效用奠定了理论基础。高管为满足尊重、自我实现等高层心理需要而追求声誉，声誉因此可以作为激励物并满足高管的快乐感、自主性和胜任力，从而强化高管的内生动机，优化高管行为。声誉心理满足效用的作用逻辑包含了应答性行为、操作性行为、中介变量作用和认知结构，可以构建一个声誉的心理激励模式[26]：公司使用声誉（如荣誉称号、身份地位、口碑评价）作为刺激物对公司高管进行激励，高管按照自身需求和认知结构对声誉进行认知，判断"是否"和"为什么"需要声誉，其后产生操作性行为，表现为受到声誉激励后的行为优化，包括积极、消极和淡然三种行为倾向，最终"功成名就"实现业绩和目标、获得尊重和认可、取得报酬。在这一激励模式中，声誉既是行为的结果，又是行为的诱因。在此模式基础上，本研究提出：

命题 3：声誉对高管具有心理效用，高管有为获得心理满足而追求良好声誉的动机。

6.3 研 究 设 计

6.3.1 单案例研究方法的选用依据

目前关于公司高管声誉激励的研究中，缺少综合考虑信号效用、工具效用、心理效用多因素的系统研究，需要"进入现场"接触研究对象，研究其行为和心理的动态过程，由于案例研究是一种研究策略，其焦点在于理解某种单一情景下的动态过程[31]，因此，本章采用案例研究方法。而单案例的优越性在于能更加深入细致地进行案例跟踪调研和演化分析[32]。基于此，本章选取一个较为典型的案例进行单案例的探索性研究。

6.3.2 分析策略

本章采用"检验理论"和"构建理论"相结合的分析策略[31]，首先将建立在实证调查基础上发现的信息与建立在理论预测基础上的理论模型进行匹配，在此基础上，针对实证调查过程中发现的超出理论模型解释范围的信息进一步进行文献对话，通过构建理论，完善理论预测模型。

6.3.3　抽样原则与案例背景介绍

案例研究的样本选择遵循目的性抽样原则，理论抽样的目标是要选择那些可能复制或者拓展新型理论的案例[31]。根据本章的研究主旨，选取了 JC 公司 W 总经理为研究对象，主要基于以下原因考虑：第一，W 总经理声誉发展具有完整的时间周期，其声誉伴随其职业起步期和发展期逐步形成。其经历从大学毕业进入公司开始，历经公司考察、选用、晋升等关键职业阶段，并融入了公司从计划性初建到市场化运作的历史情境。第二，在其声誉形成的各阶段，有典型的故事作为案例供理论研究和探讨。这些典型故事包括公司领导对其的赏识，同事对其逐步认可，初任领导岗位的心路历程，任职高管岗位后对声誉的认知。第三，其成就和身份已被利益相关方认同并给予积极评价，形成了完整的声誉系统，这使其具有正向代表性。基于以上因素，选用本案例可使本研究获得充分和生动的研究资料，这有助于本研究深入的进行理论挖掘和探讨，也使本研究所获得的可能结果更有说服力。

6.3.4　调研与访谈过程

1. 访谈提纲准备

在理论分析的基础上设计了初步访谈提纲，将初步访谈提纲发至 1 位研究公司治理与高管激励的教授和 1 位研究应用心理学的教授，1 位研究公司高管激励机制的博士和 4 位博士研究生征求意见。在进行了 3 轮往复修改之后形成修订稿，针对 1 位已退休的公司高管进行了访谈测试，对访谈提纲的效果和操作性进行了检验。通过以上工作，制定了 17 题的访谈提纲。

2. 访谈过程

访谈分 2 个阶段进行。2013 年 12 月进行了预调研，通过参与 W 总经理所做的专题报告了解 JC 公司发展的历史沿革、发展战略，约 1 小时。预调研后，将访谈提纲通过 E-mail 发至 W 总经理，请其考虑相关问题。2014年 1 月 7 日到公司拜访 W 总经理，进行当面访谈。访谈进行了约 1.5 小时。

3. 数据搜集

半结构化访谈是本章数据搜集的一个主要渠道。访谈是以访谈提纲为基础的半结构化访谈，以此避免访谈的僵化。在访谈过程中，围绕 17 题进行访谈，具体的表述可能会依据被访谈人的反应进行调整。当发现一些重要的信息点时，会通过请被访谈人讲述包含此信息的故事的方式具体化情境和挖掘信息。

6.3.5　数据编码与数据分析

通过逐字整理访谈录音，获得字数为 11503 字的访谈记录。将本记录作为数据源进行了编码，对本章的主要概念进行代码表示，如表 6 - 1 所示。编码过程如下：首先两名辅助人员将全部录音整理成文字，笔者通读并审校该访谈记录，之后进行编码。本章编码的原则是：第一，依据理论模型进行文本分解；第二，对于可以代表多个概念的文本资料分别列入相应概念；第三，超出理论模型的信息不列入编码表，但在讨论中要作为研究发现进行分析。

表 6 - 1　　　　　　　　　　本章主要概念代码方案

一级概念	代码	二级概念	代码
需要	1XY	—	—
动机	2DJ	信号效用	21XH
		工具效用	22GJ
		心理效用	23XL
目标	3MB	声誉导向	31DX
		行为优化	32YH
		下属认同	33XSRT
激励状态	4JLZT	声誉价值预期	41JZYQ
		获得声誉可能性	42HYKL
		使命认知	43SMRZ
		成就预期	44CJYQ
		努力程度	45NLCD

续表

一级概念	代码	二级概念	代码
人力资本	5RLZB	—	—
社会资本	6SHZB	—	—
认同	7RT	—	—
成就感	8CJG	—	—
满足感	9MZG	—	—

在上述原则指导下，结合"检验理论"和"构建理论"的分析策略，具体采取如下步骤进行编码。第一步，根据代码表中有关概念进行文本标注，确定信息条目，然后将信息条目对应概念进行编码。编码总计得到有效条目73条，其中需要1条，动机3个维度17条，目标2个维度共8条，激励状态5个维度共13条，人力资本6条，社会资本8条，认可14条，成就感2条，满足感4条。附件1是编码条目的具体内容，限于篇幅和企业保密需要，只报告了部分编码条目。第二步，根据检验理论的分析策略，针对编码内容进行分析，验证理论命题和声誉激励机制框架；运用构建理论的分析策略，对新发现的理论视角再次回到理论文献和数据发现的对比中，从而发展理论。

6.4　研究发现

6.4.1　声誉发挥了公司高管信息整合和传播作用：信号效用及其实现

经济学中的信号传递模型和通信理论相结合，可以更好地解释高管声誉的信号作用。信号传递模型说明了一个动态不完全信息对策，描述了信息发送和接收双方的交互过程。在此基础上，借助通信理论的七要素模型，将高管声誉信息的交互过程整合为包含信源、信道、信宿3个主要模块和编码、译码、反馈、噪音4个环节的动态传播过程，如图6-1

所示。

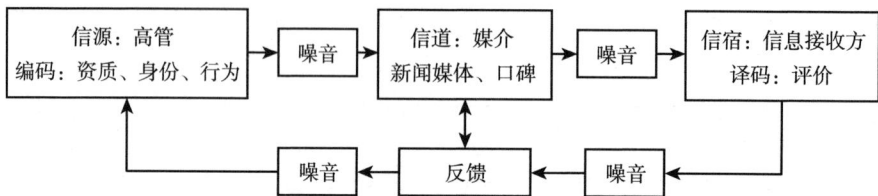

图6-1 公司高管声誉信号动态传

  高管的学历、经历、专业资质蕴含着高管综合素质等潜在声誉信息，是代表其能力的声誉信号，使其在职业发展中容易获得更多机会，这一现象在高管职业早期更为明显。W总经理谈到"我那个年纪啊，大学生相对少一点，JC公司这边当时正规大学的少，领导呢，是非常看重这个学生的。在学校里，我也算是比较活跃的，在学校里……经常组织各项活动啊，演讲啊……所以到工作单位上来讲呢，这一类的活动呢有时候我也参加。大家感觉应该比较活跃，而且有一定组织能力。……写一写东西的话，写出来也像那么回事。一些新的管理办法推行的时候……能够很快地适应，能够承担起去推动这个管理活动进行的责任。"学历、资质产生的声誉信号在其工作行为中得到了验证，进一步得到了口碑传播和优良评价、认可，"同事就感觉这个人相对比较踏实、还比较肯干，有一定的能力。"同时，由于JC公司正值发展和破格选用人才的时期，其声誉帮助W总经理逐步实现职业成功："提职比较早，我是1991年毕业，在企业管理岗位上干了一年，第二年就转到了人事，任党委书记秘书。我是1994年，就是工作了3年的时候，我就当上秘书科的副科长了，1995年26岁当副处长的。"W总经理的声誉信号通过口碑信道最终在主要领导这一信宿中形成了评价，并在干部提拔后的谈话中给予了反馈：提完以后包括在这之前也不会说的很多，但提完了以后他会交代……希望你们这些有能力、有思想、有知识、有见解的专业青年尽快地发挥作用。能够把JC的管理能够往前推一步，形成……一个管理团队，能够对JC未来很有利。大致的就是这么个意思，不一定是这个原话，就是说对自己有一种责任的嘱托。在上述职业早期的声誉信号传播中，噪音是在各环节存在的：我从党委秘书调到办公室，先是当了一段时间秘书，观察了有几个月，感觉不错，四个月就提为副科长了。又干了不到大半年多的时间，破格了。实际上我那个破格提升也是有很大争议的，就只有过那么一次，从副科直升到副处，当时很多人也是有异议的。稍微冷静地想一想呢，估计大家也是很认可，很快平息下来。

W 总经理职业初期的案例描绘了公司高管声誉信号动态传播过程。在这一过程中，声誉包含了高管能力、品质和预期业绩信息，形成了口碑性的声誉矢量。声誉的信号作用形成了高管的知名度、美誉度和良性预期。信号作用使声誉成为诱发高管良性行为的激励物，命题 1 得到了验证。

6.4.2　声誉帮助公司高管掌控有益资源：工具效用及其实现

研究发现，高管重视通过获得一定身份、资格来提升自身声誉，获取资源整合能力。同时，高管重视维护好公司的专业声誉，从而保障自身职业声誉。维护圈层声誉和职业声誉的目的在于通过优良声誉帮助其寻求社会资源结构中的"优势位"并掌控社会资源，如表 6 - 2 所示。

表 6 - 2　　　　　　　　　高管声誉的工具效用

情境	事例描述	发现
高管圈层声誉	社会兼职的荣誉……就是兼职的职务……个人比较珍视也比较重视，我觉得这些活动和个人的发展和企业的发展都是紧密相关的	高管重视社会兼职身份带来的圈层关系，并努力维护好自己在圈层中的声誉，保障与圈层关系互动和互助的能力以及资源整合能力
	青年企业家……每次开会参与的人员近百人。有一些做得很成功的，和他们打交道，从理念、思想、信息上有一些交流，觉得还是很有收获的	
	有一个人说你不好，如某件事做得不好，可能其他同学、其他朋友也会对你有看法，所以我对朋友能够做到的尽力去做好，尽力去帮助别人，而且忠诚守信，说的那个事，比方说有个什么事你请我做，我就给你说清楚这个事怎么样，当然不能说有触及法律和职业道德方面的问题，能帮的一定帮，但是有些话要说清楚，帮到什么程度，哪些不能做的，一定把握好。给人感觉反正是，有的同学说这个人比较踏实，比较守信，还是值得交往的。圈内要说这个声誉的问题，我一直想，这个一旦受损，很难弥补，而且是一件事能影响一个圈层	

续表

情境	事例描述	发现
高管职业声誉	有段时间，CH 公司来函说我们保障上有问题。这也是一个业内口碑的问题，CH 公司提出这个问题来就是影响 JC 的声誉，那么对我个人讲，即使我不分管，但是我是总经理，我也会受影响。不能给我们同行业间，尤其是我们的客户产生不好的印象。这是与生产紧密相关，与企业也是紧密相关的	高管重视客户和合作方等利益相关者对公司的评价，以此维护自身职业声誉，进而实现公司声誉和个人声誉的良性互动以及公司业绩与个人事业的相互促进
	社会上有时也是这样，有一次政务监督热线报道有旅客反映我们的服务人员与旅客吵时骂人。我们马上核查录音录像，并与旅客联系。最终确认是服务人员没有骂人，旅客说了过头话。这件事出现了以后，要马上去处理，把负面影响降到最低，这样结果是最好的，没有我们的责任，是旅客自身的问题。但是因为那是通过话筒传播到社会的，辐射面太大了，会给公司造成一定的影响	
	现在我们有了这个意识，客户公司提出问题大家都非常认真的去落实，现在在年底的座谈会上，客户公司都是提一些细节上的问题，提一些建议，没有什么矛盾问题，都觉得和 JC 的关系处得很好、很和谐，JC 对客户公司服务的这个意识比较强。只要他们有需求，我们力所能及地想办法给他们解决，它发展好了以后，自然给我们带来收益，就是这种服务它，通过它的发展，客观的给我们 JC 带来发展	

通过声誉的工具作用，高管被特定的社会圈层接纳和认可，圈层对高管形成了稳定的人格和行为预期，其可以使用圈层资源促进沟通、获取信息、整合资源，提升了高管的社会资本和人力资本。同时，由表 6 - 2 可以看出，声誉的工具效用受到高管职业声誉的影响，高胜任力的高管具有名副其实的"实名"，声誉的工具效用也更显著，可以帮助高管获得圈层更持久和稳定的认同，保障合作机会。上述分析验证了命题 2："声誉对高管有工具效用，高管为有效掌控资源具有追求声誉的动机。"

6.4.3　声誉强化公司高管心理资本：心理效用及其实现

声誉对高管心理资本的强化作用是高管声誉的主要心理效用。心理资本是指能够导致员工积极组织行为的心理状态[33]，是促进个体成长发展与绩效提升的重要因素，具有投资性和收益性[35]。

心理资本包括以下 4 个关键要素：信心、希望、乐观和坚韧，这 4 个要素是员工努力工作的动因，也是激发员工主动性和创造力的核心因素[36]。研究发现，高管的心理资本要素形成于高管主观预期，其期望获得与预期一致的客观评价（见表6-3）。命题3得到验证，声誉起到了行为反馈的作用，当声誉符合其自身预期时，将使高管获得认同感，得到心理满足，使其受到激励并强化积极的组织行为。

表6-3　　　　　　　　　　　　高管声誉的心理效用

要素	事例描述	发现
希望	我们如今发展到现在这个规模吧，感觉JC还是慢了一些，从我个人的想法就是尽快将JC的设施完善，总的规模要做大，而后把JC周边发展起来，建一个航空城，这个是我现在正在努力的目标……我想到我退休的时候，员工有这样的评价：我在任期间，还真正的是干事的，JC的面貌发生了比较大的变化。同时这个人还是有能力做事，做人也比较正直，大家也比较服气。有一定的威望	高管的心理资本具有主观性。声誉可以提供针对高管行为和业绩的反馈，从而使高管强化认同感，保持和提升心理资本强度
	我也很重视这个，我是非常希望我的同学、我的朋友圈里，给我一个好评价……我想从做人来讲，不偏不倚，比较忠诚正直，非常希望有一个很好的工作环境。有一个很好的家庭环境，还有一个好的社会环境	
信心	我通过几次组织部的反馈来看，干部职工对我还是比较认可，评价还是不错的，基本上每年都是优秀，我们整体JC公司这块大家认可度还是比较高的	
乐观	从内心来讲呢，我还是信奉淡然一些，这种淡然就是，不要求条件多么好、待遇多么高，比如说弄个好车啊什么的，这些东西我倒不是很追求、很在意，我信奉就是平平淡淡的生活、平平淡淡的追求，也不是说刻意的要去争那个什么职位，只是在处理的过程中，相关的事宜啊、配合别人工作啊、团结团队啊，在客观上形成了这种局面，这样做了，最后自然而然地能把岗位提升上来	
坚韧	我的风格就是踏实、走稳，看准的坚决下决心去干，有一些需要商量调研的还是要走一个科学的过程	

6.4.4　三重激励效应的实现途径：公司高管声誉激励机制构建

声誉在实现上述三种效用过程中，发挥了行为激发和行为强化两方面的激励作用，形成了循环性声誉激励框架。高管为追求声誉的信号效用、工具效用和心理效用而努力工作，声誉成为诱发高管行为的激励物。声誉所激发的高管努力程度，受到高管对声誉价值、声誉实现可能性、使命认知、成就预期四个因素综合判断的影响。高管努力获得成就后，声誉效用以口碑评价和荣誉称号为载体，带给高管认同感、成就感和满足感。在此过程中，声誉成为强化物，使高管前期努力得到认可，获得心理满足，从而强化高管努力状态，发挥了对高管行为的强化作用，形成激励循环。

6.5 研究结论与政策建议

为了实现激励相容，公司对于高管进行的诸如薪酬、股权、声誉等方面的激励手段构成了高管激励契约的整体，它们相互影响而产生作用。而在当代中国，高管处于中西方价值理念交融的独特制度环境，其对声誉诉求有着更为复杂的特性。因此，研究声誉的效用及其实现途径是对公司高管激励问题的一个有益补充，对中国企业实践有重要意义。据此，本章从信号、工具和心理三种效用展开理论分析，通过单案例的探索研究提出公司高管声誉激励机制框架。研究发现：公司高管对声誉的诉求体现为信号性、工具性和心理性效用，并具有以声誉为激励物和强化物的循环激励过程。

本研究不仅是对既有理论的一个探索性创新，同时具有一定的实践指导意义。公司高管的努力程度是公司发展的基础保障，而其努力的关键是激励是否有效。在现实中，很多公司通过薪酬体系给予高管物质性激励，但是给予声誉激励的意识和方法尚不充分。通过声誉激励公司高管，有利于提升公司激励体系的效果。通过本章理论分析和单案例的探索研究，针对公司如何给予高管声誉激励，笔者对公司提出政策建议如下：

第一，建立高管年度声誉评价制度。公司制定针对高管分管业务、努力程度和综合素质的评价表，每年定期组织高层、中层和部分一线员工对高管进行评价，评价结果反馈给高管，并通过高管团队务虚会的方式，给予高管做出解释和说明的机会。通过这一制度使高管认知自身声誉，了解公司各层级同事对自己声誉的评价，通过强化高管组织认同感、减弱声誉扭曲获得心理满足，从而发挥声誉的激励作用。

第二，建立公司传记体系，形成高管声誉载体。公司传记体系包括公司博物馆、《公司大事记》《公司年鉴》《公司影像志》等形式，通过这种具有承载和再现功能的传记体系记载公司的重要成果，间接的反映高管的成就和公司、员工等利益相关方对高管的认同。以此为高管声誉载体，给予高管有效的心理反馈，从而发挥声誉的激励作用。

第三，发挥媒体的声誉激励作用。通过媒体建立行业性或区域性的高管排名榜，年度性和周期性的对获得市场认可的高管给予排序，并对典型高管的标杆性业绩和行为进行案例化报道，以此形成高管社会声誉评价平台，在社会层面发挥声誉激励作用。

本章存在一定的研究局限，需要在将来研究中进一步完善。一方面是案例高管的选择。尽管所选择的公司高管职业生涯完整，对高管声誉有自己的经验、感受和思考，但受到案例高管数量和调研过程的局限，归纳出的机制解释力还有待进一步检验。考虑到我国多种性质公司的差异、行业差异和高管人口统计指标的差异，未来需要从多角度选择案例对象，进行多案例分析，以进一步完善机制框架。另一方面，本章虽然探索了声誉的信号、工具和心理三种效用，但需进一步通过实证分析来检验在不同情境之下三种效用的实现程度。

参 考 文 献

［1］Berle A, Means G C. The modern corporate and private property, NewYork：Macmillan, 1932.

［2］Shleifer A, Vishny R W. A Survey of Corporate Governance ［J］. Journal of Finance, 1997, 52（2）：737 – 783.

［3］Ferris G R, Blass F R, Douglas C, Kolodinsky R W, Treadway D C. Personal reputation in organizations ［A］. In J. Greenberg（Ed.）, Organizational Behavior ［C］. Mahwah, NJ：Lawrence Erlbaum Associates, 2003：211 – 246.

［4］Dunbar R J M, Schwalbach J. Corporate reputation and performance in germany, Corporate Reputation Review, 2000, 3（2）：115 – 123.

［5］Kreps, D, and R Wilson. Reputation and imperfect information, Journal of Economic Theory, 1982, 27（2）：253 – 279.

［6］Milgrom, P & J Roberts. Predation, reputation, and entry deterrence, Journal of Economic theory, 1982, 27（2）：280 – 312.

［7］皮天雷：《国外声誉理论：文献综述、研究展望及对中国的启示》，载《首都经济贸易大学学报》2009 年第 3 期，第 95～101 页。

［8］Holmstrom B. Managerial incentive problem-adynamic perspective, Review of Economic Studies, 1999, 66（1）：169－182.

［9］Fama, Eugene F. Agency problems and the theory of the firm, Journal of Political Economy, 1980, 88（2）：288－307.

［10］黄群慧、李春琦：《报酬、声誉与经营者长期化行为的激励》，载《中国工业经济》2001 年第 1 期，第 58～63 页。

［11］林南著、张磊译：《社会资本：关于结构与行动的理论》，上海人民出版社 2004 年版，第 152 页。

［12］徐宁、徐向艺：《控制权激励双重性与技术创新动态能力——基于高科技上市公司面板数据的实证研究》，载《中国工业经济》2012 年第 10 期，第 109～121 页。

［13］Gioia, D A and H P Sims. Perceptions of managerial power as a consequence of managerial behavior and reputation, Journal of Management, 1983, 9（1）：7－26.

［14］Ostrom, E. Toward a behavioral theory linking trust, recirocity and reputation［A］In Ostrom, E. and J. M. Walker（Eds.）, Trust and reciprocity：interdisciplinary lessons from experimental research［C］. New York：Russell Sage Foundation, 2003：19－79.

［15］Emler, N, & Hopkins, N. Reputation, social identity, and the self［A］. In D. Abrams & M. A. Hogg（Eds.）, Social identity theory：constructive and critical advances［C］. New York, NY：Springer－Verlag, 1990：113－130.

［16］Hochwarter, W A, G R Ferris, R Zinko, B Arnell and M James. Reputation as a moderator of political behavior-work outcomes relationships：a two-study investigation with convergent results, Journal of Applied psychology, 2007, 92（2）：567－76.

［17］Liu, Y, G R Ferris, R Zinko, P L Perrewe, B Weitz and J Xu. Dispositional antecedents and outcomes of political skill in organizations：afour-study investigation with convergence, Journal of Vocational Behavior, 2007, 71（1）：146－165.

［18］Michael Spence. Job market signaling, Quarterly Journal of Economics, 1973, 87 (3): 355 – 374.

[19] 黄群慧:《企业家的期望角色:经济学和管理学的阐释》,载《财经科学》2001 年,第 57 ~ 62 页。

[20] Christoph Zott, Quy N Huy. How entrepreneurs use symbolic management to acquire resources, Administrative Science Quarterly, 2007, 52 (1): 70 – 105.

[21] 葛建华、冯云霞:《企业家公众形象、媒体呈现与认知合法性——基于中国民营企业的探索性实证分析》,载《经济管理》2011 年第 3 期,第 101 ~ 107 页。

[22] 孙俊华、陈传明:《企业家社会资本与公司绩效——基于中国制造业上市公司的实证研究》,载《南开管理评论》2009 年第 2 期,第 28 ~ 36 页。

[23] 蔡宁、徐梦周:《我国创投机构投资阶段选择及其绩效影响的实证研究》,载《中国工业经济》2009 年第 10 期,第 86 ~ 95 页。

[24] Amna Kirmani and Akshay R Rao. No pain, no gain: acritical review of the literature on signaling unobservable product quality, Journal of Marketing, 2000, 63 (2): 66 – 79.

[25] 巨荣良:《企业组织转型与声誉机制的构建》,载《经济管理》2007 年第 10 期,第 26 ~ 30 页。

[26] 李仕明、唐小我:《企业权力配置与经理激励》,科学出版社 2003 年版,第 63 页。

[27] 张维迎:《产权、激励与公司治理》,经济科学出版社 2010 年版,第 2 页。

[28] Deci, E L, Koestner, R, Ryan, R M. A meta-analytic review of experiments examining the effects of extrinsic rewards on intrinsic motivation, Psychological Bulletin, 1999, 125 (6): 627 – 668.

[29] 廖飞、施丽芳、茅宁、丁德明:《竞争优势感知、个人声誉激励与知识工作者的内生动机:以知识的隐性程度为调节变量》,载《南开管理评论》2010 年第 1 期,第 134 ~ 145 页。

[30] Deci, E L, Ryan, R M. The "what" and "why" of goal pursuits: human needs and the self-determination of behavior, Psychological Inquiry, 2000, 11 (4): 227 – 268.

[31] Eisenhardt K M. Building theories from case study research, Academy of Management Journal, 1989 (14): 532 – 550.

［32］ Buckley, P J, Jeremy C and Tan, H. Reform and restructuring in Chinese state-owned enterprises: sino-trans in the 1990s, Management International Review, 2005（45）: 147 – 172.

［33］ Luthans F, and Youssef C M. Human, social and now positive psychological capital management: investing in people for competitive advantage, Organizational Dynamics, 2004, 33（5）: 57 – 72.

［34］ 王雁飞、朱瑜:《心理资本理论与相关研究进展》, 载《外国经济与管理》2007 年第 5 期, 第 32～39 页。

［35］ 张红芳、吴威:《心理资本、人力资本与社会资本的协同作用》, 载《经济管理》2009 年第 7 期, 第 155～161 页。

［36］ 蒋建武、赵曙明:《心理资本与战略人力资源管理》, 载《经济管理》2007 年第 9 期, 第 55～58 页。

第 7 章　高管声誉激励强度的决定因素与作用效果*

　　将质性研究与量化分析相结合，对中国情境下高管声誉激励契约的强度、效用及作用途径进行研究。首先对部分高管进行深度访谈，继而运用中国上市公司 2007～2013 年的平衡面板数据进行实证检验，结果表明：高管声誉激励强度与公司规模显著正相关，高管人力资本在两者之间具有中介作用；声誉激励通过与显性激励的交互效应从而对公司绩效产生间接的效用，具体而言，声誉激励与薪酬激励之间存在互补效应，与股权激励之间存在互替效应；产权性质能够对高管声誉激励效用产生显著的影响。

7.1　引　　言

　　有效的高管激励契约能够促进代理人的利益与委托人相一致，从而使其选择以公司整体利益为导向的活动[1]。高管激励通常是通过订立各种不同契约来完成的[2]，一般包括显性（explicit）契约与隐性（implicit）契约。前者具有明确的契约条款、激励标准及时限规定，而后者在这些方面并不明确。在多年的公司治理实践发展中，对有关货币薪酬、股权激励等显性激励的质疑声不绝于耳。高管薪酬的过度增长及其黏性特征导致了过大的薪酬差距。为了实现股票期权收益，管理层也往往会产生操纵会计盈余的行为[3]。因此，针对企业高管，尤其是国企高管薪酬管制的规定相继出台，2015 年推出的薪酬管制政策及其引致的高管降薪风波，再一次成为争论的焦点。在此背景之下，隐性激励所发挥的替代作用及其实现途径也就成为公司治理理论与实践亟待解决的问题。

---

　　* 本章内容发表在《财经理论与实践》2016 年第 3 期。

作为典型的隐性激励契约，声誉激励起到了不可或缺的作用。尤其是当代理人的行为无法准确界定，显性激励机制难以实施之时，长期的委托代理关系就可以利用"声誉效应（reputaiton effects）"来解决[4]。虽然董事会可以观察到代理人的行为，但信息是不充分的，不可能完全通过正式的契约来规制，但上述委托代理问题的解决可以通过声誉激励来完成[5]。因此，应借鉴协同论相关观点，深入探究不同高管激励契约的作用差异以及它们之间的相互关系，进而考察高管激励契约组合的协同效应[6]。有关声誉激励的理论探讨较为丰富，但多以委托代理理论为基础。随着激励理论的深入发展，经济学将动态博弈理论引入委托代理关系的研究中[7]，论证了在多次重复博弈代理关系的情况下，声誉等隐性合约能够发挥激励代理人的作用，可以作为显性激励契约的替代物[8]。在激励契约不完备的情况下，声誉对拥有剩余控制权的高管来说，是一种无形资产，它可以大大抑制经理层的市场投机行为，进而客观上起到减低交易费用的作用[9]。然而，为进一步深化与拓展声誉激励的研究体系，下列问题亟待解决：高管声誉激励强度的决定因素是什么？声誉激励对于公司绩效的效用如何？作用途径是什么？与显性激励之间具有怎样的关系？然而，目前尚缺乏实证研究的支持，尤其是在中国情境下的研究。

鉴于此，本章将质性访谈与跨年度大样本数据分析相结合，更为系统地探讨高管声誉激励的强度、效用及作用途径。主要贡献在于：第一，考虑到声誉激励的内隐性特征，在引入质性研究方法对代表性高管进行开放式深度访谈的同时，采用跨年度平衡面板数据进行实证分析，进而解决由不随时间变化的遗漏变量所产生的内生性等问题，突破了两种方法的个体局限性；第二，研究视角从传统的委托代理理论向激励契约整合理论演进。由于委托代理链条信息分布的非对称特征，单个激励契约的边际效用呈递减趋势，甚至会因过度使用而产生负向作用。本章基于激励契约整合视角，深入探究声誉激励与显性激励之间的相互关系及其发挥效用的内在途径，进而为上市公司进行高管激励契约的合理配置提供有益参考。

7.2　理论分析与研究假设

7.2.1　高管声誉激励契约的强度决定及形成路径

高管声誉激励强度是由何种因素所决定的？是公司规模，还是公司披露的财务绩效？是通过何种路径实现的？通过对现场访谈资料的整理可知，多数高管认为，公司规模相对于公司盈利能力等而言，是决定高管声誉强度的主要因素。一位被访谈的高管解释道：大众或者媒体对于公司的关注点可能更加聚焦于其规模的扩大，公司规模增长得越快，高管的能力与努力就越得到肯定。对于显性激励，加尔贝斯和兰蒂尔（Gabaix and Landier，2008）通过实证检验发现，在市场资本中，CEO 薪酬更多是由企业总规模来决定的[10]。有些学者也对 CEO 声誉水平的影响因素进行了探讨，如李辰颖、杨海燕（2012）的实证结果表明，在控制了行业和年度的影响后，企业规模的确与 CEO 声誉显著正相关[11]。由此可知，企业管理的实践者与理论的研究者，均认为公司规模是影响高管声誉激励强度的主要因素。然而，通过进一步分析，本书认为，高管人力资本是联结公司规模与高管声誉激励强度的桥梁，具有中介效应。哈里斯和赫尔法特（Harris and Helfat，1997）发现，人力资本对于来自组织内部 CEO 继任者、产业内组织外部 CEO 继任者、产业外部 CEO 继任者的起薪水平，均具有决定性的作用[12]。而人力资本对于显性激励强度的上述影响也应该能够延伸到隐性激励层面。依据战略资源学派的观点，高管人力资本是一种特殊的战略资产，具有价值性、稀缺性、难以替代性等特征，应当获得与之相对应的较高市场回报[13]。这种市场回报除了物质上的报酬之外，也包括晋升、声誉等隐性的收益。在实践中，随着公司规模的扩大，高管人力资本价值随之提升，从而使其声誉激励强度也得到增加。因此，公司规模对于高管团队声誉激励强度的作用是通过高管人力资本的中介效应实现的。

假设 1：公司规模与高管团队声誉激励强度之间具有正相关关系，而这种关系是通过高管人力资本的中介效应实现的。即公司规模越大，高管团队的人力资本价值越高，其声誉激励强度则越大。

7.2.2　高管声誉激励契约的效用及其作用途径

有关高管声誉激励的效用，国内外学者在理论上进行了探讨，但缺乏在中国情境下实证研究的支持。克雷普斯和罗伯茨（Kreps and Roberts，1982）指出，在多次重复代理关系下，竞争、声誉等隐性激励机制能够发挥激励代理人的作用。当参与人之间重复多次交易时，长期利益可以激励参与人建立自己的声誉，实现一定时期内的合作均衡[14]。张维迎（2005）提出，声誉是市场有关个人行为和能力等方面的信息的一个综合反映。高管必须关心自己的声誉信息，以获得未来更高报酬、职业发展和持续合作机会[15]。在此基础上，也有学者进行了实证研究，如马连福、刘丽颖（2013）的研究结果表明：声誉激励不能降低代理成本，但能提高代理效率，从而提升公司的经营绩效[16]。本书认为，声誉激励具有隐性特征，不具备规范的合约条件，并且需要在长期中经过多次博弈才能发挥作用。正如法玛（Fama，1980）提出，在竞争较为充分的市场上，经理人的工作绩效是其努力和能力的信号，将会影响利益相关方对其的良好预期，从而进一步影响其职业生涯与取得更好的物质激励。通过声誉的激励作用，可以在一定程度上约束经理人的行为[17]。坎比尼等（Cambini et al.，2015）也指出，声誉激励之所以能发挥作用，是因为一旦代理人做出违背契约的行为，将遭受明显的损失，代理人为了避免这种损失会制约自己的行为[5]。因此在某种意义上说，声誉激励更多的是一种约束机制，而这种约束机制将与薪酬、股权等显性激励之间形成良好的协同关系。

鉴于声誉激励的内隐性与约束性等特征，其可能并不直接作用于公司绩效，而是通过与显性激励的相互影响而产生对公司绩效的间接效用。在实践中，薪酬激励多以激励功能为主，约束功能略显不足，而声誉契约却集激励与约束功能于一体，在一定程度上应该能够与薪酬激励相互补充。米尔本（Milbourn，2003）以经理层的声誉作为其领导能力的信号并且以股东的可观察信息、无折现等为前提假设，建立了一个基于股票价格的经营层最优契约模型，得出经理层的薪酬和经理层声誉之间存在正相关关系的结论[18]。因此，声誉激励作为一种具有约束性质的长期激励，对薪酬激励效用的发挥具有促进作用，两者是一种互补关系。但股权激励则不同，其显著优势在于能够将员工利益与企业长远利益结合在一起，从而起到长期激励的作用，同时也可以通过设置行权条件、解锁条件等多项门槛来约束经营者的行为。因此对于同样具有长期性与约束性特征的股权激励而言，其与声誉激励则应表现出一种互相替代的关系。

假设2：声誉激励通过与显性激励契约的交互效应从而对公司绩效产生间接的正向效用。具体而言，声誉激励与薪酬激励之间存在互补效应，与股权激励之间存在互替效应。

7.2.3 基于不同产权性质的高管声誉激励效用比较

在不同产权性质的公司中，声誉激励的效用，尤其是其与显性激励的关系应该有所不同。已有学者证实了产权性质对声誉激励效用的影响。李军林（2002）认为，在声誉效应的激励机制下，国有企业经理人员手中拥有企业的控制权对企业的运作是有效率的[19]。雷宇（2011）的研究表明，声誉机制的效果受到公司实际控制人性质的影响，声誉机制对于国有企业更加有效[20]。马连福、刘丽颖（2013）的研究结果也揭示了声誉激励的效果会因不同所有权而有所差异[16]。本章结合上述理论分析，通过对现场访谈资料的分析，进一步对假设进行初步构建。访谈中涉及声誉和薪酬的关系问题，本章所访谈的 8 位高管对此阐述了自己的观点，民企高管和国企高管的观点有较大差异。民营企业高管对声誉的诉求较之国有企业高管明显弱化，更多追求事业的成功和自我价值的实现；而对于国有企业高管，个人事业成功和自我价值实现也与晋升紧密相连，植根于职位和国企平台，因此，声誉在其追求晋升过程中起到了基础性作用。国有企业高管的成就与其职务紧密相连，而且受到薪酬体系的限制，在不能追求更高薪酬的情况下，高管往往通过追求晋升或声誉等隐性收益来实现自我价值，因此，声誉对于国企高管的约束作用更加显著，对薪酬则具有更加明显的替代作用。正如坎比尼等（Cambini et al.，2015）的研究表明，在声誉的有效约束之下，对高管薪酬进行管制的确会提高公司的效率[5]。同理，基于声誉的约束作用，国企高管在实施股权激励的过程中，利益趋同效应①可能会更加凸显，堑壕效应②则能够得到抑制。因此，声誉激励越有效，股权激励的正向效应越明显，两者之间应该存在一种互补效应。通过访谈资料进一步分析，民营企业高管特别是企业所有者具备明显的"人企合一"特征，事业的成功是其追求的主要目标，声誉对薪酬的替代作用弱化。

假设 3：产权性质能够对高管声誉激励的效用产生显著的影响。在国有控股上市公司中，声誉激励与薪酬激励之间具有替代关系，与股权激励之间具有互补关系，但在民营控股上市公司中上述效应并不显著。

---

①　利益趋同效应假说认为，即股权激励能促使委托人与代理人的利益趋同一致，从而降低代理成本，提高公司绩效（Jensen and Meckling，1976）。

②　堑壕效应假说认为，随着股权激励强度的增加，高管对公司的控制能力增强，这很可能会导致高管产生攫取私利的行为（Bebchuk et al.，2002）。

7.3　研　究　设　计

7.3.1　样本选择与数据来源

本章选择中国上市公司作为研究样本，选取 2007～2013 年为研究区间，逐步剔除 ST 类公司、被停止上市的公司以及数据缺失的公司，每年度共得到 499 家公司，7 年共 3493 个有效观测样本的平衡面板数据。书中相关公司治理结构数据与财务指标数据来自国泰安（CSMAR）数据库。其中，声誉激励强度指标除通过国泰安数据获取之外，部分缺失的数据通过手工查阅巨潮咨询网公布的上市公司年报，或者查阅百度百科等渠道获得。此外，笔者选取了 8 家上市公司的高管进行了访谈。与高管约定访谈时间后，将访谈提纲通过 E-mail 发至高管，请其考虑相关问题。预调研后，按照约定时间到公司拜访进行约 1.5 小时的面对面访谈。

7.3.2　变量设计

1. 声誉激励强度变量设计

目前对于声誉激励的测量仍然没有统一的标准，但多数学者选择了公众媒体对高管的评价作为声誉激励的代理变量。如金融界（*Financial World*）报道的证券分析师对经理人表现的年度评价作为经理人声誉[21]，道琼斯新检索服务中包含 CEO 姓名的与企业相关的文章数量，CEO 姓名百度新闻搜索频次[11]，CCTV（中国年度经济人物）、财富（中国最具影响力的 25 位商界领袖）和世界经理人（中国经济年度风云人物）等对 A 股上市公司董事长的评选[16]，等等。但上述研究普遍受到样本数量的限制，难以形成较大样本的面板数据进行更为稳定的分析。笔者通过对海信电器、青岛海尔、东阿阿胶等上市公司的部分高管进行访谈，进一步对声誉激励的变量选择进行完善。这些高管普遍认为，获得的奖励或荣誉（如劳动模范、"五一"劳动奖章、优秀企业家等称号），政协委员、人大代表等政治兼职，以及行业协会主要负责人等兼职能够给他们带来声誉方面的激励作用。因此，笔者通过对样本公司披露的高管履历进行分析，把每家公司中符合上述条件的高管人数占全部高管人数的比例对声誉激励强度进行测量。

2. 薪酬激励强度与股权激励强度变量设计

根据相关学者的研究，本章选择以"公司年末披露的前三位高管薪酬总额的自然对数"来测量货币薪酬激励强度[22]，用"公司年末经营者持股数量与总股份的比值"来测量股权激励强度[23]。

其他变量设计如表 7 – 1 所示。

表 7 – 1　　　　　　　　　　　　变量定义与计算方式

变量名称	符号	变量定义与计算方式
公司绩效	ROA	公司第 N + 1 年年末扣除非正常损益后的总资产收益率①
声誉激励强度	RI	公司年末获得地市级以上奖励、兼任地市级以上人大代表、政协委员等政治兼职或者兼任行业协会主要负责人的高管人数占全部高管总人数的比例
薪酬激励	SI	公司年末披露的前三位高管薪酬总额的自然对数
股权激励	EI	公司年末高管持股数量与总股份的比值
高管年龄	AGE	公司年末高管团队平均年龄
股权集中度	CR	公司年末第一大股东所持股权数量占股权总数的比例
股权制衡度	Z	公司年末第一大股东与第二大股东之比
机构投资者持股	II	公司年末十大股东中机构投资者持股数量与股权总数的比例
独立董事比例	IB	公司年末独立董事数量占董事总数的比例
公司规模	Size	公司年末总资产的自然对数
成长性	Grow	总资产增长率 = （期末总资产 – 期初总资产）/期初总资产
行业特性	IND	公司所处行业虚拟变量，处于高科技行业设为 1，否则设为 0
财务杠杆	LEV	公司年末总负债占总资产的比例

7.3.3　研究模型

本章将采用 2007 ~ 2013 年的平衡面板数据，运用多元回归分析与豪斯曼（Hausman）检验对参数进行估计。首先，将高管团队声誉激励强度

---

① 为更好地验证变量之间的因果关系，本章选择第 N + 1 年年末扣除非正常损益后的总资产收益率（ROA）作为因变量，自变量均选择第 N 年年末的数据。

（RI）作为被解释变量，公司规模（SIZE）作为解释变量，高管平均年龄
（AGE）作为中介变量，其检验步骤为：第一步检验公司规模与声誉激励
强度之间是否具有显著的相关关系。倘若显著，第二步检验中介变量
（AGE）与公司规模（SIZE）的相关关系是否显著。第三步分别把中介变
量（AGE）与公司规模（SIZE）同时放入第一步的回归方程中，如果此
时被解释变量与解释变量之间的显著性消失，说明存在完全中介效应；而
如果两者的关系仍然显著但数值有所下降，则说明存在部分中介效应。以
上步骤所采用的三个模型如下所示：

$$RI_{i,t} = \alpha + u_i + b_1 Size_{i,t} + b_2 CR_{i,t} + b_3 Z_{i,t} + b_4 Grow_{i,t} + b_5 IND_{i,t} + e_{i,t}$$

$$AGE_{i,t} = \alpha + u_i + b_1 Size_{i,t} + b_2 CR_{i,t} + b_3 Z_{i,t} + b_4 Grow_{i,t} + b_5 IND_{i,t} + e_{i,t}$$

$$RI_{i,t} = \alpha + u_i + b_1 Size_{i,t} + b_2 AGE_{i,t} + b_3 CR_{i,t} + b_4 Z_{i,t} + b_5 Grow_{i,t}$$
$$+ b_6 IND_{i,t} + e_{i,t}$$

其次，将公司绩效（ROA）分别作为被解释变量，将高管声誉激励强
度（RI）作为解释变量。为更好地验证不同高管激励契约之间的交互作
用，加入薪酬激励强度（SI）与股权激励强度（EI）变量以及三者的两两
交互项与三维交互项。

$$Y_{i,t} = \alpha + u_i + b_1 RI_{i,t} + b_2 SI_{i,t} + b_3 EI_{i,t} + b_4 RI_{i,t} \times SI_{i,t} + b_5 RI_{i,t} \times EI_{i,t}$$
$$+ b_6 SI_{i,t} \times EI_{i,t} + b_7 RI_{i,t} \times EI_{i,t} \times SI_{i,t} + b_8 CR_{i,t} + b_9 Z_{i,t} + b_{10} OW_{i,t}$$
$$+ b_{11} II_{i,t} + b_{12} IB_{i,t} + b_{13} Size_{i,t} + b_{14} Grow_{i,t} + b_{15} IND_{i,t} + b_{16} LEV_{i,t} + e_{i,t}$$

在上述模型中，i 表示横截面的个体，t 表示时间，α 表示截距项，
$b_i(i = 1, 2, \cdots)$ 为模型回归系数，$e_{i,t}$ 表示随机干扰项。数据分析采用的
是 Stata12.0。

7.4 实证研究结果与分析

7.4.1 描述性统计结果

表 7 - 2 列示了主要变量的分年度描述性统计。由其可知，高管团队
声誉激励强度的均值一直呈现出平稳的递增趋势，从 2007 年的 0.1253 增
长到 2013 年的 0.1410。薪酬激励强度的均值也呈现逐渐增长的状态。但
股权激励强度均值却在 2008 年之后出现了递减的趋势，这是由于 2005 年

开始的股权分置改革同时为股权激励奠定了制度基础，因此在之后的三年是上市公司积极试水股权激励方案的高峰时期，但随着股权激励制度的逐步规范，很多上市公司对股权激励的选取回归理性。尤其是 2008 年席卷全球的金融危机，致使诸多上市公司的股价纷纷跌落于行权价格之下，因此自此部分公司终止了股权激励计划。

表 7 - 2　　　　　　　　　分年度变量描述性统计

变量		2007 年	2008 年	2009 年	2010 年	2011 年	2012 年	2013 年
声誉激励强度（RI）	平均值	0.1253	0.1319	0.1331	0.1349	0.1394	0.1386	0.1410
	最大值	1.0000	1.0000	1.0000	1.0000	0.7500	0.7500	0.6111
	最小值	0.0000	0.0000	0.0000	0.0000	0.0000	0.0000	0.0000
	标准差	0.1317	0.1331	0.1295	0.1280	0.1264	0.1192	0.1224
薪酬激励强度（SI）	平均值	13.5051	13.6499	13.7495	13.9555	14.0906	14.1634	14.2241
	最大值	15.6529	16.0092	15.9209	15.9245	16.2747	16.9637	17.1668
	最小值	11.0186	11.7906	10.3609	10.3797	10.3080	12.2061	11.2118
	标准差	0.7669	0.7128	0.7293	0.7296	0.7297	0.6686	0.6800
股权激励强度（EI）	平均值	0.0196	0.0192	0.0148	0.0154	0.0155	0.0162	0.0158
	最大值	0.6578	0.6140	0.5694	0.5252	0.4981	0.4959	0.4677
	最小值	0.0000	0.0000	0.0000	0.0000	0.0000	0.0000	0.0000
	标准差	0.0829	0.0786	0.0661	0.0634	0.0639	0.0649	0.0618

7.4.2　面板数据分析结果

1. 高管声誉激励契约的强度决定及路径分析结果

如表 7 - 3 所示，本章共进行了三个步骤的回归分析。在进行豪斯曼（Hausman）检验之后，Step Ⅰ 与 Step Ⅲ 选择了随机效应模型（RE），Step Ⅱ 选择了固定效应模型（FE）。由 Step Ⅰ 的检验结果可知，Wald 值和 P 值分别为 740 和 0.0000，说明该模型整体有效，并且公司规模（SIZE）的系数在 0.05 的水平下显著为正，这表明了公司规模与高管声誉激励强度之间的显著正相关关系。由 Step Ⅱ 的回归分析结果来看，F 值为 107.70，P 值为 0.0000，即模型具有整体有效性，而由变量系数及其显著性水平可知，高管年龄与公司规模在 0.01 的水平上显著正相关，即公司规模越大，高管平均年龄就越大。同样，由 Step Ⅲ 的分析结果可知，应选择随机效应模型且模型整体有效，在同时加入中介变量与解释变量的情况下，仅有中介变量（AGE）系数在 0.01 的水平上显著为正，而公司规模的系数不显著，这说明高管年龄起到完全中介效应。

表 7 - 3　　　　高管声誉激励契约的强度决定及路径分析结果

变量	Step Ⅰ：ID 为 RI		Step Ⅱ：ID 为 AGE		Step Ⅲ：ID 为 RI	
	FE	RE	FE	RE	FE	RE
公司规模（SIZE）	0.0066 ** (2.20)	0.0042 ** (1.97)	1.9230 *** (22.64)	1.6737 *** (24.94)	- 0.0004 (- 0.14)	- 0.0021 (- 0.81)
高管年龄（AGE）					0.0034 *** (4.76)	0.0037 *** (5.79)
股权集中度（CR）	0.0379 (1.55)	0.0274 (1.40)	- 1.1643 * (- 1.67)	- 1.2061 ** (- 2.19)	0.0420 * (1.73)	0.0318 (1.64)
股权制衡度（Z）	- 0.0001 ** (- 1.97)	- 0.0001 ** (- 2.57)	0.0042 *** (3.07)	0.0043 *** (3.15)	- 0.0001 ** (- 2.14)	- 0.0001 *** (- 3.08)
行业特性（IND）	- 0.0213 *** (- 2.96)	- 0.0175 *** (- 2.87)	0.1028 (0.46)	0.1751 (0.96)	- 0.0217 *** (- 3.15)	- 0.0181 *** (- 3.00)
成长性（GROW）	- 0.0011 *** (- 2.23)	- 0.0008 (- 1.55)	- 0.0908 *** (- 3.33)	- 0.0783 *** (- 3.36)	- 0.0007 * (- 1.72)	- 0.0005 (- 1.06)
R^2	0.093	0.089	0.2083	0.2082	0.092	0.086
F/Wald 检验	F = 4.89 P = 0.0002	Wald = 740 P = 0.0000	F = 107.70 P = 0.0000	Wald = 656 P = 0.0000	F = 5.85 P = 0.0000	Wald = 58.74 P = 0.0000
Hausman 检验	chi2(5) = 8.96 Prob > chi2 = 0.1106		chi2(5) = 24.32 Prob > chi2 = 0.0002		chi2(6) = 9.67 Prob > chi2 = 0.1394	
	采用 RE		采用 FE		采用 RE	

注：*** 、** 、* 分别表示 0.01、0.05、0.1 的显著性水平，括号内为 T 值或 Z 值。本表未报告常数项。

2. 高管声誉激励对公司绩效的效用及作用途径分析结果

由表 7 - 4 所知，未加入交互项之前的模型经过 Hausman 检验之后选择了固定效应模型（FE）。模型的 F 检验值为 2.41，P 值为 0.004，因此具有整体有效性。从系数的显著性上看，仅有薪酬激励强度能够对公司绩效表现产生正向的影响，显著性水平为 0.01；声誉激励强度、股权激励强度对于公司绩效表现的影响并不显著。在加入了三者的两两交互项以及三维交互项之后的模型同样也选择了固定效应，并且由回归系数可知，薪酬激励强度与股权激励强度的系数均在 0.01 的水平上显著。而薪酬激励与声誉激励的交互项在 0.05 水平上显著为正，说明两者之间具有互补效应，股权激励与声誉激励的交互项也在 0.05 水平上显著为负，说明两者具有互替效应。这与假设 2 一致。同时，股权激励与薪酬激励之间也存在显著的互替效应。由此可以看出，声誉激励并不直接作用于公司财务绩效，但可以通过对薪酬激励与股权激励的交互效应实现对公司绩效表现的间接影响。在声誉激励的调节作用之下，薪酬激励与股权激励对于公司绩效均具有显著的促进效应。这是声誉激励对公司绩效提升的独特作用途径。

表 7-4　　高管声誉激励对公司绩效的效用及作用途径分析结果

变量	Model I		Model II	
	Fix Effect	Random Effect	Fix Effect	Random Effect
声誉激励强度（RI）	0.0355 (0.92)	0.0136 (0.74)	0.0354 (0.90)	0.0141 (0.71)
薪酬激励强度（SI）	0.0514*** (3.11)	0.0331*** (2.80)	0.0552*** (3.16)	0.0343*** (2.75)
股权激励强度（EI）	-0.0189 (-0.27)	0.0288 (0.91)	4.4472*** (3.11)	0.9069 (0.94)
交互项：				
RI * SI			0.5436** (2.27)	-0.1638 (-0.89)
RI * EI			-7.1727** (-2.12)	2.3902 (0.95)
SI * EI			-0.3181*** (-3.08)	-0.0619 (-0.90)
RI * EI * SI			-0.0991 (-1.01)	-0.0437 (-1.08)
股权集中度（CR）	0.2361*** (2.75)	0.1032*** (3.29)	0.2435*** (2.79)	0.1060*** (3.29)
股权制衡度（Z）	-0.0001** (-1.96)	-0.0001*** (-2.98)	-0.0001** (-2.00)	-0.0001*** (-3.02)

续表

变量	Model Ⅰ		Model Ⅱ	
	Fix Effect	Random Effect	Fix Effect	Random Effect
股权性质（OW）	0.0103 (0.47)	− 0.0089 * (− 1.74)	0.0131 (0.60)	− 0.0092 * (− 1.82)
机构投资者持股（II）	0.1334 *** (2.58)	0.0169 ** (1.98)	0.1397 *** (2.65)	0.0166 * (1.94)
独立董事比例（IB）	0.0511 (0.88)	− 0.0059 (− 0.16)	0.0492 (0.84)	− 0.0040 (− 0.11)
公司规模（SIZE）	− 0.0907 *** (− 3.63)	− 0.0351 * (− 1.83)	− 0.0904 *** (− 3.65)	− 0.0352 * (− 1.83)
公司成长性（GROW）	0.0024 (1.35)	− 0.0001 (− 0.10)	0.0025 (1.37)	− 0.0001 (− 0.09)
行业特性（IND）	− 0.0047 (− 0.41)	0.0206 * (1.85)	0.0013 (0.12)	0.0208 * (1.86)
财务杠杆（LEV）	0.7773 *** (2.92)	0.3287 (1.31)	0.7799 *** (2.94)	0.3296 (1.31)
R^2	0.1579	0.1666	0.1586	0.1672
F/Wald 检验	F = 2.41 P = 0.004	Wald = 743.60 P = 0.0000	F = 1.93 P = 0.0142	Wald = 755.37 P = 0.0000
Hausman 检验	chi2 = 27.15　Prob = 0.0073 （选择 FE）		chi2 = 26.52　Prob = 0.0054 （选择 FE）	

注：*** 、** 、* 分别表示0.01、0.05、0.1 的显著性水平，括号内为 T 值或 Z 值。本表未报告常数项。

3. 国有控股与民营控股上市公司样本的比较分析结果（见表7-5）

Model Ⅲ经过 Hausman 检验选择了固定效应模型（FE），且 F 值为 2.38，P 值为 0.0021，具有整体有效性。其中，薪酬激励强度的系数在 0.01 水平上显著为正，其他两种激励契约的系数不显著。但声誉激励与薪酬激励的交互项在 0.1 水平上显著为负，声誉激励与股权激励的交互项在 0.1 水平上显著为正。这表明，在国有控股公司中，薪酬激励与公司绩效表现之间存在显著的正相关关系，并且声誉激励与薪酬激励之间存在互替关系，声誉激励与股权激励之间存在互补关系。由于国有股权的特殊性，与全部样本的分析结果不同，声誉激励能够在一定程度上替代薪酬激励，且与股权激励产生互补效应。这与我们在访谈时得到的结论相一致，国企高管的自我价值与其职务紧密相连，并且在受到薪酬体系限制的条件之下，高管往往通过追求晋升或声誉等隐性收益来实现自我价值。同时，鉴于声誉对国企高管的约束作用，股权激励的双重效应则更多地表现为利益趋同，而不是堑壕效应。Model Ⅳ 通过 Hausman 检验选择了随机效应模型（RE），由该模型可知，在民营控股公司中，薪酬激励对公司绩效具有显著的正向影响，但声誉激励对于显性激励的调节效应均不显著。由此得出，产权性质能够对高管声誉激励的作用途径产生显著的影响。因此，假设 3 得证。

表 7 - 5　　　　　　　　　基于不同产权性质的比较分析

变量	Model Ⅲ：国有控股上市公司		Model Ⅳ：民营控股上市公司	
	Fix Effect	Random Effect	Fix Effect	Random Effect
声誉激励强度（RI）	0.0139 (0.28)	-0.0035 (-0.16)	-0.0065 (-0.26)	0.0004 (0.02)
薪酬激励强度（SI）	0.0674 *** (3.65)	0.0492 *** (2.99)	0.0036 (0.92)	0.006 ** (1.97)
股权激励强度（EI）	-9.3876 (-0.56)	-4.1174 (-0.47)	0.8247 (1.45)	0.4841 (0.80)
交互项：				
RI * SI	-8.1325 * (-1.74)	-5.7970 (-1.42)	0.1526 (1.24)	0.0594 (0.21)
RI * EI	126.6686 * (1.90)	87.1080 (1.48)	-2.2627 (-1.31)	-0.8616 (-0.51)
SI * EI	0.5689 (0.48)	0.3183 (0.53)	-0.0552 (-1.34)	-0.0324 (-0.73)
RI * SI * EI	6.3736 (0.81)	-2.1646 (-0.55)	-0.0003 (-0.01)	-0.0105 (-0.33)
股权集中度（CR）	0.2792 *** (3.08)	0.1828 *** (2.78)	0.0225 (0.97)	0.0294 * (1.84)
股权制衡度（Z）	-0.0002 ** (-2.31)	-0.0003 *** (-3.17)	-0.0001 (-1.12)	-0.0001 (-1.59)
机构投资者持股（II）	0.0881 * (1.80)	0.0091 (0.70)	0.0325 (1.08)	0.0092 (0.72)

续表

变量	Model III：国有控股上市公司		Model IV：民营控股上市公司	
	Fix Effect	Random Effect	Fix Effect	Random Effect
独立董事比例（IB）	0.1372 ** (2.23)	-0.0171 (-0.34)	-0.1325 ** (-2.14)	-0.0992 * (-1.91)
公司规模（SIZE）	-0.1252 *** (-4.85)	-0.0483 ** (-2.10)	-0.0227 *** (-4.88)	-0.0168 *** (-3.95)
公司成长性（GROW）	0.0053 (1.45)	0.0024 (0.88)	0.0009 ** (1.96)	0.0005 * (1.77)
行业特性（IND）	-0.0012 (-0.08)	0.0044 (0.64)	0.0164 ** (2.50)	0.0218 *** (4.41)
财务杠杆（LEV）	0.9296 *** (4.17)	0.4609 (1.60)	0.1257 *** (3.42)	0.0727 * (1.80)
R^2	0.2231	0.2349	0.0145	0.0358
F/Wald 检验	F = 2.38 P = 0.0021	Wald = 42.31 P = 0.0002	F = 5.81 P = 0.0000	Wald = 76.47 P = 0.0000
Hausman 检验	chi2 = 31.66　Prob = 0.0027 （选择 FE）		chi2 = 18.45　Prob = 0.1870 （选择 RE）	

注：*** 、** 、* 分别表示 0.01、0.05、0.1 的显著性水平，括号内为 T 值或 Z 值。本表未报告常数项。

7.5　主要结论与政策建议

本章将质性研究与量化分析相结合，在对部分代表性公司的高管进行访谈的基础上，运用中国上市公司 2007 ~ 2013 年的平衡面板数据，对高管声誉激励契约的强度、效用与作用途径进行了理论与实证研究，主要结论如下：第一，公司规模越大，高管人力资本价值越高，高管声誉激励契约的强度也越大。该结论从实证分析的角度诠释了高管声誉激励强度的主要决定因素是公司规模，而非利润等绩效指标，同时也揭示了为何在实践中高管偏好把企业做大，而非做强的原因。第二，声誉激励契约通过与显性激励的交互效应从而对公司绩效产生间接的正向效用。具体而言，声誉激励与薪酬激励之间存在互补效应，与股权激励之间存在互替效应。第三，产权性质能够对高管声誉激励的效用产生显著的影响。在国有控股上市公司中，声誉激励与薪酬激励存在互替效应，与股权激励存在互补效应，但在民营控股上市公司中上述效应并不显著。但本章尚存在以下局限性：一是由于数据可得性的限制，并未对高管声誉的层级高低进行合理区分；二是声誉激励与显性激励的协同机理还应通过案例研究等多种途径来进行深化与拓展。

本章对于实践的指导意义在于：从公司内部、行业内部、社会公众三个层次出发系统构建高管声誉评价体系，继而影响高管声誉的形成路径。适度发挥声誉激励的社会控制功能[24]，并通过多重途径实现声誉激励与显性激励的协同。

参 考 文 献

［1］ Jensen M C, Meckling W H. Theory of the firm: Managerial behavior, agency costs and ownership structure, Journal of Financial Economics, 1976, 3 (4): 305 – 360.

［2］ Dale – Olsen, H. Executive Pay Determination and firm performance: empirical evidence from a compressed wage environment, The Manchester School, 2012, 80 (3): 355 – 376.

［3］ 傅颀、邓川：《高管控制权，薪酬与盈余管理》，载《财经论丛》2013 年第 4 期，第 66～72 页。

［4］ Radner R. Monitoring cooperative agreements in a repeated principal-agent relationship, Economitrica, 1981, 49 (5): 1127 – 1148.

［5］ Cambini C, Rondi L, De Masi S. Incentive compensation in energy firms: does regulation matter?, Corporate Governance: An International Review, 2015, 23 (4): 378 – 395.

［6］ 徐宁、王帅：《高管激励与技术创新关系研究前沿探析与未来展望》，载《外国经济与管理》2013 年第 6 期，第 23～32 页。

［7］ 皮天雷：《国外声誉理论：文献综述、研究展望及对中国的启示》，载《首都经济贸易大学学报》2009 年第 11 卷第 3 期，第 95～101 页。

［8］ Holmstrom, B. Managerial incentive problems: a dynamic perspective, Review of Economic Studies, 1999, 66 (1): 169 – 182.

［9］ 冀县卿：《我国上市公司经理层激励缺失及其矫正》，载《管理世界》2007 年第 4 期，第 160～161 页。

［10］ Gabaix X, Landier A. Why has CEO pay increased so much?, Quarterly Journal of Economics, 2008, 123（1）: 49 – 100.

［11］李辰颖、杨海燕:《CEO 声誉受哪些因素影响: 理论与实证》, 载《当代经济管理》2012 年第 3 期, 第 19 ~ 26 页。

［12］ Harris D, Helfat C. Specificity of CEO human capital and compensation, Strategic Management Journal, 1997, 18（11）: 895 – 920.

［13］ Amit, R, Schoemaker, P J H. Strategic assets and organizational rent, Strategic Management Journal, 1993, 14（1）: 33 – 46.

［14］ Kreps, D J Roberts. Predation, Reputation and entry deterrence, Journal of Economic Theory, 1982, 27（2）: 280 – 312.

［15］张维迎:《产权、激励与公司治理》, 经济科学出版社 2005 年版。

［16］马连福、刘丽颖:《高管声誉激励对企业绩效的影响机制》, 载《系统工程》2013 年第 31 卷第 5 期, 第 22 ~ 32 页。

［17］ Fama, E F. Agency problems and the theory of the firm, Journal of Political Economy, 1980（88）: 288 – 307.

［18］ Milbourn, T T. CEO reputation and stock-based compensation, Journal of Financial Economics, 2003, 68（2）: 233 – 262.

［19］李军林:《声誉、控制权与博弈均衡——一个关于国有企业经营绩效的博弈分析》, 载《上海财经大学学报》2002 年第 4 期, 第 38 ~ 45 页。

［20］雷宇:《实际控制人性质与声誉机制的有效性——基于公司信息披露的经验证据》, 载《财经论丛》2011 年第 3 期, 第 93 ~ 98 页。

［21］ Johnson, Young, Welker. Managerial reputation and the informativeness of accounting and market measures of performance, Contemporary Accounting Research, 1993, 10（1）: 305 – 332.

［22］唐松、孙铮:《政治关联、高管薪酬与企业未来经营绩效》, 载《管理世界》2014 年第 5 期, 第 93 ~ 105 页。

［23］王华、黄之骏: 《经营者股权激励、董事会组成与企业价值——基于内生性视角的经验分析》, 载《管理世界》2006 年第 9 期, 第 102 ~ 116 页。

［24］ Bednar M K, Love E G, Kraatz M. Paying the price? The impact of controversial governance practices on managerial reputation, Academy of Management Journal, 2015, 58（6）: 1740 – 1760.

第8章 社会嵌入视角下高管声誉激励的作用机理*

随着高管显性激励契约的局限性逐步显现，强化声誉等隐性契约的作用从而实现两者的协同，是提升激励效用的关键途径。本章从社会嵌入视角出发，通过多案例的探索性研究，剖析并阐释了高管声誉激励的作用机理。研究表明：高管行为嵌入社会中为高管带来声誉资本，声誉资本是高管人力资本、社会资本、心理资本的集合；关系嵌入和结构嵌入通过社会行为规范、商业互惠原则、信任机制、二次信任机制和三层次网络结构等要素对高管行为产生引导和强化作用；声誉资本通过集合激励效用作用于高管行为，从而形成社会嵌入下公司高管声誉激励机制的闭合循环。

8.1 问题提出

随着公司所有权与控制权相分离命题[1]的提出，如何通过签订不同激励契约以促进高管目标与股东利益趋于一致，成为理论界关注的焦点。近年来，薪酬、股权等常用显性激励契约的负面效应日益凸显，声誉等隐性契约对于公司高管的激励作用得到了更多的重视。对声誉的研究可以追溯至亚当·斯密，经济学将声誉作为保证契约诚实执行的重要机制[2]。通过引入动态博弈理论分析委托代理关系，经济学进一步深化了声誉激励理论，认为市场上的声誉可以作为显性激励契约的替代物[3]。在代理理论视角之下，管理者为了避免自己的声誉受损，往往会回避那些被认为是自利或者是与股东利益相背离的行为，这是公司治理研究领域的一个潜在假设[4,5]。在多次重复交易中，管理者基于声誉可以带来的长远预期收益，

---

* 本章内容为第七届"中国管理案例学术年会"报告。

会提供更加优质的劳动，并以 KMRW 定理说明声誉机制在多阶段博弈时发挥重要作用，上阶段的声誉可以影响到下阶段及后续阶段的效用[6,7]。贝德纳（Bednar，2015）的研究表明，当高管做出了可能会引起争议的自利行为时，他会受到声誉上的惩罚。这些惩罚会降低高管自利行为发生的概率，从而使声誉具有了一种社会控制功能（social control function）[8]。

　　但在已有对公司高管声誉激励问题的研究中，大多采用量化方法，聚焦于以大样本统计数据来验证公司声誉的作用效果，包括其对高管薪酬、公司绩效以及盈余管理的影响。尚缺乏在社会学层面，深入探究声誉作为隐性激励契约对高管产生激励的内在作用机理。社会学最具特色的一面就是强调社会的相互作用，强调社会结构对个人行为的影响[9]，借鉴社会学理论，可以在经济学、管理学研究逻辑基础上，进一步扩展高管声誉激励的研究空间，从而将公司高管声誉激励的逻辑从原子化的对自我利益的追求，发展为在具体、动态、多层次的社会关系和社会结构中追求自身多重目标体系的实现。

　　本章借鉴社会嵌入理论，按照"个人和企业的经济行为受到社会关系和社会结构的影响"的分析逻辑[10]，以"公司高管的经济行为"为嵌入主体，以"关系嵌入和结构嵌入"为嵌入客体，将声誉资本作为中介变量，在理论分析的基础上，通过案例研究方法，系统探讨关系嵌入和结构嵌入作用维度和方式，并在此基础上深入探讨社会嵌入下的高管声誉激励机制的构建，以期丰富与拓展现有研究成果，为相关学者的后续研究提供有益借鉴。

8.2　理论探讨与命题提出

　　嵌入是新经济社会学研究的核心问题，经过六十多年的发展，在多学科得到广泛应用，学者们一致认为，行为主体嵌入的社会网络既为行为主体提供了竞争的社会资源，也限制了他们的行为时空[11]。公司治理的研究借鉴嵌入理论将研究从公司组织层面扩展到社会背景下开展分析[12]，但学界对于高管激励的研究尚聚焦于公司内部，大多依托于代理理论分析薪酬、股权等易于制度化和数量化的结果性激励要素对高管的激励作用，对于社会背景下高管行为过程中的激励要素和作用逻辑未充分分析。本书认为，声誉是影响高管行为的过程性激励要素，高管行为嵌入于社会中，其行为结果成为存量声誉资本，社会嵌入通过关系嵌入和结构嵌入影响其声誉资本，进而影响其社会资源获取能力和行为时空，最终引导高管行为，产生激励作用。为了阐述社会嵌入下声誉对公司高管的激励机理，对声誉资本、关系嵌入、结构嵌入的内涵和作用方式进行分析是必要的前提和基础。

8.2.1　声誉资本与高管行为

资本作为现代经济学的核心概念之一，是随着近现代商品经济的形成发展而出现的一个经济学描述性概念，现代资本概念已不再建立在对价值的纯经济学理解之上，它已扩展为一个内含经济价值、政治制度、社会文化价值及个人品德的综合性概念[13]。也有现代学者从社会文化价值资源的占有与积累视角来解释资本，使资本概念的内涵进一步扩展[14,15]，克雷普斯（Kreps，1990）认为声誉是长期生存的无形资本[16]，声誉是一种与物质资产和金融资产相类似的资产，声誉是逐步建立和逐渐消失的，也需要投资和维持[17]。

标准声誉理论由克雷普斯和威尔逊（Kreps and Wilson，1982）创建[18]并经费登伯格和莱文（Fudenberg and Levine，1992）进行修正和完善[19]，该理论指出声誉的作用在于为关心长期利益的参与人提供一种隐性激励以保证其短期承诺行动，"声誉能够增加承诺的力度"这一结论成为该理论的理论基石。高管行为是嵌入主体，高管前期行为和承诺兑现情况累积成高管的声誉资本，高管声誉资本的核心价值在于强化信任和创造优势位。声誉资本是高管人力资本、社会资本、心理资本的三维度资本存量与信息集合，表现为高管市场价值信息。具体来说，人力资本维度包含了高管健康、管理能力、企业家才能信息，社会资本维度包含了高管拥有社会网络和社会资源动员能力信息，心理资本维度反映了高管所拥有的积极心理资源信息。在社会嵌入状态下，高管声誉资本代表着利益相关方对高管以往三维度表现的评价和未来表现的预期，并对高管产生内部驱动力，体现为交往过程中的信任。高管嵌入于社会系统中，包括公司内部管理系统、公司所处价值链交易系统和社会宏观系统三层次结构。通常，企业家寻找能使其连接相关网络中结构洞的位置[20]，优良的声誉资本可使高管处于网络中心位置，吸引网络中的其他角色与高管建立并保持联系。具有了信任和网络优势位，高管便可以更好地动员资源，从而有利于高管创造优良业绩。综合上述分析，在社会嵌入背景下，公司高管声誉超越了公司内部范畴，在社会层面上具有了资本属性，强化了各利益相关方对高管的信任，使高管处于网络中的优势地位，有助于高管维护三层次网络关系，便于高管取得经营业绩。基于此，本研究提出：

命题1：高管行为嵌入社会中为高管带来声誉资本，声誉资本是高管人力资本、社会资本、心理资本的集合。

8.2.2 关系嵌入下声誉资本对高管的激励机理

关系嵌入是指单个行为主体的经济行为嵌入于与他人互动所形成的关系网络之中，当下人际关系（ongoing interpersonal relationship）网络中的某些因素，如各种规则性期望、对相互赞同的渴求、互惠性原则，都会对行为主体的经济决策与行为产生重要的影响[10]。关系嵌入对经济行为的作用机理表现在两个方面：第一，关系嵌入的知识获取效应。如果没有与其他企业建立基于信任、关系专用投资和路径依赖的嵌入关系，那么就很难通过学习来获得隐性知识[21,22]。第二，关系嵌入的治理效应。合作伙伴间相互学习，彼此了解、依赖，最终促进组织间信任的发展。关系嵌入有助于形成行为规范和取得社会认可，培养互惠意识和长期合作观念，建立共同解决问题的制度安排，因此成为一种治理伙伴行为的社会控制机制[23]。当高管行为符合各种规则性期望、相互认同和互惠性原则时，才能产生良性声誉，声誉因此成为关系嵌入下的激励中介变量，既是高管上期行为累积的声誉资本，又是高管下期行为的预期要素，高管受到声誉激励的动机在于充分利用关系嵌入的作用机理，强化人际关系网络，调用社会资源，以此创造绩效。

声誉资本可以帮助高管在人际网络中建立信任和二次信任关系。信任是社会中最重要的综合力量之一[24]，在创造价值的制度环境里如果没有信任，就没有任何技术、使用价值能够转移为经济利润[13]。信任的来源分为三种：基于能力的信任、基于善意的信任（源于另一方具有将事情做好的意愿）和基于正直的信任（源于被信任者认同并遵守信任者所认可的原则）[25]。声誉是社会机制的运作结果[26]，声誉网络具有"溢出"效应，声誉常常会影响到交易范围之外的个体[27]，在两个以上成员构成的社会网络中，除了会产生传统的一对一的双边信任外，还会产生一种特殊的信任形式"二次信任"[28,29]。所谓二次信任，即在一个包含两个以上成员的社会网络中，存在一些成员都认可的社会规范，网络中的成员相信任何违背规范的成员和纵容违规行为的成员都会受到网络中其他成员的惩罚。在双边信任和二次信任的共同作用下，第三方治理机制将使声誉激励机制更为有效，表现在商业团体内部的放逐、仲裁、排斥等处罚措施有助于形成高效率均衡[31~33]。

　　命题 2：**通过声誉资本建立人际网络中的信任和二次信任关系，以帮助高管更好地进行资源整合，从而强化以提升声誉资本为导向的高管行为，这实现了关系嵌入下声誉资本对高管的激励效用。**

8.2.3　结构嵌入下声誉资本对高管的激励机理

　　结构嵌入指行为主体及其所在的网络嵌入于由其构成的社会结构之中，并受到来自社会结构的文化、价值因素的影响。任何组织和个人都嵌入或悬浮于一个由各种关系联结形成的多重、复杂、交叉的社会网络之中[34]。关于结构嵌入对经济行为的作用机理的研究主要集中于分析网络位置的信息获得效应，结构嵌入会影响组织获取信息的数量以及信息的对称程度，从而提高决策效率和效果，并推动组织创新[35]。波特（Burt，1992）的"结构洞"理论指出，一个人占据了资源交换的良好位置，具有较高的网络嵌入性，就能拥有较多、较高质量的资源从而形成"洞效应"，即拥有资源优势和控制优势[20]。

　　杰索普（Jessop，2001）通过解构社会关系识别了三个层面的结构嵌入：第一层面是人际经济关系的社会嵌入；第二层面是组织间关系的制度嵌入；第三层面是复杂的离心社会中不同功能的制度秩序的社会嵌入[36]。借鉴其理论可以具象化高管的三层次社会嵌入结构：第一层面是公司内部微观信任网络，即高管与公司内其他成员构成的公司内部网络。高管与其他成员关系越密切、越稳定，越有利于其从高管团队和各部门获得支持与资源，从而帮助其成功决策和执行。第二层面是组织间中观信任网络，即高管作为公司代表参与公司间的各种经济活动所形成的组织间网络。公司高管间的人际交往是形成组织间联系的重要途径，高管在公司外部经济活动中所处的网络位置决定了高管能够获取资源的多寡以及所获取资源的效用。第三层面是社会宏观信任网络，即高管与构成公司经营环境、影响公司经营决策的社区、政府、公众、协会团体等社群组织之间形成的信任网络。结构嵌入决定了高管的行为时空和行为规范，当高管具有了良好的结构嵌入层次和结构位置，符合各结构层次的行为规范时才能形成良好声誉资本，高管受到声誉激励的动机在于充分利用结构嵌入的作用机理，扩展自身结构嵌入层次和行为时空，以此获得信息优势和社会资源优势。

命题3：通过声誉资本扩展高管的嵌入层次和行为时空，从而帮助高管获取信息优势与社会资源，从而强化以提升声誉资本为导向的高管行为，这实现了结构嵌入下声誉资本对高管的激励效用。

8.3 研究设计

8.3.1 案例研究方法的选用依据

目前关于公司高管声誉激励的研究中，缺少超越公司内部视野在社会视角下探讨关系嵌入和结构嵌入如何激励高管经济行为的系统研究，需要"进入现场"接触研究对象，将理论分析与高管经验、认知相结合，分析关系嵌入和结构嵌入作为嵌入客体如何对高管行为这一嵌入主体产生作用。由于案例研究是一种研究策略，其焦点在于理解某种单一情景下的动态过程[37]，因此，本章采用案例研究方法。

8.3.2 分析策略

本章采用"检验理论"和"构建理论"相结合的分析策略[38]，首先将通过实证调查获取的信息与理论分析建立的模型进行匹配分析，在此基础上，对于访谈资料中超出理论模型的信息进一步进行文献检索与分析，通过构建理论，完善理论预测模型。

8.3.3 案例选择原则与案例背景介绍

案例选择遵从可复制的逻辑原则，多个案例被当作一系列实验，每个案例都为证实或证伪先前个案所得出的结论服务。根据这一原则和本章的研究主旨，选用了10家公司高管作为研究对象，主要基于以下原因考虑：第一，公司行业背景、国有企业或民营企业属性以及是否为上市公司对高管的社会嵌入和行为特征都会产生影响，因此，考虑了上述因素进行研究对象选择，以检验不同情境下社会嵌入对高管声誉激励的共性和差异化影响。据此，本章选择的公司分属化工、生物医药、家电、市政公用企业、外贸、传媒、家电、电子信息、电子商务、矿产资源 10 个行业。国有企业高管 7 名，民营企业高管 3 名。上市公司 4 家，非上市公司 6 家。在 10 位高管中，总经理 9 名，副总经理 1 名，9 名总经理中，同时兼任集团公司副总经理的 3 名。第二，所选高管对于社会关系、社会网络和所处层次结构有充分认知，有典型的故事作为案例供理论研究和探讨。这些典型故事包括个人逐步形成声誉资本的往事，与合作方产生的信任关系对其工作和个人的影响，在不同的层面的社会网络中建立合作关系和取得支持的往事。第三，高管在各嵌入层面形成了良好的声誉，其与利益相关方建立了信任关系，形成了完整的社会嵌入系统，这使其具有正向代表性。基于以上因素，选用 10 家公司高管作为案例可使本研究获得充分和生动的研究资料，这有助于本研究在多维度比较的基础上深入地进行理论挖掘，探索社会嵌入对高管声誉激励的共性和不同情境造成的差异性，使本研究所获得的结果更有说服力。

8.3.4　调研与访谈过程

1. 访谈提纲准备

在理论分析的基础上设计了初步访谈提纲，将初步访谈提纲发至 2 位研究公司治理与高管激励的教授、1 位研究应用心理学的教授和 4 位研究公司治理的博士征求意见。在进行了 3 轮往复修改之后形成修订稿，依据修订稿对 3 位公司高管进行了访谈，对访谈提纲的效果和操作性进行了检验，确认了访谈提纲的可操作性。通过以上工作，制定了 15 题的访谈提纲。

2. 访谈过程

访谈分两个阶段进行。首先对访谈对象和其公司进行网络预调研，通过百度搜索高管姓名和公司名称获取有关信息，了解高管发展历程、荣誉称号、主要报道和公司发展的历史沿革、发展战略，以此了解访谈对象基础信息，结合访谈提纲准备谈话素材。网络预调研后，将访谈提纲通过 E-mail 发至访谈对象，请其考虑相关问题，最终，按照约定时间进行当面访谈。一般访谈时间在 1 小时左右，部分高管访谈时间达到了 2 小时以上。

3. 数据搜集

半结构化访谈是本章数据搜集的一个主要渠道。访谈提纲是半结构化访谈的基础，访谈对象通过提纲对访谈内容有了了解和准备，从而可以尽可能提供必要的案例信息，并避免访谈的僵化。在访谈过程中，围绕 15

题进行访谈，具体的题目顺序和问题表达会依据被访谈人的反应进行调整。当被访谈人谈及重要观点和信息点时，会通过请被访谈人具体谈谈包含此信息的故事的方式，具化情境和挖掘信息。

8.3.5 数据编码与数据分析

10 位高管的访谈录音共 659 分钟，通过逐字整理，获得 108478 字的访谈记录。将本记录作为数据源进行了编码，对本章的主要概念首先进行代码表示，如表 8-1 所示。编码过程如下：首先由 3 名研究人员通读并审校该访谈记录，结合研究主题讨论访谈记录和研究主题的对应关系，之后进行编码。本章编码的原则是：第一，依据理论模型进行文本分解；第二，对于可以代表多个概念的文本资料分别列入相应概念；第三，超出理论模型的信息不列入编码表，但在讨论中要作为研究发现进行分析。按照被访谈高管的保密要求，文中以 A-J 十个字母分别代表 10 位高管。

表 8-1 本章主要概念代码方案

一级概念	代码	二级概念	代码
声誉资本	1RC	人力资本	21RLZB
		社会资本	22SHZB
		心理资本	23XLZB
关系嵌入	2RE	信任	21TR
		二次信任	22MTR
结构嵌入	3SE	公司内部嵌入	31IC
		组织间嵌入	32RO
		宏观社会嵌入	33IS

在上述原则指导下，结合"检验理论"和"构建理论"的分析策略，具体采取如下步骤进行编码。第一步，根据代码表中有关概念进行文本标注，确定信息条目，然后将信息条目对应概念进行编码。编码总计得到有效条目73条，其中声誉资本3个维度24条，关系嵌入2个维度32条，结构嵌入3个维度共49条。第二步，首先根据检验理论的分析策略，针对编码内容进行分析，验证理论命题；然后运用构建理论的分析策略，对新

发现的理论视角再次回到理论文献和数据发现的对比中，从而发展理论。

8.4 研 究 发 现

8.4.1 声誉资本发挥了以心理资本为主导的集合激励作用

研究发现，高管的行为产生了声誉资本，声誉资本包含了心理资本、社会资本、人力资本三个维度的作用（见表8－2）。声誉资本的心理资本维度作用表现出了能够导致积极组织行为的心理状态（Luthans，2004）[39]，成为促进个体成长发展与绩效提升的重要因素（王雁飞、朱瑜，2007）[40]。声誉能够激发高管信心、希望、乐观和坚韧四个关键心理要素，而这四个要素恰恰激发员工主动性和创造性的核心因素（蒋建武、赵曙明，2007）[41]，10 位高管的访谈结果也体现出，声誉产生的心理资本是影响高管内生动机和行为的主导因素。

表 8－2　　　　　　　　高管声誉资本的集合激励作用案例

维度	事例描述	发现
心理资本	A 高管谈道："对行业和政府组织给予的荣誉都感到非常珍视和高兴，比如：同行将其推选为行业协会的会长，在省青年联合会担任副主席、委员，在市人大担任人大代表。但根本在于干好当前工作，为社会做出贡献"。	在声誉的作用下，高管表现出积极的心理状态，顺境时有继续努力的动力，逆境时具有信心、抱有希望韧性。
	B 高管谈到在面对困境坚持努力的事例时说：这个坚持里面又有荣誉的成分，因为要是放弃就是承认自己是个失败者了，我不能输，我只要坚持我就有赢的可能就有成功的可能。这也是一种荣誉、一种精神吧。	
	C 高管认为："声誉的基本第一作用是动力，这个是无穷的，是发动你内心生生不息的。有了这个荣誉对你是一个激励，激励你要做高大上，你就自己跟自己较劲儿。荣誉首先你要保持住，要对得起这个荣誉，甚至说争取更高的更大的荣誉，这不就是前进的一个动力嘛。这个动力首先是内生动力，不是别人给的，是你自己的。"	
	E 高管谈道："一个社会的公共认可其实对自己是个很大的激励。当你遇到困难的时候，你有信心能战胜它，当你工作顺利，一些问题解决比较顺心的时候，你自己也会在提醒自己，也许你能做得更好。（声誉）激发自信，会提示你这不是目标，你还要做得更好，做得更远，看得更高，我认为它的作用在这方面是很强大的。"	

续表

维度	事例描述	发现
社会资本	C高管认为声誉"凝聚所有的资源所有的团队……声誉荣誉是无形资产，首先要体现它的价值性。人不信不立，信就是信誉，荣誉就是对信誉的一个确认。	声誉作为社会资本可以发挥资源凝聚作用，获取政府、利益相关方和团队的支持。
	H高管谈道： 1. "我们做得好，做得扎实，预期的成果能够出来，如果有关部门能从媒体或者我们的汇报上知道的话，会非常愿意再滚动支持我们的项目，就会给我们资金，给我们评一些荣誉，这个就是优势的叠加。这就是优势富集，就越来越愿意支持你。" 2. 高管的声誉也非常重要，很多投资者会研究你企业的掌门人，你企业的文化、走向、生命力，是跟你的高管有关系的。有的上市公司高管一出问题，公司的股票立马开始下降，股民都跑了。 3. 团队跟着你干一份事业，他也要看你这个人，这帮人最重要的是这个领头人，所以他的声誉肯定也是相辅相成的。	
人力资本	A高管谈道"过去的时候当工人的时候评的劳动模范、先进工作者，当干部的时候愿成为模范干部，现在就非常平淡"。	声誉有助于高管获取公司内和行业中的认可，使其人力资本得到展现获得发展机会。
	D高管认为"你所在的位置和你所能到达的层次，这个倒不是说反映个人，它反映了你这个企业在全国同行当中的一个位置"。	
	F高管认为"你的职业经历，如果有一个好的口碑的话，实际上也会受到行业的重视。"	

根据社会资本理论（林南，2004）[42]声誉资本的社会资本维度作用表现为其可提升高管网络资源动员能力。访谈结果表明，声誉能够帮助高管凝聚资源、叠加优势，获取利益相关方的支持和团队的忠诚信任。声誉在人力资本维度发挥了其信号显示作用。张维迎（2005）认为，声誉是决定个人价值的重要因素，经理人如果不努力，其业绩表现就会不佳，人力资本的市场价值就会下降[43]。访谈结果表明，声誉使高管能力能够得到认可，帮助高管获得晋升机会、行业位置并受到重视。

上述研究发现验证了命题1。与此同时，研究也发现，声誉资本的心理资本维度是三个维度的主导力量。心理资本维度具备内生性地激发高管行为的作用，社会资本和人力资本维度具有工具性地诱发高管行为的作用。声誉资本对高管的激励作用是通过内生性激发和工具性诱发两种途径发挥集合激励作用。

8.4.2 关系嵌入强化了以信任和二次信任为纽带的声誉激励契约效应

研究发现，关系嵌入决定了高管声誉资本的形成方式和评价标准，信任和二次信任成为构成高管声誉资本的重要因素。在关系嵌入下，高管声誉资本通过形成初次声誉和合作强化声誉的循环得到加强。声誉资本形成和强化的基础在于：高管行为满足了利益相关方的期望和互惠要求，取得了认可和赞同。

表8-3的访谈结果表明，高管遵从关系嵌入下形成的重诺守信的理念和行为规范，以此建立和维护自身优良的声誉资本。声誉资本包含了利益相关方对高管能力、合作意愿（善意）、品质的评价，成为形成信任并通过口碑形成二次信任的基础。二次信任对于高管也产生了双重激励效用，表现为降低初次合作难度和拓展潜在合作网络。关系嵌入下，高管受到声誉激励的动机在于依靠信任和二次信任，建立和维护稳定的合作关系并扩展潜在合作网络，并更好地调用资源，从而取得认可并创造绩效。访谈结果的分析验证了命题2。

表8-3   关系嵌入下声誉激励作用案例

维度	事例描述	发现
信任	A高管谈到对其个人评价时认为"品质好、能力强、业绩好。当然无论从哪个角度讲，现在到这个地步了，品质还是第一位的"。重视品质为他带来的信任。	1. 高管行为满足了利益相关方的期望和互惠要求，取得赞同后形成和强化高管声誉资本。2. 重诺守信的价值观念在关系嵌入中发挥主要规则导向作用。
	B高管谈道：（1）"我们公司虽然做得小，但是一直坚持到今天，十一年了。中国企业平均寿命不是2.8年吗？所以我觉得能坚持十一年，跟诚信有直接关系。"（2）"公司有公司的合作，实际上在我看来就是人与人的合作。人不好沟通不好打交道，那会很麻烦的。所以说有了合作的前提，认可了这个公司这个老板……同样这个老板也认可，大家都是做正经生意的，我肯定是在我认可的这些工厂、公司里面来选最好的产品来合作。"（3）"像我们这个小公司，人家认可的是你的服务，更多认可的是你在付款、收款的这种信誉。你承诺在什么时候付款、执行合同的力度这种信誉。"（4）"在我个人，很多事情口头承诺的我也从来没有失过言。这一点我没有一点脸红的讲，我就从来没有失信过客户。这个是大家也好朋友也好给我捧场的原因。"	

维度	事例描述	发现
信任	C 高管认为 1. "人不信不立，信就是信誉，荣誉就是对信誉的一个确认，荣誉就是信任的一个符号，有信任就有信誉，有信誉就会带来合作"。2. 谈到 90 年代与中科院合作的案例时说"我们当时在山东县级市，没有任何条件基础，企业刚起步，从零开始，怎么能取得人的信任，就是沟通交流，让他对企业的未来发展信任，有了信任才有成果转化，大家就合作了。"3. 谈到获得政府信任取得用地指标时说"当时政府领导就感觉（我们）这些人是干事的，这个企业的产品有潜力，也是代表这时代的方向，那时候土地指标很紧张，但是把地给了我们。他就是信任你未来的发展。为什么对你信任，不还是你做人做事带来的信誉吗。"	3. 高管声誉资本中包含了利益相关方对其的信任。维护信任关系从而保持长期合作关系成为关系嵌入通过声誉资本激励高管的主要途径。
	D 高管谈到与客户建立稳定合作关系的案例时说"通过我们这种沟通宣讲，重复的这种沟通，长了以后呢大家建立的这种关系，建立的价值观认同基础上的这种互信，然后互利"。	
	E 高管谈到在管理团队中建立声誉资本的案例时说"高管个人如果在这方面具备的素质条件确实是比其他人高，那自然就会形成他领头的地位。而且在人们心中，经历的事情多了，解决的问题多了，走过的路长了，慢慢的大家心目中的这种感觉、这种形象最后就以口碑的形式表现出来。所以实际上口碑是对过去的一个评价，也就意味着你所做过的，你能做的，大家对你赋予一种新的期望"。	
	F 高管在谈到扩展合作方的案例时说"如果是人家对你不认可，或者是听说你这个企业很烂，你这个人又很烂，那你想去开拓一个新的市场是不可能的，可能他连见都不见你。"	
	G 高管谈道"集团曾兼并一家资金链面临断裂的公司，出现登门要账的'挤兑'局面。新集团接收后，供应商考虑到新接手集团的声誉，将欠款及时归还公司，以保持良好合作关系。诚信是一个巨大的经济资源，不是简单地说口头的事。在你困难的时候，诚信那是无价之宝。"	
	H 高管谈道"现在这一些企业家，对内他的团队都觉得跟着他干事，再苦再累都心甘情愿，觉得走对了，跟对人了，非常有士气。对外他的投资者，他的资金投向你，你的市值怎么样，也是看这个领导人。你看他们的股东对投资者问答、投资者平台，都很看重的。比如企业的高管身体发生状况他们都很关注，所以又有精神方面又有身体方面。"	
	I 高管谈道"十大网货品牌、最佳全球化实践网商这两个奖呢其实从某种程度上来说对我们是一种肯定，从某种程度上来讲也增加了这种风险投资对我们的信心。""与投资人商谈时，投资人表示：我进来一看你们这些人的感觉，我觉得我的投资是对的，我感觉你们就是踏踏实实干活的人。对人的信任是第一位的。""……而且中间有无数小的成功可以确认。别人才信你。"	
	J 高管谈道"我觉得人做事得信守诺言，所谓诺言就是，你说的话，你一定要做到。做不到，一定要有合理的说法，而且在没有影响到别人之前。"	

维度	事例描述	发现
二次信任	A 高管谈道 "一个人离开了这个行业，离开了江湖还会有人在传说。确实感觉口碑是特别重要的。目前的企业家，特别是国有企业，对于口碑是非常看重的。"	1. 二次信任主要通过口碑发挥作用。 2. 二次信任具有降低初次合作难度的作用。 3. 二次信任具有拓展潜在合作网络的作用。
	B 高管谈道 "我始终引以为豪的就是我那客户都跟我说你那里有曾经不止一个员工跟我说我是 '老总妈妈' '妈妈老总'。这个称号我觉得非常温暖，虽然说正规公司的话，不一定是最好的称谓的。妈妈、婆婆能管理好公司吗？但是我觉得很温暖。我是一个充满感情、体贴员工的老总。这个是我比较珍视的一个称号"。	
	C 高管谈道 "那时候合作方很牛，是中科院的首席专家，他们去给你推荐，他们也有信任度"。	
	D 高管谈道 "商界英雄会是个评选也是个表彰，是一个声誉的赋予。对这些职业经理人非常重要，他的名字放在这个地方就等于被背书一次，他在其他地方流动的时候，或者往其他地方流动的时候是一个很重要的说明。"	
	E 高管谈道 "对你的评价，你能拥有的声誉，实质上是你的团队，是你所在的部门，在外界的一个综合反映。你团队要有这样的评价，这样的地位，你再做什么事情，你的合作伙伴会感到放心，所以它的作用是积极的。"	
	F 高管谈道 "口碑的作用不是去介绍推销你自己，别人替你去讲这个人管理的这个企业怎么样，就比你自己说要好得多。"	
	G 高管谈道 "一个人、一个企业在这个社会当中的声誉、诚信有了这么一个大家的口碑之后，会带来很多的财富，甚至是无价之宝"。	
	I 高管谈道 "实际上我们就是被国际上知名的和中国市场上知名的这种风险投资认可的一家公司。那么以后我们展开各种商业合作啊，包括各方面吧，都会比较顺的。"	

8.4.3　声誉资本通过三层次结构空间在结构嵌入中起到背书效用

研究发现，通过结构嵌入，公司高管声誉资本存在于公司内部、组织之间、社会层面三层次结构空间，在各层次空间公司高管通过口碑、认可积累声誉资本，声誉资本成为高管的一种背书，帮助高管获得支持、信任和持续合作机会。

在公司内部，高管最为关注的是员工、管理团队形成的网络，这是其创造业绩依靠的核心力量。担任公司副总或者集团子公司总经理的高管，同时关注上级对其的认可，这直接决定着高管最终获得的业绩评价，影响到其个人发展机会。6 位公司总经理从不同侧面谈到重视员工、管理团队的认可，C 高管谈道"你的价值发挥要有个平台，企业是你价值体现最直接的一个平台……你的团队就是核心的"；B 高管谈道"我现在最在意的是员工能说我是个好老板"；E 高管谈道"团队不在大小……维护好基本的利益，这是你这个团队有凝聚力、有战斗力的基础，有了这几个合力，你的工作会一直积极向前发展"；F 高管谈道"我的下级我有管理权，相对下级来讲，我是强势的。他们对我的口碑可能更客观吧，更有说服力，更大众"；J 高管谈道"公司的几个核心人才，这是核心，这是绝对的核心。要是以点盖面，就是没有这几个人就没有这个企业"；I 高管谈道"和员工的关系，这是我最重视的。另外我还有 4 个合伙人，那肯定我和他们的关系是我最重视的"。3 位在集团子公司任总经理和 1 位在公司担任副总经理的高管在强调员工、团队认可的同时，进一步阐述了重视上级的评价，A 高管谈道"比如说人际（关系），（希望）得到下属和团队的认可，能力希望得到上级的认可，业绩希望得到行业的认可"；D 高管谈道"更看重组织内部的认可，组织内部的认可如果能和自己内心的这种评价匹配起来，其实就反映了这个组织的健康程度，这个组织越健康，自己的这种逻辑情感的表达才越顺畅，要不然你就产生了这种价值观认同上的偏离，我觉得所谓声誉激励呢很重要的一点，是在这一点上，他反映了人对自己价值观的认同，组织系统的健康程度，我觉得主要是这个东西"；G 高管谈道"领导对你的评价可能使你得以提升，或者是经济利益得以实现的一个评价"；H 高管谈道"内部层面讲应该是你的直接上级对你的认可。当然，不能光看上，下面群众基础（也要有），这是在公司内部你生存的一个基本的东西，你的上下级"。将上述访谈结果从网络要素和激励逻辑两个方面进行归纳发现：高管重视的公司内部网络要素为员工（核心员工）、团队（合伙人）、上级，激励逻辑为高管业绩、行为形成口碑、认可，最终以声誉资本的方式固化，影响到高管的威望、晋升、绩效、薪酬、心理感受。

在组织之间，高管用圈层的理念来把握自己所处的中观环境，关注与产业链上的相关企业形成的网络结构，注重取得行业中的口碑与认可，从而实现在产业链上的持续合作，保持行业地位，获取有效信息，实现企业良性发展。4位高管从产业链的角度谈到重视与客户、供应商之间的关系，B高管谈道"相对外贸比较简单一些，因为我就是个中间商，我们无非就是国外客户，对内就是我们的工厂。（希望）客户能说我守信、诚信"；D高管谈道"我们的客户，大客户，大客户的老总、老板。老板这块呢是我们骨干客户，和我们生死存亡都有关系，这块是不管你喜不喜欢、愿不愿意这些关系都要非常重视"；G高管谈道"我感觉排在第一位的应该是供应商，供应商不仅仅是在产业链上的合作，更重要的还是技术上的相互促进"；I高管谈道"在这个生态圈里我认为最重要的是工厂吧，对不对，我们现在有200多家合作的工厂吧。这个工厂能否和我们保持紧密的合作关系，这是对我们价值最大的。200多家工厂吧"。4位高管阐述了组织间网络能产生的效用，A高管谈道"很大程度上对（个）人，是对企业的认可，一个企业在行业或者是区域中的地位……整体的方面还是非常看重行业的理解、认可"；C高管谈道"（重视公司能）从产业、行业角度体现一个什么样的角色"；F高管谈道"在这个圈子我做得久了，通过业务，供应商，行业协会，行业之间的交流，各企业经营管理者的信息，包括口碑，都在交流当中。你的职业经历，如果有一个好的口碑的话，实际上也会受到行业的重视"；J高管谈道"我加入一个协会理事是为了获得一个载体平台，你开个会你能进去。最主要的是要发挥作用，透过它获得信息，交流，或竞争或合作，或协同配合"。上述访谈结果表明，在组织层面上，高管核心关注的是与供求双方形成的网络关系，这是公司创造价值的基础链条；组织层面能够给高管带来双重效用：第一是平台声誉效用：对于高管所在公司的认可使高管具有了更好的工作平台，促进其创造良好业绩。第二是个人声誉效用：组织层面信任高管，给予其行业评价与口碑，使其获得信任，并能通过行业协会等方式获得信息，取得协同配合机会，提升了高管创造业绩的能力和职业机会。

　　在社会层面，高管集中表现出对公司和政府之间关系的重视，同时，对社会层面的网络重视程度弱于对公司内部和组织之间网络的重视程度。5位高管谈到了在社会层面关注与政府等相关方的关系，D高管谈道"我们要接触职能部门管理部门，你像宣传部、政府、各个厅局"；F高管谈道"公用事业企业离不开政府，很多的政策，包括我们的价格的管控，包括我们公司实物的管控，等等。关键的业务环节都离不开政府的管控，因此企业要想做好，跟行业主管部门的关系首先很重要"；G高管谈道"熟人或者社会对你声誉的影响是社会上的地位的问题，有没有朋友的问题。排第二位的应该是政府，因为任何一个企业做得再大，也是在政府所创造的秩序和环境当中来生存的"；H 高管谈道"你作为上市公司，现在的关注点太多了，政府、大股东要关注，小股民也要关注，消费者也要说买你的产品要吃得安全吃得放心。所以你要是弄得不好，那消费者对你也是不好"；J 高管谈道"政府圈能给你什么，政府掌握着宏观导向，他是个决策者"。5 位高管都表达出了在社会层面对政府的重视，公司能否处理好与政府之间的关系，能否在政府创造的秩序和环境中取得发展，这是高管普遍关注的问题。2 位高管谈到对于社会层面网络的关注是相对弱化的，A 高管谈道"当过市人大代表，现在还是省青年联合会的委员，青年联合会的副主席。有时候我们自己就是先把自己一个人的事干好，一些外部的事情最后解决，你自己工作做不好，一味地搞协调，在什么圈子里，那样效果反倒不是太好"；C 高管谈道"企业首先要看它社会化的属性，上市公司既是股东的企业，又是公众公司。公众公司怎么在资本市场有一个好的形象。就像人体一样，整个是个系统，就是生态体系。你的团队就是核心的。其他的相关方就是紧密的，政府发展环境就是一个松散的"。上述访谈结果表明，是公司高管在社会层面网络上普遍关注与政府之间的关系，但高管更强调在公司内部网络和组织之间网络取得绩效，避免行为的虚化。

综上所述，高管声誉资本形成于三层次嵌入体系，这一嵌入体系以"生态系统"的模式构成高管的行为空间。同时，以公司内部声誉资本为核心，形成"同心圆"式的声誉扩散和交互依存状态。声誉资本在高管所嵌入的"生态系统"内发挥背书作用，高管为使其行为在三个层次获得认可和支持，并能够获取信息优势和以信任为代表的社会资源，必须维护自身良好的声誉。因此声誉资本成为激发和强化高管良性行为的重要动机，命题 3 得到验证。

8.4.4 声誉资本激励效应的实现途径：社会嵌入下公司高管声誉激励机制构建

公司高管行为的社会嵌入表现为关系嵌入和结构嵌入，高管行为体现其能力和品质，社会嵌入对高管的激励作用通过行为激发和行为强化两种途径实现，如图 8-1 所示。在关系嵌入之下，社会行为规范和商业互惠原则引导和约束高管行为，强化高管的合规行为，并通过信任机制和二次信任机制形成"信任"这一高管珍视的激励物来引导高管行为。结构嵌入下，高管行为嵌入于公司内部、组织之间、社会层面三层次社会结构空间。各层次嵌入空间对高管行为有特定预期，符合结构预期的高管行为将得到认可和强化，反之，则使高管受到所属网络的排斥。

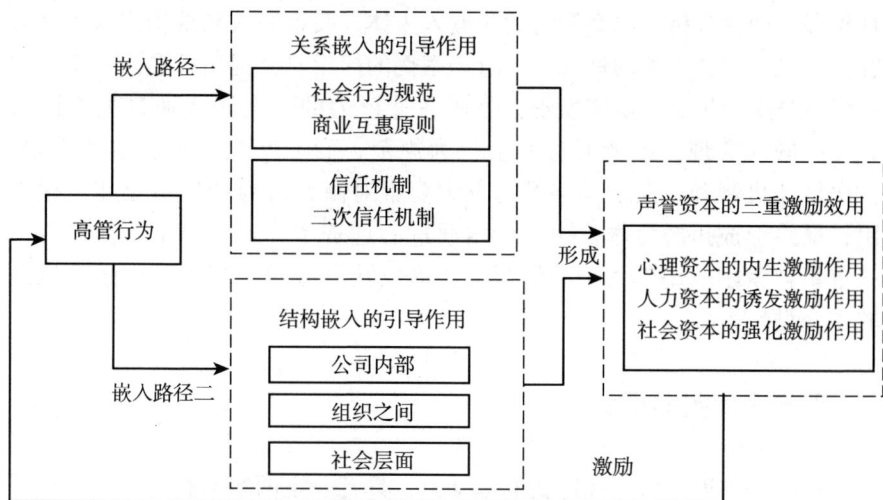

图 8 - 1　社会嵌入下公司高管声誉激励机制

高管行为通过关系嵌入和结构嵌入形成声誉资本，声誉资本对高管产生三重激励作用。心理资本对高管产生内生激励作用，使高管感受到得到认同、尊重和自我实现，以此提升高管满足感，强化高管行为。人力资本使高管市场价值得到提升，社会资本使高管的社会动员能力得到提升，二者成为高管行为的诱发因素与强化因素，高管为了取得人力资本和社会资本的积极效用，必须按照关系嵌入和结构嵌入形成的规范与原则行事。声誉资本通过集合激励效用作用于高管行为，形成社会嵌入下公司高管声誉激励机制的闭合循环。

8.5　研究结论与政策建议

8.5.1　主要结论

实现高管激励效用最大化需要公司采取系统性的激励方案，综合运用薪酬、股权、声誉等多种激励方式。特别是在当下的中国，改革的深化和社会的发展使高管个体认知与社会现实不断地融合与冲突，其对声誉有更为复杂的认知和诉求。并且，声誉的作用空间和效用已经超出公司内部，通过整个社会三层次网络与高管发生交互作用。据此，本章从社会嵌入的视角展开理论分析，以高管行为为嵌入主体，关系嵌入和结构嵌入为嵌入客体，引入声誉资本的概念，通过多案例的探索研究提出社会嵌入下公司高管声誉激励机制。研究发现：公司高管行为的社会嵌入通过关系嵌入和结构嵌入实现，二者通过社会行为规范、商业互惠原则、信任机制、二次信任机制和三层次网络结构五大要素对高管行为产生引导和强化作用，最终形成声誉资本。声誉资本通过心理资本、人力资本、社会资本三重集合激励效用作用于高管行为，形成社会嵌入下高管声誉激励机制的闭合循环。

8.5.2 政策建议

本研究在理论探索性创新的基础上，具有一定的实践指导意义。充分地激励高管从而使高管最大程度为股东利益和公司价值努力是公司发展的基础条件。在现实中，公司重视通过薪酬体系给予高管物质激励，但往往不能有意识地给予高管声誉激励。通过声誉激励公司高管，可以提升公司激励体系的整体效果，并且在提升高管心理资本和人力资本的同时，能够为公司凝聚社会资本。通过本章理论分析和多案例的探索研究，针对公司如何给予高管声誉激励，笔者对公司提出政策建议如下：

第一，建立公司声誉导向体系。年度和任期业绩考核是公司常采用的考核方式，公司应与之相结合建立声誉导向体系：将公司战略目标分解为考核指标的同时，设立与战略目标和考核指标相匹配的荣誉称号，比如，最佳创新奖、业绩进步奖、市场开发奖、社会责任奖等。通过声誉导向体系，可以使高管更加明确公司的价值导向，在实现公司经营绩效的同时追求公司价值的提升。公司可以在年度和任期考核中兑现高管的薪酬奖励并通过表彰大会、公司年会等形式给予高管荣誉奖励，使高管获得心理上的认同感、尊重和自我实现，从而引领和强化高管行为。对于任期做出突出贡献的高管，公司可以将高管的业绩、典型案例收入公司大事记、公司博物馆等纪传体系，既给予高管激励和认可，也使公司的文化和历史得到积淀，对公司员工形成持续激励效果。

　　第二，公司应给予高管多维网络交流机会。高管声誉激励是在社会嵌入下发挥作用，社会环境下，高管更需要圈层之间的沟通交流，促进商业伙伴关系的形成，形成个人声誉资本。公司可以通过圈层发挥社会行为规范和商业互惠原则的影响作用，形成正向价值导向，引导高管行为。例如，公司内部的问题研究小组、高校和社会教育机构的高管研修课程、各类企业家论坛和 NGO 组织为高管提供了多维度的网络交流机会，在这些交流过程中，潜移默化的正向价值理念、榜样作用、协同互助关系都会对高管发挥激励作用。交流过程中对高管既有业绩和行为的认同也会加强高管的心理认同感，强化高管正向行为。

　　第三，政府应引导优良的商业氛围和商业价值理念，树立良好的声誉标准。公司高管重视政府所发挥的作用，因此，政府应通过行业协会、媒体舆论等途径为高管树立诚信的商业价值观念和行为模范，通过价值引领的方式引导高管行为，使诚信的高管行为得到社会认同和学习，产生社会性的声誉激励作用。

　　本章存在一定的研究局限，将来需要在探索性研究的基础上深化实证研究。尽管所选择的公司高管在行业上具有代表性，对关系嵌入和结构嵌入有自己实践中的感受和思考，通过访谈可以归纳出社会嵌入下公司高管声誉激励机制，但需要进一步将访谈内容形成调查问卷，通过问卷调查进一步检验归纳所得机制的解释力，从而提升研究的信度和效度。

参 考 文 献

［1］ Berle, A, Means, G C. The Modern Corporate and Private Property. Macmillan. 1932.

［2］ 皮天雷：《国外声誉理论：文献综述、研究展望及对中国的启示》，载《首都经济贸易大学学报》2009 年第 3 期，第 95～101 页。

［3］ Holmstrom B. Managerial incentive problem-a dynamic perspective, Review of Economic Studies, 1999, 66 (1): 169–182.

［4］ Dalton D R, Hitt M A, Certo S T, et al. The fundamental agency problem and its mitigation: independence, equity, and the market for corporate control, The Academy of Management Annals, 2007, 1 (1): 1–64.

［5］ Fama E F, Jensen M C. Separation of ownership and control, The

Journal of Law & Economics, 1983, 26 (2): 301 – 325.

[6] Kreps, D, and R Wilson. Reputation and imperfect information, Journal of Economic Theory, 1982, 27 (2): 253 – 279.

[7] Milgrom, P & J Roberts. Predation, reputation, and entry deterrence, Journal of Economic Theory, 1982, 27 (2): 280 – 312.

[8] Bednar M K, Love E G, Kraatz M. Paying the price? The impact of controversial governance practices on managerial reputation, Academy of Management Journal, 2015, 58 (6): 1740 – 1760.

[9] 张其仔:《社会学方法对于企业管理理论与实践的意义》,载《经济管理》2012 年第 2 期, 第 4~11 页。

[10] Granovetter, M, and Swedberg, R. The sociology of economic life, Boulder: Westview, 1992.

[11] 黄中伟、王宇露:《关于经济行为的社会嵌入理论研究述评》,载《外国经济与管理》2007 年第 12 期, 第 1~8 页。

[12] 陈仕华、李维安:《公司治理的社会嵌入性: 理论框架及嵌入机制》,载《中国工业经济》2011 年第 6 期, 第 99~108 页。

[13] 李敏:《论企业社会资本的有机构成及功能》,载《中国工业经济》2005 年第 8 期, 第 81~88 页。

[14] 布尔迪厄:《文化资本与社会炼金术》,上海人民出版社 1997 年版。

[15] 弗朗西斯·福山:《信任——社会美德与创造经济繁荣》,海南出版社 2001 年版。

[16] Kreps, D. Corporate culture and economic theory, in J. Alt and K. Shepsle, eds., Perspectives on positive political economy, Cambridge University Press, 1990.

[17] George J Mailath, Larry Samuelson. Your reputation is who you are not, not who you'd like to be, CAREES Working Paper, 1998, 98 (11).

[18] Kreps, D, and R Wilson. Reputation and imperfect information, Journal of Economic Theory, 1982, 27 (2): 253 – 279.

[19] Fudenberg, D, & D Levine. Maintaining a reputation when strategies are imperfectly observed, Review of Economic Studies, 1992, 59 (3): 561 – 579.

[20] Burt, R S. Structural Holes: The social structure of competition,

Cambridge: Harvard University Press, 1992.

[21] Uzzi B. Social structure and competition in interfirm networks: The paradox of embeddedness, Administrative Science Quarterly, 1997, 42 (1): 35 – 67.

[22] Nahapiet, J and S Ghoshal. Social capital, intellectual capital, and the organizational advantage, Academy of Management Review, 1998, 23 (2): 242 – 266.

[23] Rowley T, Behrens D, Krackhardt D. Redundant governance structures: an analysis of structural and relational embeddedness in the steel and semiconductor industries, Strategic Management Journal, 2000, 21 (3): 369 – 386.

[24] Simmel, G. The metropolis and mental life. In K. H. Wolf (ed. & trans.), The Sociology of Georg Simmel, New York: Free Press, 1950.

[25] Mayer R C, Schoorman F D. An integrative model of organizational trust, Academy of Management Review, 1995, 20 (3): 709 – 734.

[26] Shenkar O, Yuchtman – Yaar E. Reputation, image, prestige, and goodwill: an interdisciplinary approach to organizational standing, Human Relations, 1997, 50 (11): 1361 – 1381.

[27] Kehoe P J, Cole H L. Reputation spillover across relationships: reviving reputation models of debt, Social Science Electronic Publishing, 1996.

[28] FISKE, Page A. , Relativity within moose ("mossi") culture: Four incommensurable models for social relationships, Ethos, 1990, 18 (2): 180 – 204.

[29] Sheppard B H, Sherman D M. The grammars of trust: A model and general implications, Academy of Management Review, 1998, 23 (3): 422 – 437.

[30] 寿志钢、苏晨汀、周晨：《商业圈子中的信任与机会主义行为》，载《经济管理》2007 年第 11 期，第 66 ~ 70 页。

[31] Milgrom P R, North D C, Weingast B R. The role of institutions in the revival of trade: the law merchant, private judges, and the champagne fairs [C] // Economics and Politics. 1990: 1 – 23.

[32] Greif A. Reputation and coalitions in medieval trade: Evidence on the maghribi traders, Journal of Economic History, 1989, 49 (4): 857 –

882.

[33] Greif A, Weingast B R. Coordination, commitment, and enforcement: The case of the merchant guild, Journal of Political Economy, 1994, 102 (4): 745 – 776.

[34] Uzzi B. The sources and consequences of embeddedness for the economic performance of organizations: The network effect, American Sociological Review, 1996: 674 – 698.

[35] 黄中伟、王宇露:《关于经济行为的社会嵌入理论研究述评》, 载《外国经济与管理》2007 年第 12 期, 第 1 ~ 8 页。

[36] Jessop B. Regulationist and autopoieticist reflections on polanyi's account of market economies and the market society, New Political Economy, 2001, 6 (20): 213 – 232.

[37] Eisenhardt K M. Building theories from case study research, Academy of Management Journal, 1989 (14): 532 – 550.

[38] 罗伯特·K. 殷 (Robert K. Yin):《案例研究设计与方法》, 重庆大学出版社 2004 年版。

[39] Luthans F, and Youssef C M. Human, social and now positive psychological capital management: Investing in people for competitive advantage, Organizational Dynamics, 2004, 33 (5): 57 – 72.

[40] 王雁飞、朱瑜:《心理资本理论与相关研究进展》, 载《外国经济与管理》2007 年第 5 期, 第 32 ~ 39 页。

[41] 蒋建武、赵曙明:《心理资本与战略人力资源管理》, 载《经济管理》2007 年第 9 期, 第 55 ~ 58 页。

[42] 林南、张磊译:《社会资本:关于结构与行动的理论》, 上海人民出版社 2004 年版。

[43] 张维迎:《产权、激励与公司治理》, 经济科学出版社 2005 年版。

第 3 篇

高管激励契约配置与协同：
价值分配视角

第9章 上市公司高管显性激励契约配置效应研究*

由于实际控制人的存在，中国上市公司的高管激励研究需要将实际控制人的影响纳入高管激励研究中。基于此，本章引入"双向治理"研究视角，期望通过考察实际控制人在高管显性激励安排有效性中的影响，即高管迎合实际控制人需要的管理层权力，探索中国上市公司高管显性激励安排的治理效应。研究发现货币化薪酬呈现积极的治理效应，但是高管持股却容易诱发代理问题，并且弱化货币化薪酬的激励效果。进一步分析，高管期权激励的作用主要体现在对于货币化薪酬与代理成本关系的调节效应中，并且主要见于民营企业和高科技行业中。本章研究表明，中国情境下更为有效的高管显性激励组合应该是充分考虑实际控制人的潜在影响，构建货币化薪酬与期权激励的有机结合，同时还需要兼顾高管持股的负面治理效应和期权激励的适用情境，进一步优化上市公司高管显性激励的制度安排。

9.1 引　言

2015 年 8 月 7 日，京东对外宣布"公司董事长兼 CEO 刘强东在规定的 10 年内，每年基本工资为 1 元人民币，且没有现金奖励"。在马明哲的"天价薪酬"以及"零薪酬"余波未平之时，"一元年薪"再次引起了人们对于高管薪酬的关注。此时，学者们更应该正确认识高管显性激励的组合，而不是从众地感慨和叹服高管"任性"。国内学者借鉴西方学者关于高管显性激励的研究思路，认为上市公司高管的显性激励组合（货币化薪

---

* 本章内容发表在《南开管理评论》2017 年第 2 期。

酬、高管持股、股票期权激励）在降低代理成本方面发挥着举足轻重的作用。但是本书认为现有研究并没有充分考虑中国特殊的情境因素，如股权集中下的实际控制人影响、社会文化框架下的高管认知动机等，导致现有研究忽视了实际控制人的控制动机与子公司高管团队管理层权力的互动，即没有充分考虑实际控制人在高管对于显性激励安排权衡取舍中所发挥的作用，难以合理解释中国上市公司高管显性激励的治理效应。因此，本章期望通过引入强调代理人自主性和互动性的"双向治理"研究视角[1,2]，充分考虑实际控制人的控制动机与子公司高管团队管理层权力的互动性，即高管迎合实际控制人需要的管理层权力，探析实际控制人在高管显性激励安排中可能发挥的作用，提供中国上市公司高管显性激励的经验证据。

国内学者关于高管显性激励研究存在两方面不足：首先，过于关注单一显性激励手段使该领域研究陷入静态分析的窠臼，而且结论也不尽相同[3~6]。显性激励手段之间并不是相互独立的，其内在关联或者权衡取舍可能显著影响高管激励的有效性，关系到能否实现股东与高管利益的趋同、降低代理成本。例如，相较于具有变现条件以及行权期限的期权激励，高管应该更加偏爱货币化薪酬；而同为股权激励的期权和高管持股，高管持股又因为其期限上的风险优势而受到高管的青睐，部分学者的研究一定程度上证实了这些推论[7]。其次，高管显性激励治理效应的"标准化"借鉴，默认其治理效应在中国的适用性，忽略了社会文化框架下的高管认知动机影响。由于中国上市公司股权集中程度较高，高管在承担着公司股东"看家人"和"代理人"角色的同时，往往还肩负实际控制人"代表人"的角色，后者是显著区别于英、美国家的特征之一。在中国情境下，高管显性激励的有效性不能单纯从西方的最优契约理论和管理层权力理论中寻找解释，而需要充分考虑实际控制人的控制与上市公司高管团队管理层权力的互动性，即迎合实际控制人需求的管理层权力。一方面，由于中国忠诚和服从权威的传统文化影响[8]，高管基于自身利益需要调整对于激励安排的认知动机，以迎合实际控制人控制意志；另一方面，高管对于各种显性激励安排存在权衡取舍，以满足自身的利益和成就动机等个人需求。因此，为了丰富与完善现有研究，本章借鉴了"双向治理"研究视角，旨在将实际控制人对于上市公司高管显性激励安排的影响、高管认知动机等情境化因素纳入高管显性激励研究框架，研究了高管显性激励的权衡以及对于代理成本的治理效果，期望通过激励安排的分解与组合以获取不同显性激励手段的治理效应以及各自的适用情境，为该领域研究提供来自中国市场的经验证据。

本章主要的理论贡献与创新体现在以下三个方面：第一，系统研究高管显性激励安排的治理效应，尤其是激励安排之间的协同效应，弥补了该领域研究主要关注于某一种显性激励安排的不足；第二，突破传统委托代理理论和单体公司治理的作用边界，引入"双向治理"研究视角，期望基于实际控制人与高管团队互动性的思路，以及高管迎合实际控制人需求的管理层权力，充分考虑高管对于激励安排的认知与接受程度，更为合理地探索高管显性激励的有效性；第三，提出了中国资本市场情境下的高管显性激励安排，即货币化薪酬与期权激励的有机结合，即合理的货币化薪酬，辅以必要的期权激励，同时还需要兼顾高管持股的负面治理效应和期权激励的适用情境，提高显性激励组合的有效性。

9.2　理论回顾与假设提出

寄望于其降低代理成本的功能，高管激励被视为保持委托人与代理人利益趋同的有效手段。但是，关于高管激励的主流研究却走向了两个极端：秉承最优契约理论思想的支持者，既承认激励安排有效性[9]，也承认其存在的不足，并提出了依托于完善的公司治理机制尤其是监督机制的高管激励框架，期望实现对于最优契约的回归，从而降低代理成本[5,10~13]。而反对者则基于管理层权力理论，追溯到高管激励的决策机制，认为在无法限制管理层权力的情况下，高管激励容易沦为代理行为的温床，成为高管"自肥"的工具，无法有效治理代理问题[14]。随着公司治理研究的深化，学者们开始尝试突破传统代理理论的束缚，希望拓展理论边界寻找该领域研究的中间地带，以强化其在治理实践中的适用性，由此，基于行为经济学的心理所有权理论开始应用于高管激励的理论研究。心理所有权理论认为，管理者具有拥有某种事物的心理认同感，而各种激励手段是间接地通过管理者对所有权的期望等心理因素发挥作用的。但是，由于个人心理因素的适应性以及外部环境的不确定性，高管激励的研究对于心理所有权也褒贬不一。较早引入心理所有权思想的研究大多承认其积极的治理效应，认为源于同业比较的"参照点"能够提升高管的满意度及其努力程度，可以实现自我约束、降低代理成本[15]，但是如果高管的薪酬显著低于同行业或者同地区的均值，则激励安排的有效性可能大打折扣[16,17]。随着研究的深入，学者们关注到了外部环境和个人心理因素的交互影响，如源于管理层权力的参照对象选择偏见[18]、人力资本对于参照结果的影响[19]、风险偏好的影响[20]等。

尽管国内学者也积极为高管激励研究的正反双方提供来自中国的经验证据[21~24]，但是市场的特殊性需要国内学者更加理性、具体的研究，即在承袭西方先进思想和方法论的同时，要具体结合中国上市公司的特点，提供更"接地气"的高管激励安排，例如存在实际控制人对上市公司高管的晋升激励或者职务约束，影响着货币化薪酬的有效性；抑或高管持股比例偏低，可能导致"财富效应"显著大于"治理效应"等。中国资本市场情境下，能否突破单体公司治理的作用边界，充分考虑实际控制人对于高管的潜在影响，即高管与股东尤其是实际控制人的互动性，探析高管迎合实际控制人需要的管理层权力如何影响高管对于显性激励的认知，也许能够成为高管激励安排有效性的可行之钥。因此，本章在理论分析过程中借鉴"双向治理"研究视角，充分考虑实际控制人与高管的互动性，以及高管迎合实际控制人需要的管理层权力对于高管认知的影响，而不是机械照搬、"标准化"显性激励应有的治理效应，以期提供中国上市公司高管激励的合理化解读。

9.2.1 货币化薪酬与代理成本

尽管存在样本选择、变量设计的差异性等问题可能导致结论的不稳健，但是弗里德曼和萨克斯（Frydman and Saks, 2010)[9]指出美国上市公司在1936~2005年的时间跨度内，其高管薪酬激励在弱化代理问题、推动高管与股东利益趋同方面发挥了积极的治理效应，具体表现为更强的薪酬—业绩敏感性。结合中国情境，本书认为中国上市公司的高管货币化薪酬能够发挥积极的治理效应，主要原因源自两个方面：首先，高管主观方面的自我约束，即尚不健全的社会保障制度，以及愈发严格的外部监管引致高管对于高薪工作的珍视。由于中国还没有非常完备的社会保障制度，人们都需要为自己退休后及晚年的生活积蓄，这一可置信的问题对于高管来说，不仅考虑基本的生活保障，还希望维持现有的生活品质，后者甚至充当着期权，在高管自我约束方面发挥着积极的作用，使得高管倾向于放弃昂贵的试错成本、更加珍惜现有的工作机会。同时，愈发严格和规范的监管能够从外部约束高管的机会主义动机，如果没有严格的外部监管，仅仅依靠高管的自我约束很难保证货币化薪酬的治理效果，因为低廉的舞弊成本可能诱发高管的机会主义倾向。所以，宏观制度层面的约束（社会保障制度与外部监管的交互作用），能够保证高管货币化薪酬激励的有效性。

其次，与实际控制人互动下的高管自我权衡，即高管维系社会资本纽带尤其是迎合实际控制人的需要也可能强化货币化薪酬的治理效果。关系契约理论认为，非正式制度可以作为正式制度的必要补充，尤其当正式公司治理制度无法发挥治理作用时[25]。遵循关系契约理论的思路，任何一个上市公司高管只是社会资本网络的某一个节点，此时社会资本网络能够充当资本控制网络的补充，促使高管主动维持其在社会资本网络中的正面形象，以获取更多的社会资本。由于中国"圈子文化"的影响，以及上市公司普遍"嵌入"于某个资本控制链，上市公司高管具有更强动机去维系社会资本纽带，同时为了迎合实际控制人的需要，其行为选择更容易受到实际控制人意志的影响，这既是维系社会资本纽带的需要，也源于中国传统文化中忠诚和服从权威的影响[26]，所以高管必须表现出与薪酬相匹配的能力和业绩（国企高管为了获得良好的声誉以博取更多的政治资本和晋升机会，而民企高管则更多地关注于声誉方面的激励），以合理化自身的货币化薪酬，进而自发地约束机会主义动机。因此，在中国情境下，高管的自我权衡不仅源于传统治理思路下的自身利益权衡取舍，更源自"双向治理"视角下高管与实际控制人互动的自我激励与约束。

基于以上分析，在"双向治理"研究视角下，高管主观上对于工作的珍视、客观上迎合实际控制人的需要，以及外部监管的日益强化，使得高管的薪酬辩护动机更强，从而提升了货币化薪酬治理的有效性。通过高管的动机来分析激励和约束的被接受程度，突破了关于高管"经济人"、风险中性等基本前提，增强了研究的现实性和适用性。因此，跳出传统委托代理理论的框架并重新审视高管货币化薪酬的功能，本书认为高管货币化薪酬能够在促进股东与高管利益趋同的过程中发挥积极的治理效应，并提出假设 1：

H1：高管货币化薪酬呈现积极的治理效应，即能够显著降低代理成本。

9.2.2　高管持股、期权激励与代理成本

考虑到薪酬激励的不完备性以及管理层权力的潜在影响，最优契约理论和管理层权力理论的支持者不约而同地选择了递延性薪酬作为应对之

道，可谓殊途同归，期望通过增加高管持股和期权的比重，以实现股东与高管的激励相容，避免代理成本所导致的治理效率损失。

由于能够一定程度上实现与股东共同分享剩余索取权，高管持股较早地得到了关注，尤其是英、美等发达资本市场，希望通过授予强权 CEO 一定比例的股份，实现股东与高管的利益趋同，其治理效应也得到了证实[27,28]。但是，学者们也注意到了股份授予本身也容易受到管理层权力的影响，不仅容易导致股份授予的"福利化"[29]，甚至还可能强化"堑壕效应"[30,31]，对于高管持股的有效性提出了质疑[32]。具体到中国情境下，学者研究发现高管持股的治理效应更多体现在合规性层面，如更加完备的信息披露，而效应性方面的表现并不理想[34]。

本章继续基于"双向治理"研究视角，从高管迎合实际控制人需求的管理层权力角度分析其行为动机以及治理效应，并且对中国上市公司高管持股的积极效应持怀疑态度，原因来自三个方面：首先，高管持股比例普遍偏低[35]，可能导致无法发挥"治理效应"，而更多的时候发挥着高管财富积累的作用，即"财富效应"。其次，股份变现的限制较多。根据我国公司法规定，高管在任职期间以及离任后的股份转让都有严格、明确的规定，虽然旨在保护投资者尤其是中小股东的利益，但是限制流动性的规定也降低了高管持股的有效性，还可能衍生出高管"择时"机会主义行为，如精准辞职等[36]。最后，中国资本市场的不成熟则可能进一步弱化高管持股的治理效应。由于资本市场的定价功能无法有效评价上市公司的市场表现，基于自身职业安全以及私有利益的考虑，上市公司高管倾向于迎合实际控制人的需要，抱有"不求有功但求无过"的保守心态，虽然能够约束内在的扩张动机，但是也可能在稍纵即逝的机会来临的时候无动于衷。因此，中国情境下的高管持股更多地发挥着约束机制的作用，而激励方面的功能却乏善可陈，虽然能够避免过度扩张而带来的代理成本，却容易诱发过度保守的代理问题。

针对高管持股可能无法发挥治理效应这一问题，部分学者指出货币化薪酬与高管持股是最佳的激励安排，原因在于这种激励安排具备兼顾短期与长期、流动性与递延性的特点[3]。但是，如果中国情境下的高管持股无法有效发挥激励效应，并且不利于高管的财富积累，那么高管激励安排就需要重新考虑货币化薪酬与高管持股的权衡问题。由于货币化薪酬具有无约束用途的特点，其风险性相较于持有股份更低[7]，对于高管的吸引程度更高[37]，进而高管就存在利用管理层权力提升货币化薪酬在激励安排中比重的动机，所以本书认为高管更加偏爱货币化薪酬，而高管持股诱发的代理问题可能弱化货币化薪酬的激励效果。综合以上，本书认为高管持股并不具备削减代理成本的治理效应，而且还容易弱化货币化薪酬的激励效果，故提出假设2：

H2：高管持股可能诱发代理问题，导致更高的代理成本，甚至弱化货币化薪酬的激励效果。

继1952年辉瑞公司率先启用股票期权之后，其递延性和期权相结合的特性得到了肯定，因为更长的递延性区间以及高管的自由选择权利，使得持有期权的风险小于高管持股[38]，并且可以提高管理者风险投资活动的积极性，避免由于保守导致的效率损失。但是，越来越多的学者开始关注到期权激励的负面治理效应，如高管风险偏好的影响[20]、"倒签"问题[39]、盈余操纵与重新定价等[40]，即高管的"自肥"动机容易引起市场择时等机会主义行为[41]，从而导致代理成本的提升[42]，即管理层权力可能导致期权激励有效性下降的问题。

需要注意的是，虽然学者们关注到了高管心理因素对期权有效性的影响，但是忽略激励组合、孤立研究该问题却容易导致结论的分歧，因为高管的心理因素会基于不同激励方式的权衡而产生差异性。考虑到货币化薪酬无约束用途的特点[7]，本书认为在中国情境下，期权激励的治理效应在高管激励安排中充当货币化薪酬的必要补充，一方面可以保证高管收入的自由支配能力；另一方面又可以利用递延性和期权相结合的办法完成股东与高管的利益趋同，即在迎合实际控制人需要的同时，利用管理层权力进行自身的利益权衡。尽管存在马明哲的"零薪酬"、刘强东的"一元年薪"等极端例子可以认为期权能够独立于货币化薪酬而独立发挥治理作用，但是事实上绝大多数"零薪酬"高管会在母公司、政府甚至关联企业领取薪酬[43]，而国有上市公司的期权激励也往往受到行政干预，如黎文靖、池勤伟（2015）[44]实地调研发现国有企业高管经常被上级部门告知到期需要放弃行使股权激励方案。因此，尽管高管期权激励的递延性和期权相结合的特点能够解决高管持股激励不相容的问题，但是无法发挥独立的治理效应，其有效性体现在对于货币化薪酬的补充，故提出假设3：

H3：高管期权激励能够强化货币化薪酬对于代理成本的治理效应。

9.2.3 高管显性激励的情境化影响

为了深化高管显性激励有效性的研究，本章结合中国资本市场的特点进一步分析潜在的情境化影响因素：产权性质与行业性质，旨在探讨适用于具体情境的高管显性激励组合。

源于中国特殊的所有制形式，大部分上市公司都脱胎于国有股份，至今仍然在资本市场中扮演着举足轻重的角色[45]。尽管对于国有股份的褒贬不一[46]，但是中国的制度背景以及资本市场的现状需要学者们在正确面对潜在问题的同时，积极探索一条现有制度框架下的国企治理之路。具体到高管显性激励方面，国有控股企业（以下简称"国有企业""国企"）与非国有控股企业（以下简称"民营企业""民企"）虽然都已经发生了诸多新的变化，但是最显著的区别依旧体现在市场化水平方面。首先，国有企业高管货币化薪酬的作用日益凸显，而高管持股、期权的激励效果不佳。尽管"限薪令"一定程度上能够遏制国企高管基本薪酬的畸高，但是其实际效果仍然值得怀疑[47]，而且诸如奖金、绩效工资等多种形式的货币化薪酬也可以弱化"限薪令"的影响，同时，不能忽视职务消费问题，其不仅能够在一定程度上提升高管的工作和生活水平，还可以为高管构建自身社会资本网络提供支持，其灵活性以及即时性能够满足高管的相应需求。反观高管持股与期权激励，由于任期制以及行政干预的存在，其激励效果是值得怀疑的，因为一方面在市场环境以及风险水平不确定的情况下，国企高管的相关决策可能无法在任期内收到预期效果，而另一方面，高管期权的兑现还受到行政干预，无法自主行权[44]。其次，由于薪酬市场化程度较高，民企高管的显性激励组合更为丰富，即货币化薪酬与期权激励并举，这不仅源于民企高管面临更为激烈的经理人市场竞争[44]，而且民企并不存在"所有者缺位"问题，股东对于高管的股权授予更为确定，而高管对于股份的处置方式也更为市场化。基于此，本书认为货币化薪酬对于国企高管的绩效效果更佳，而民企高管激励则应当货币化薪酬与期权激励并举。提出假设4：

H4：国企高管的货币化薪酬能够显著降低代理成本，而民企高管的货币化薪酬与期权激励都能够发挥降低代理成本的作用。

行业性质方面，传统行业与高科技行业的成长性水平的差异要求高管激励的侧重点有所区别。由于传统行业的成熟度较高，相对于高科技行业，其风险水平较低、成长能力趋于稳定，这就压缩了期权激励有效性的空间，而货币化薪酬则凭借其稳定性在高管激励中发挥更为重要的作用。而对于高科技行业来说，尽管面对的风险水平较高，但是强劲的成长能力可以弥补盈利水平的短板，这就要求高科技行业在高管显性激励中更加强调期权激励的重要性[48]。因此，本书认为传统行业高管显性激励更为倚重货币化薪酬，而高科技行业的高管期权激励更为有效。提出假设 5：

H5：传统行业高管的货币化薪酬对于代理成本的治理效果更优，而高科技行业高管的期权激励对于代理成本的治理效果更优。

9.3　研究设计

9.3.1　变量定义

1. 被解释变量

代理成本（AC）。学界关于高管的代理问题主要定义为第一类代理问题，而第一类代理成本度量的方法已经趋于标准化，即采用管理费用率与总资产周转率作为替代变量[49]。但是管理费用包括董事会会费、业务招待费等公司经营必要支出，而且这些支出的增加与机会主义行为并不存在必然的联系，如陈冬华（2005）[50]指出，高管职务消费部分用于关系资本的构建，而现有研究并不严格区分隐性福利和关系资本投资两者的差别，即部分管理费用可能有利于公司绩效的优化和股东财富的积累，不应该以偏概全，否定管理费用在公司治理中的积极作用。因此，本章仅采用总资产周转率作为第一类代理成本的主要替代变量，以验证高管显性激励的有效性，而管理费用率将作为稳健性检验的替代变量引入模型进行检验。

2. 解释变量

高管显性激励安排，具体细分为高管货币化薪酬（Salary）、高管持股（Stock）、期权激励（Option）三个解释变量。通过借鉴现有研究[51]，高管货币化薪酬采用前三位高管薪酬总额的对数计量。高管持股的度量，本章没有采用高管持股比例，而是采用高管持股数量的对数，这是因为中国上市公司高管持股比例普遍偏低，其财富效应可能大于治理效应，如果选取高管持股比例，不仅容易受到公司股权结构的显著影响，更难以有效体现对于高管的激励作用。期权激励的度量，本章也没有采用以往研究的方法，即采用虚拟变量衡量是否采用了期权激励[52]，而是采用期权激励中不可行权股份数量所占比重度量期权激励，即将可行权部分排除，以便更加具体、合理地分析期权的长期激励效应。

3. 控制变量

由于"双向治理"视角指出，中国资本市场下的高管激励很难脱离母公司或者实际控制人的影响[2]，本章选取上市公司多个公司治理结构变量，以控制公司治理结构尤其是实际控制人的影响，如两权分离度（Div）、独立董事比例（Ind）、两职合一性（Dual）、董事会次数（BAct）、董事会规模（BSize）、股东大会次数（ShAct）、委员会数量（Committee）等。考虑到公司特征可能影响高管显性激励的有效性，本章参照现有研究[26,52]，选取控制变量如下：杠杆率（Lev）、公司规模（Size）、成长性（Growth）、市场价值（Q）以及市场竞争度（MCom，采用赫芬达尔指数度量）。另外，年份、行业哑变量也予以控制，以方便实证分析过程中的聚类效应检验（见表9－1）。

表9－1 变量汇总表

	变量名称	变量符号	测度方法
被解释变量	代理成本	AC	总资产周转率
解释变量	货币化薪酬	Salary	前三位高管薪酬总额的对数
	高管持股	Stock	高管持股数量的对数
	期权激励	Option	不可行权股份数量的比重
控制变量	两权分离度	Div	实际控制人现金流权与控制权的比值
	独立董事比例	Ind	董事会独立董事占比
	两职合一性	Dual	董事长与总经理两职分离取2；反之，取1
	董事会次数	BAct	董事会每年召开会议次数
	董事会规模	BSize	董事会董事人数
	股东大会次数	ShAct	股东大会当年召开次数
	委员会数量	Committee	公司设置的专业委员会数量
	杠杆率	Lev	资产负债率
	公司规模	Size	总资产对数
	成长性	Growth	主营业务增长率
	市场价值	Q	托宾Q值
	市场竞争度	MCom	赫芬达尔指数

资料来源：笔者整理，其中变量数值计算直接取自国泰安数据库（期权激励手动收集除外）。

9.3.2　模型设计

为了检验高管显性激励的有效组合问题，构建模型方程如下：

模型 I：

$$AC = \alpha_0 + \alpha_1 Motivate + \alpha_2 \sum Controls + \varepsilon$$

模型 II：

$$AC = \alpha_0 + \alpha_1 Motivate + \alpha_2 Moderate + \alpha_3 Motivate * Moderate$$
$$+ \alpha_4 \sum Controls + \varepsilon$$

其中，模型 I 用于检验高管显性激励对于代理成本的直接治理效应，Moderate 分别表示 Salary、Stock、Option 等显性激励安排，Controls 不仅包括表 9 – 1 所列示的控制变量，还包括了年份哑变量和行业哑变量；模型 II 则用于检验高管显性激励之间的协同作用，即分别进行高管持股和期权激励对于高管货币化薪酬与代理成本关系的调节效应检验。

9.3.3　样本选择

本章选取中国资本市场 A 股上市公司 2009～2013 年度数据作为研究对象，主要变量数据均来自国泰安 CSMAR 数据库。但是期权激励中的不可行权部分并没有直接披露，所以采用下载样本公司的年度报告，查询重大事项部分期权激励计划中可行权的情况，进行手工收集。同时，本章对数据进行了预处理，并剔除相关样本数据，剔除标准如下：金融类上市公司；2009～2013 年间被 ST 和 PT 的公司；极端值公司等。最终，本章研究样本包括 8622 组观测数据，涉及中国 A 股 2170 家上市公司。

9.4　高管显性激励与代理成本关系研究

9.4.1　描述性统计

表 9 – 2 汇报了主要变量的描述性统计结果。Panel A 汇总了主要变

量的全样本描述性统计结果，高管显性激励安排中的货币化薪酬和期权激励离散程度较低，说明样本公司的激励强度差别不大，而高管持股则呈现较高的离散程度，体现在上市公司授予高管股份的规模差别较大，即在几种显性激励安排中，不同公司对于高管持股的态度并不一致，这在一定程度证实了本章关于高管持股的消极治理效应的假设。另外，期权激励的样本观测值一共为 763 个，其数量显著区别于其他激励安排，说明截至 2013 年，期权激励还没有普遍应用于上市公司治理实践，其应用价值还有待于进一步开发。Panel B 则整理了高管显性激励安排的年份统计结果。通过纵向比较，本章发现高管货币化薪酬与高管持股规模呈现逐年增长的趋势，其原因可能源于资本市场和上市公司正在逐步走出 2008 年金融海啸对于高管薪酬的影响，这也是一个值得后续研究继续探讨的问题。另外，样本期间，实施高管期权激励的上市公司数量也呈现逐年递增的趋势，体现了期权激励开始在高管激励安排中扮演着愈发重要的作用。

表 9 - 2 　　　　　　　　　　主要变量描述性统计结果

Panel A	观测值	均值	标准差	最小值	最大值
AC	8621	0.7341	0.6143	0.0032	9.6885
Salary	8609	14.0184	0.7060	10.3080	17.2391
Stock	4796	13.7600	3.5181	2.4849	20.7676
Option	763	0.8170	0.3788	0	6.0800
Ind	8620	0.3685	0.0548	0.0909	0.8000
MCom	8621	0.0638	0.0797	0	1.4283
Lev	8621	0.0757	0.1093	-0.0012	1.1469
Size	8621	21.9145	1.2685	17.6043	28.4820

Panel B	激励方式	观测值	均值	标准差	最小值	最大值
2009 年	Salary	1281	13.7570	0.7388	10.4043	16.301
	Stock	574	11.9838	3.1970	3.3673	18.9469
	Option	42	0.7872	0.3192	0	1

续表

Panel B	激励方式	观测值	均值	标准差	最小值	最大值
2010 年	Salary	1420	13.9409	0.7313	11.4658	16.5368
	Stock	667	12.7302	3.4210	3.3673	19.1541
	Option	66	0.7825	0.3364	0	1
2011 年	Salary	1741	14.0427	0.6966	10.308	16.6446
	Stock	921	13.6732	3.4960	2.4849	19.8472
	Option	134	0.9096	0.6037	0	6.08
2012 年	Salary	1997	14.0830	0.6715	11.5317	17.2391
	Stock	1249	14.3031	3.4747	2.4849	20.7676
	Option	217	0.8305	0.2666	0	1
2013 年	Salary	2170	14.1443	0.6613	11.2118	17.1668
	Stock	1385	14.5600	3.3580	3.3673	20.7507
	Option	304	0.7630	0.3239	0	1

资料来源：笔者根据 Stata 统计结果整理。

表 9-3 整理了本章主要变量的斯皮尔曼（Spearman）等级相关系数检验结果。其中，货币化薪酬与总资产周转率显著正相关，说明货币化薪酬能够显著提升总资产周转率、降低代理成本，初步证实了假设 1；而高管持股则与总资产周转率显著负相关，即高管持股的提升降低了总资产周转率，对于代理成本呈现消极治理效应，也初步验证了假设 2。

表 9-3　　　　　　　　　Spearman 等级相关系数检验结果

	1	2	3	4	5	6	7	8	9	10	11
1. AC	1.00										
2. Salary	0.23***	1.00									
3. Stock	-0.08**	-0.06	1.00								
4. Option	-0.04	-0.19***	0.05	1.00							
5. Div	0.12***	0.12***	-0.39***	-0.18***	1.00						
6. Ind	0.11***	0.10**	0.01	0.02	-0.09**	1.00					

	1	2	3	4	5	6	7	8	9	10	11
7. MCom	−0.07*	−0.01	0.03	0.07*	−0.03	0.06	1.00				
8. Lev	−0.08**	0.19***	−0.17***	−0.20***	0.14***	−0.06	−0.21***	1.00			
9. Size	0.14***	0.51***	−0.17***	−0.20***	0.16***	0.01	−0.22***	0.55***	1.00		
10. Growth	0.17***	0.09**	0.04	−0.06	−0.04	0.04	−0.08**	0.17***	0.19***	1.00	
11. Q	−0.01	−0.13***	0.21***	0.02	−0.14***	0.05	0.27***	0.17***	−0.55***	0.13***	1.00

资料来源：笔者根据 Stata 统计结果整理。

9.4.2 高管显性激励与代理成本

为了验证高管显性激励与代理成本的关系，本章采用固定效应模型进行分析，并通过 Hausman 检验证实了固定效应的合理效应。同时，为了避免组间差异的影响，聚类效应检验在固定效应模型中同步进行检验。表 9 - 4 整理了具体检验结果。

表 9 - 4　　　　　　　　高管显性激励与代理成本结果

	AC				
	H1	H2	H2	H3	H3
Salary	0.0445*** (2.85)		0.0975*** (4.90)		0.0596 (1.14)
Stock		−0.0157** (−2.45)	−0.0734 (−1.13)		
Option				0.0058 (0.45)	−0.6025 (−0.96)
Salary ∗ Stock			−0.0011** (−2.41)		
Salary ∗ Option					0.0423 (0.97)
Div	0.0024* (1.78)	0.0022 (1.13)	0.0022 (1.13)	0.0012 (0.32)	0.0016 (0.45)
Ind	0.0939 (0.88)	0.2629 (1.38)	0.2929 (1.54)	−0.2040 (−0.71)	−0.0907 (−0.32)

续表

	AC				
	H1	H2	H2	H3	H3
MCom	−0.5264 *** (−2.66)	−0.8016 *** (−3.38)	−0.8218 *** (−3.44)	−0.9868 *** (−2.98)	−1.0122 *** (−3.40)
Lev	−0.4117 *** (−4.94)	−0.4266 *** (−4.08)	−0.4092 *** (−4.05)	−0.3387 * (−1.95)	−0.3791 ** (−2.19)
Size	−0.0001 (−0.00)	−0.1094 *** (−3.23)	−0.1345 *** (−4.07)	−0.2319 *** (−4.26)	−0.2565 *** (−4.46)
Growth	0.0042 ** (1.97)	0.0444 *** (4.55)	0.0461 *** (4.65)	0.1230 *** (3.64)	0.1346 *** (4.09)
Dual	0.0095 (1.05)	−0.0063 (−0.40)	−0.0052 (−0.33)	0.0397 (1.33)	0.0382 (1.37)
BAct	0.0028 *** (2.89)	0.0016 (1.37)	0.0013 (1.14)	0.0013 (0.49)	0.0004 (0.14)
ShAct	−0.0010 (−0.49)	−0.0007 (−0.26)	−0.0005 (−0.18)	0.0020 (0.33)	0.0005 (0.09)
BSize	−0.0014 (−0.42)	−0.0025 (−0.54)	−0.0025 (−0.57)	0.0046 (0.44)	0.0012 (0.12)
Committee	−0.0191 (−0.84)	−0.0292 (−0.77)	−0.0300 (−0.78)	0.0103 (0.51)	0.0078 (0.38)
Q	0.0114 *** (2.72)	0.0146 *** (3.73)	0.0133 *** (3.45)	0.0274 *** (3.93)	0.0271 *** (4.09)
Industry	控制				
Year	控制				
Cons	0.1660 (0.22)	3.3352 *** (4.40)	2.5170 *** (3.16)	5.6561 *** (4.75)	5.3700 *** (4.54)
Obs	8608	4796	4793	763	763
Groups	2173	1501	1501	360	360
F	5.95 ***	9.68 ***	10.74 ***	4.52 ***	5.76 ***
Adj R²	0.0425	0.0931	0.1091	0.2985	0.3197

注：***、**、* 分别表示 1%、5%、10% 显著性水平，且结果均经过聚类效应处理（下同）。
资料来源：笔者根据 Stata 统计结果整理。

　　第一列为模型的检验结果，以验证假设 1。结果显示，高管货币化薪酬与总资产周转率显著正相关，且显著性水平为 1%，说明样本公司的高管货币化薪酬对于代理成本呈现积极的治理效应，即货币化薪酬激励发挥了治理效应，能够显著降低代理成本，证实了假设1。第二列和第三列主要用于检验假设2，即高管持股对于代理成本的治理效应。其中，第二列分析结果显示高管持股与总资产周转率显著负相关，且显著性水平为5%，这说明高管持股规模的扩大并没有发挥预期的治理效果，反而降低了总资产周转率、提高了代理成本。如前面所述，高管持股的消极治理效应可能源于股权变现的限制较多以及资本市场不完善导致股价波动较大的交互影响，使得高管持有股份的风险水平较高，不利于其治理效应的发挥。这一结果也可能作为中国上市公司高管持股普遍偏低的解释之一，即高管持股的消极治理效应可能是高管持股普遍偏低的内生原因，为后续研究提供了有益的探索。第三列分析结果则证实了高管持股对于货币化薪酬治理效应的弱化，其结果显示高管持股作为调节变量，其与货币化薪酬的交互项与总资产周转率显著负相关，且显著性水平为5%，即高管持股发挥了负向的调节作用，从而证实了前面高管更加偏爱货币化薪酬的推测。因此，假设2得到证实。第四列和第五列整理了关于假设3的分析结果，但是并没有证据表明期权激励的积极治理效应，假设3没有得到证实。通过分析可能存在的原因，本书认为可能源于两个方面：第一，通过对研究样本的分析，期权激励的应用尚处于起步阶段，而且未得到广泛应用；第二，研究模型可能忽略了重要的情境因素，影响了分析结果。基于以上分析，本章将继续进行具体情境的分析，以揭示可能影响期权激励有效性的情境因素，意在寻找期权激励的适用情境，为后续研究提供借鉴。

9.4.3　稳健性检验：内生性处理与替代变量

考虑到高管激励安排与代理成本可能存在内生性关系，即高管在迎合实际控制人需要的同时，可能利用管理层权力侵害股东的权益，所以本章采用了两种方法应对这一问题。

首先，采用两步GMM分析方法，并构建工具变量弱化内生性对于研究结论的扰动。选取两步GMM分析的原因在于上市公司治理机制的作用存在滞后性，可能显著影响随后几期的治理效果，即存在动态内生性问题[53]。随后，需要选取合适的工具变量进一步避免内生性的扰动。基于本章的分析框架，工具变量的选取需要同时满足两个条件，即与高管显性激励安排存在相关关系，而与管理层权力等遗漏变量以及代理成本并不存在相关关系，因此本章参照近期研究的处理方式[54~56]，选取样本公司所在行业当年的高管货币化薪酬的均值作为工具变量进行实证分析。表 9-5 列示了两步 GMM 分析的主要结果，其与前面分析结果基本一致，说明分析结果具有一定的稳健性。

表 9-5　　　　　高管显性激励与代理成本结果（两步 GMM 分析）

	AC				
	H1	H2		H3	
		存在高管持股	不存在高管持股	存在期权激励	不存在期权激励
Salary	0.198 *** (4.45)	0.162 *** (2.90)	0.233 *** (3.14)	0.451 ** (2.34)	0.192 *** (4.04)
Controls	控制				
Cons	0.464 (1.23)	-0.298 (-0.68)	1.338 ** (2.03)	1.446 (1.11)	0.527 (1.27)
F	65.98 ***	36.90 ***	32.96 ***	6.25 ***	60.74 ***
Anderson - Canon. Correlation	476.283 ***	251.511 ***	209.461 ***	22.916 ***	431.965 ***
Cragg - Donald Wald	503.359	264.664	220.817	23.193	456.320

注：篇幅所限，控制变量结果并没有逐项列出。
资料来源：笔者根据 Stata 统计结果整理。

其次，采用代理成本的滞后一期数值作为被解释变量，以避免高管显性激励与代理成本潜在的内生性，以检验分析结果的稳健性（见表 9-6），分析结果及符号基本一致。另外，为了进一步验证结果的稳健性，本章还分别采用管理费用率、前三位高管薪酬的均值作为替代变量进行检验，分析结果的符号与前面分析结果基本一致。

表 9-6　　　　　高管显性激励与代理成本结果（滞后期处理）

	AC_{t+1}				
	H1	H2	H2	H3	H3
Salary	0.0344 *** (2.60)		0.0762 *** (4.21)		0.0669 * (1.73)
Stock		-0.0128 *** (-4.53)	-0.0601 (-1.07)		

续表

	AC_{t+1}				
	H1	H2	H2	H3	H3
Option				0.0022 (0.14)	−0.3950 (−0.87)
Salary * Stock			−0.0009 *** (−2.59)		
Salary * Option					0.0277 (0.88)
AC_t	0.3337 *** (7.80)	0.3425 *** (22.81)	0.3350 *** (5.81)	0.3319 *** (7.08)	0.3253 *** (7.01)
Controls	控制				
Cons	−0.3636 (−0.62)	1.9738 *** (6.16)	1.3626 ** (1.98)	3.8612 *** (4.28)	3.5151 *** (3.67)
Obs	8604	4796	4793	763	763
Groups	2173	1501	1501	360	360
F	11.94 ***	12.76 ***	13.82 ***	14.76 ***	14.06 ***
Adj R^2	0.1690	0.2173	0.2271	0.3790	0.3966

注：篇幅所限，控制变量结果并没有逐项列出。
资料来源：笔者根据 Stata 统计结果整理。

9.5 高管显性激励有效性的情境化因素分析

综合前面分析结果，本章证实了货币化薪酬对于代理成本的积极治理效应，以及高管持股的消极治理效应，但期权激励的治理效应并没有被证实。为了进一步证实高管显性激励的有效性尤其期权激励的治理效应，本章将进一步分析可能影响高管显性激励的情境化因素，以更加具体地探索其在中国情境下的适用性。

9.5.1 情境化因素一：产权性质

通过产权性质差异的分组检验，本章预期国有企业与民营企业高管激励安排的有效性存在显著差异，具体来说国企更加倚重货币化薪酬，而民企则是货币化薪酬与期权激励并举。表 9 - 7 汇总了产权性质的分组检验结果，以验证以上假设，即假设 4。Panel A 的结果显示国有企业样本组中，货币化薪酬与代理成本显著正相关，且显著性水平为 5%，而期权激励并不存在对于货币化薪酬和代理成本的调节效应，说明国有企业中货币化薪酬激励是存在积极治理效应的，而期权激励并没有产生激励效果。Panel B 的结果则显示在民营企业样本组中，货币化薪酬与总资产周转率显著正相关，且显著性水平为 1%，同时期权激励也显著正向调节货币化薪酬与总资产周转率的关系，说明民营企业中的货币化薪酬与期权激励能够共同发挥积极的治理效应、降低代理成本。因此，假设 4 得到证实。另外，表 9 - 7 结果还汇报了高管持股在产权性质差异情况下的治理效果，结果显示无论在国有企业样本组还是民营企业样本组，高管持股都呈现消极的治理效应，不利于代理成本的削减，与前面分析一致。但是，值得注意的是，高管持股在国企和民企所呈现的消极治理效应存在不同的作用机理，前者可能源于国企高管更加偏爱货币化薪酬，而对于持有股份可能带来的"财富效应"缺乏信心；后者则可能源于控制权稳定的需求，而代理成本的提升则是获取控制权稳定性的必要付出。因此，高管持股的治理效应还需要后续研究的进一步探索。

表 9 - 7　　　　产权性质影响下的高管显性激励与代理成本结果

	AC			
Panel A：国有企业				
Salary	0. 0370 ** (2. 28)		0. 1031 *** (4. 90)		0. 0311 (0. 38)
Stock		- 0. 0114 ** (- 2. 01)	- 0. 1626 (- 1. 28)		
Option				- 0. 0768 (- 1. 28)	- 1. 2716 (- 1. 26)
Salary * Stock			- 0. 0008 ** (- 2. 09)		
Salary * Option					0. 0839 (1. 21)

续表

	AC				
Panel A：国有企业					
Controls	控制				
Cons	1.3626 (3.04)	3.9588*** (6.57)	3.1482*** (5.08)	7.5810*** (3.26)	7.3284*** (3.52)
Obs	2669	1589	1588	275	275
Groups	828	569	569	137	137
F	10.56***	10.08***	10.88***	2.25***	3.01***
Adj R²	0.0798	0.1308	0.1479	0.3516	0.3934
Panel B：民营企业					
Salary	0.0515*** (2.98)		0.0888*** (5.01)		0.1194*** (2.84)
Stock		-0.0152** (-2.07)	-0.0734 (-1.13)		
Option				0.0152 (1.63)	-0.3974 (-0.72)
Salary * Stock			-0.0010** (-2.01)		
Salary * Option					0.0012* (1.86)
Controls	控制				
Cons	-0.2230 (-0.21)	2.7142*** (2.88)	1.9522** (2.10)	4.7512*** (3.56)	3.8361*** (2.71)
Obs	5708	3063	3061	473	473
Groups	1642	1089	1089	237	237
F	4.93***	6.21***	7.19***	5.50***	5.85***
Adj R²	0.0450	0.0833	0.0987	0.3014	0.3314

注：篇幅所限，控制变量结果并没有逐项列出。

9.5.2　情境化因素二：行业性质

为了验证假设 5，本部分继续考察行业性质差异下的高管显性激励有效性。根据国家统计局的行业分类标准，本章将上市公司分为传统行业与高科技行业两大类（核燃料加工，信息化学品制造，医药制造业，医疗仪器设备及器械制造，航空航天器制造，通信设备、计算机及其他电子设备制造业，公共软件服务业等七类归为高科技行业）。表 9 - 8 中，Panel A 整理了传统行业的分组检验结果：货币化薪酬与总资产周转率呈现显著正相关关系，且显著性水平为 1%，而期权激励则没有激励效果。对比 Panel B 的高科技行业的检验结果，货币化薪酬对于代理成本的治理效果并不显著，但是期权激励显著正向调节货币化薪酬与代理成本的关系，且显著性水平为 5%。检验结果说明行业性质情境下，高管显性激励安排存在显著差异，即传统行业的高管货币化薪酬得到了高管的偏爱，而高科技行业的高管则更加偏爱期权激励，假设 5 得到证实。另外，行业性质影响下的高管持股依然呈现消极的治理效果，与前面分析结果一致，体现了结论的稳健性。

表 9 - 8　　行业性质影响下的高管显性激励与代理成本结果

	AC				
Panel A：传统行业					
Salary	0.0645 *** (3.37)		0.1180 *** (4.14)		0.1009 *** (2.40)
Stock		- 0.0024 ** (- 2.30)	- 0.1279 (- 1.36)		
Option				- 0.0046 (- 0.28)	- 1.1888 (- 1.57)
Salary * Stock			- 0.0016 ** (- 2.17)		
Salary * Option					- 0.0001 (- 0.04)

续表

	AC				
Panel A：传统行业					
Controls	控制				
Cons	−0.1894 (−0.16)	4.7046 *** (3.63)	3.7683 *** (2.83)	5.6746 *** (3.78)	4.8893 *** (3.74)
Obs	5701	2947	2945	376	376
Groups	1453	932	932	170	170
F	5.77 ***	4.87 ***	6.27 ***	2.81 ***	3.11 ***
Adj R^2	0.0472	0.1043	0.1240	0.3150	0.3401
Panel B：高科技行业					
Salary	0.0182 (1.40)		0.0716 *** (4.36)		0.0774 * (1.66)
Stock		−0.0086 ** (−2.35)	0.0167 (0.33)		
Option				0.0462 (1.09)	0.1507 (0.18)
Salary * Stock			−0.0007 *** (−2.67)		
Salary * Option					0.0035 ** (2.17)
Controls	控制				
Cons	1.0588 (3.06)	1.7083 *** (3.92)	1.1043 ** (2.42)	6.8943 *** (4.53)	6.2030 *** (3.95)
Obs	2907	1849	1848	387	387
Groups	853	629	629	199	199
F	9.80 ***	9.72 ***	10.19 ***	7.62 ***	7.39 ***
Adj R^2	0.0672	0.1080	0.1194	0.3800	0.3904

注：篇幅所限，控制变量结果并没有逐项列出。

9.6　研究结论与讨论

本章引入"双向治理"研究视角，旨在将实际控制人在高管对于显性激励安排权衡取舍中的影响纳入研究框架，即高管迎合实际控制人需要的管理层权力来探索显性激励的有效性，并以 2009~2013 年中国 A 股上市公司作为研究样本，主要研究结论：（1）高管货币化薪酬呈现积极的治理效应、能够显著降低代理成本，说明货币化薪酬在中国上市公司高管激励中发挥着积极的作用，能够实现股东与高管的利益趋同。（2）高管持股诱发代理问题，导致更高的代理成本，并且弱化货币化薪酬的激励效果，证实本章关于高管持股的限制以及资本市场不成熟的交互作用可能弱化高管持股治理作用的假设，同时也为目前中国资本市场中高管持股比例普遍偏低提供了解释。（3）高管期权激励主要体现在对于货币化薪酬与代理成本关系的调节效应中，并且主要见于民营企业和高科技行业中，而对于国有企业和传统行业公司并没有治理效应，一方面说明期权激励更多地扮演着货币化薪酬的补充；另一方面说明其适用性显著受到情境因素的影响。研究结论表明，由于资本市场特点、高管动机等因素的不同，中国 A 股上市公司的高管显性激励实践有别于西方资本市场，因此高管显性激励安排应该立足于高管动机、研究高管对于不同激励安排的接受程度。

综合以上研究结论，本章针对中国 A 股市场下，高管显性激励有效性提升提出政策建议如下：（1）货币化薪酬与期权激励的有机结合，即合理的货币化薪酬，辅以必要的期权激励。合理的货币化薪酬能够满足高管无约束用途的需求，而期权激励则可以实现股东与高管利益趋同化的长期性，二者的互补能够有效提升高管显性激励的有效性、约束高管的机会主义行为。（2）提升高管持股的货币化程度，并辅以"奖金银行"。为了弱化高管持股的消极治理效应，上市公司可以考虑以影子股份替代实际授予高管股份，并缩短影子股份的兑现期限（如当年或者第二年），同时需要辅以"奖金银行"，确保高管影子股份兑现后的追索权，如果出现高管旨在利用影子股份变现的短期机会主义行为，公司有权追索相关的升值部分所得。（3）丰富期权行权条件，避免由于关注业绩或者市场估价而导致的激励效率损失。由于本章发现目前中国资本市场中，期权激励的有效性主要体现在民营企业或者高科技行业中，而在国有企业或者传统行业并没有发挥相应的激励效果，这就需要上市公司根据自身特点以及所处的市场环境，相机设置更加多元的行权条件，例如国有企业的社会责任指标、传统行业的品牌满意度指标等，以优化期权激励在相关情境下的治理效果。

参 考 文 献

［1］方政、徐向艺：《母子公司治理研究脉络梳理与演进趋势探析》，载《外国经济与管理》2013 年第 7 期，第 35～42 页。

［2］徐向艺、方政：《子公司信息披露研究——基于母子公司"双向治理"研究视角》，载《中国工业经济》2015 年第 9 期，第 114～128 页。

［3］Benmelech, E, Kandel, E, Veronesi, P. Stock-based compensation and CEO（dis）incentives, Quarterly Journal of Economics, 2010, 125（4）: 1769－1820.

［4］李维安、苏启林：《股权投资与企业高管双重激励的实证研究》，载《暨南学报》（哲学社会科学版）2013 年第 9 期，第 44～49 页。

［5］Belghitar, Y, Clark, E. Managerial risk incentives and investment related agency costs, International Review of Financial Analysis, 2015, 38（3）: 191－197.

［6］罗宏、黄敏、周大伟、刘宝华：《政府补助，超额薪酬与薪酬辩护》，载《会计研究》2014 年第 1 期，第 42～48 页。

［7］王新、毛慧贞、李彦霖：《经理人权力、薪酬结构与企业业绩》，载《南开管理评论》2015 年第 1 期，第 130～140 页。

［8］梁漱溟：《东西文化及其哲学》，商务印书馆 1999 年版。

［9］Frydman, C, Saks, R. Executive compensation: A new view from a long-term perspective, Review of Financial Studies, 2010, 23（5）: 2099－2138.

［10］Corea, J, Guaya, W, Larcker, D. The power of the pen and executive compensation, Journal of Financial Economics, 2008, 88（1）: 1－25.

［11］Foster, D, Young, H. Gaming performance fees by portfolio managers, Quarterly Journal of Economics, 2010, 125 (4): 1435 – 1458.

[12] Minnick, K, Unal, H, Yang, L. Pay for performance? CEO compensation and acquirer returns in BHCs, Review of Financial Studies, 2010, 24 (2): 439 – 472.

[13] Brookman, J, Thistle, P. Managerial compensation: Luck, skill or labor markets, Journal of Corporate Finance, 2013, 21 (1): 252 – 268.

[14] Robinson, D, Sensoy, B. Do private equity fund managers earn their fees? Compensation, ownership, and cash flow performance, Review of Financial Studies, 2013, 26 (11): 2760 – 2797.

[15] Larkin, I, Pierce, L, Gino, F. The psychological costs of pay-for-performance: Implications for the strategic compensation of employees, Strategic Management Journal, 2012, 33 (10): 1194 – 1214.

[16] Hart, O, Moore, J. Contracts as reference points, Quarterly Journal of Economics, 2008, 123 (1): 1 – 48

[17] Abeler, J, Falk, A, Goette, L, Huffman, D. Reference points and effort provision, American Economic Review, 2011, 101 (2): 470 – 492.

[18] Faulkender, M, Yang, J. Inside the black box: The role and composition of compensation peer groups, Journal of Financial Economics, 2010, 96 (2): 257 – 270.

[19] Mishra, D. The dark side of CEO ability: CEO general managerial skills and cost of equity capital, Journal of Corporate Finance, 2014, 29 (10): 390 – 409.

[20] Pepper, A, Gore, J, Crossman, A. Are long-term incentive plans an effective and efficient way of motivating senior executives, Human Resource Management Journal, 2013, 23 (1): 36 – 51.

[21] Conyon, M, He, L. Executive compensation and corporate governance in China, Journal of Corporate Finance, 2011, 17 (4): 1158 – 1175.

[22] Chen, J, Ezzamel, M, Cai, Z. Managerial power theory, tournament theory, and executive pay in China, Journal of Corporate Finance, 2011, 17 (4): 1176 – 1199.

[23] 陈仕华、姜广省、李维安、王春林:《国有企业纪委的治理参与能否抑制高管私有收益》,载《经济研究》2014 年第 10 期, 第 139 ~

151 页。

[24] 刘峰、冯星:《上市公司终止实施股权激励的动机研究》，载《厦门大学学报》（哲学社会科学版）2014 年第 5 期，第 126 ~ 135 页。

[25] Estrin, S, Prevezer, M. The role of information institutions in corporate governance: Brazil, Russia, India, and China compared, Asia Pacific Journal of Management, 2011, 28 (1): 41 – 67.

[26] 傅颀、汪祥耀:《所有权性质、高管货币薪酬与在职消费——基于管理层权力的视角》，载《中国工业经济》2013 年第 12 期，第 104 ~ 116 页。

[27] Evans, A. Portfolio manager ownership and mutual fund performance, Financial Management, 2008, 37 (3): 513 – 534.

[28] Burns, N, McTier, B, Minnick, K. Equity-incentive compensation and payout policy in europe, Journal of Corporate Finance, 2015, 30 (3): 85 – 97.

[29] Lian, Y, Su, Z, Gu, Y. Evaluating the effects of equity incentives using PSM: Evidence from China, Frontiers of Business Research in China, 2011, 5 (2): 266 – 290.

[30] Benson, B, Davidson, W. Reexamining the managerial ownership effect on firm value, Journal of Corporate Finance, 2009, 15 (5): 573 – 586.

[31] Xu, P. Managerial incentives and a firm's cash flow sensitivities, International Review of Economics & Finance, 2013, 27 (6): 80 – 96.

[32] Coles, J, Lemmonb, M, Meschke, J. Structural models and endogeneity in corporate finance: The link between managerial ownership and corporate performance, Journal of Financial Economics, 2012, 103: 149 – 168.

[33] 张馨艺、张海燕、夏冬林:《高管持股、择时披露与市场反应》，载《会计研究》2012 年第 6 期，第 54 ~ 60 页。

[34] Hua, Y. Zhou, X. The Performance Effect of Managerial Ownership: Evidence from China. Journal of Banking & Finance, 2008, 32 (10): 2099 – 2110.

[35] 童英:《管理层激励与投资的现金流弹性》，载《经济管理》2009 年第 6 期，第 66 ~ 69 页。

[36] 曹廷求、张光利:《上市公司高管辞职的动机和效果检验》，载《经济研究》2012 年第 6 期，第 73 ~ 87 页。

［37］ Harris, M, Raviv, A. Optimal Incentive Contracts with Imperfect Information. Journal of Economic Theory, 1979, 20（2）: 231 – 259.

［38］ Murphy, K. Executive Compensation. Handbook of Labor Economics, 1999, 3: 2485 – 2563.

［39］ Lie, E. On the Timing of CEO Stock Option Awards. Management Science, 2005, 51（5）: 802 – 812.

［40］ 丁保利、王胜海、刘西友：《股票期权激励机制在我国的发展方向探析》，载《会计研究》2012 年第 6 期，第 76 ~ 80 页。

［41］ 吕长江、严明珠、郑慧莲等：《为什么上市公司选择股权激励计划》，载《会计研究》2011 年第 1 期，第 68 ~ 75 页。

［42］ 杨慧辉、潘飞、奚玉芹：《国外期权激励诱发高管择时行为研究述评及对中国的启示》，载《外国经济与管理》2015 年第 5 期，第 75 ~ 84 页。

［43］ 杨德明、赵璨：《媒体监督、媒体治理与高管薪酬》，载《经济研究》2012 年第 6 期，第 116 ~ 126 页。

［44］ 黎文靖、池勤伟：《高管职务消费对企业业绩影响机理研究——基于产权性质的视角》，载《中国工业经济》2015 年第 4 期，第 122 ~ 134 页。

［45］ 许文彬：《我国上市公司控制权私利的实证研究》，载《中国工业经济》2009 年第 2 期，第 120 ~ 130 页。

［46］ 余菁：《走出国有企业理论纷争的丛林：一个关于国有企业目标、绩效和治理问题的综合分析》，载《中国工业经济》2008 年第 1 期，第 139 ~ 146 页。

［47］ 沈艺峰、李培功：《政府限薪令与国有企业高管薪酬、业绩和运气关系的研究》，载《中国工业经济》2010 年第 11 期，第 130 ~ 139 页。

［48］ 巩娜：《股权激励对于我国民营企业研发投入的影响——以控股股东及行业为调节变量》，载《经济管理》2013 年第 7 期，第 65 ~ 73 页。

［49］ 袁振超、岳衡、谈文峰：《代理成本、所有权性质与业绩预告精确度》，载《南开管理评论》2014 年第 3 期，第 49 ~ 61 页。

［50］ 陈冬华、陈信元、万华林：《国有企业中的薪酬管制与在职消费》，载《经济研究》2005 年第 2 期，第 92 ~ 101 页。

［51］江伟、姚文韬：《企业创新与高管薪酬—业绩敏感性——基于国有上市公司的经验研究》，载《经济管理》2015 年第 5 期，第 63 ~ 73 页。

［52］宗文龙、王玉涛、魏紫：《股权激励能留住高管吗？——基于中国证券市场的经验证据》，载《会计研究》2013 年第 9 期，第 58 ~ 63 页。

［53］Goergena M，Limbach P，Scholz M. Mind the gap：The age dissimilarity between the chair and the CEO. Journal of Corporate Finance，2015，35（6）：136 – 158.

［54］ØNorli，C Ostergaard，I Schindele. Liquidity and Shareholder Activism. Review of Financial Studies，2015，28（2）：486 – 520

［55］A Newton. Executive compensation，organizational performance，and governance quality in the absence of owners. Journal of Corporate Finance. 2015，30（1）：195 – 222.

［56］Liu Y，Miletkov M，Wei Z，Yang T. Board independence and firm performance in China. Journal of Corporate Finance，2015，30（1）：223 – 244.

第 10 章　生命周期情境下高管激励契约动态配置：价值分配视角[*]

本章基于生命周期和委托代理理论，在价值分配视角下，阐释了生命周期演进过程中高管效用敏感性变化规律以及不同高管激励机制运行特征，构建了高管激励契约最优动态配置方案，并利用中国高科技上市公司 2010～2013 年面板数据，对高管激励契约体系对企业价值分配的影响进行实证检验。研究结果表明，在企业成长期和蜕变期，高管薪酬激励能够有效抑制代理成本；而高管声誉激励机制仅在企业成熟期表现出了对代理成本的抑制效应；生命周期各阶段内，控制权激励均未发挥出显著的治理作用，相反在蜕变期，控制权沦为了高管挖掘私人利益的工具。因此，改善薪酬激励期限结构，提升声誉激励和高管市场约束的持续性，构建高管控制权管理制度体系是实现高管激励契约最优动态配置的必经之路。

10.1　问　题　提　出

企业高管激励契约的设计和配置是解决股东与经理层之间代理冲突，促进高管个人利益、股东利益和公司利益激励相容的核心问题，也是实现剩余价值在利益相关者间合理分配的重要治理机制。学术界将高管激励机制的运行导向划分为"价值创造"和"价值分配"两个维度，前者重点关注企业的生产领域，考察如何通过公司治理促进技术创新，创造高水平的企业价值[1,2]。而在价值分配视角下，高管激励研究以委托代理理论为基础，以解决第一类代理冲突为目标，旨在设计最优的激

---

* 本章内容发表在《经济理论与经济管理》2015 年第 6 期。

励体系，实现剩余索取权在嵌入到价值交换网络中的利益主体间的合理分配[3,4]。因此，两者在激励机制设计原理和激励目标锁定上具有显著差异。企业剩余价值分配的合理性决定了企业成长和价值创造的潜力，且价值分配导向下的高管激励契约安排是企业进行价值创造的基础，是保障经营管理者具有充分动机进行高效生产和创新的重要前提条件。为此，在价值分配视角下探索高管激励契约体系的设计和运行具有重要理论价值和实践意义。

高管激励方案与价值分配效果的关系得到广泛研究[3,5~6]。然而，多数文献聚焦于薪酬激励或控制权激励等单一激励方式，缺乏对高管激励契约体系的系统性思考。同时，部分研究专注于静态考察高管激励效应，忽略了在企业不同成长阶段、高级管理人员对不同激励工具的差异化敏感性这一事实，继而使得高管激励契约安排的相关研究存在较大拓展空间。作为一种契约体系，不同高管激励工具的激励效果具有明显差异。诸如薪酬激励、股权激励等显性激励机制（explicit incentives）是对高管人员积极工作的货币性补偿，具有正式性和制度性特征。而隐性激励机制（implicit incentives）（如控制权激励、声誉激励）存在于正式激励契约之外，是为降低代理成本的一种补偿性契约安排。为克服单一治理机制的缺陷，将多种治理机制进行有效整合才能够避免过度依赖单一治理机制造成的治理效用边际递减。企业生命周期理论认为，在不同成长阶段中，企业在财务状况、治理结构等方面会出现较大差异，管理者的代理行为也会随生命周期而发生显著变化，所以管理者对货币或非货币效用的关注焦点，以及激励工具的有效性也会产生动态转移[8,9]。

本书认为，最优高管激励契约配置应是在考察企业不同成长阶段中高管对多种激励机制敏感性变化规律的基础上，作出的一种差异化、动态性的激励契约系统安排，是对多种高管激励工具价值分配效应的动态性观测结果。鉴于此，为克服已有研究局限，本章结合企业生命周期理论和委托代理理论，在企业生命周期演进的动态性视角下，系统阐释由薪酬激励、声誉激励和控制权激励构建的高管激励体系对企业价值分配的影响机理，以此为基础，对高管激励契约最优动态配置进行全新的理论解释，同时实证检验在不同生命周期内，高管薪酬激励、声誉激励和控制权激励机制的激励效应，以期丰富高管激励理论，为公司治理实践提供切实可行的科学依据。

10.2　理论分析与研究假设

10.2.1　高管激励体系运行特征

根据奥尔森（Olsen）对高管激励方式的划分范畴，高管激励体系由显性激励机制和隐性激励机制共同组建[6]。而经典的薪酬激励、声誉激励和控制权激励三种激励方式的运行特征分别能够从显性和隐性激励分析范式得到合理诠释。

1. 薪酬激励的货币效用

作为典型的显性激励手段，高管薪酬是对高管向公司支付劳动和智力资本的货币性补偿，具有货币性和契约性等特征。高管薪酬最初体现了高管的劳动力价格，是资本雇佣劳动的价格标尺。委托代理问题出现后，高管薪酬逐渐成为降低公司经理人和股东之间代理冲突的重要治理机制，通过设计合理的高管薪酬契约，高管人员能够在做出公正、合理的决策后获得丰厚的货币回报，继而绑定高管私人收益与公司整体利益，实现二者激励相容，降低委托代理成本[10]。经典的锦标赛理论认为，薪酬差距能够为代理人提供有效激励，减少股东的监督成本，提高企业绩效[11]。张瑞君等认为货币薪酬激励能够促进公司高管的风险承担行为，并进一步提高公司绩效[12]。

2. 声誉激励的非货币效用

"声誉"问题最早由合作博弈中各经济主体行为选择的可信性问题转变而来。克雷普斯和威尔逊（Kreps and Wilson）对声誉机制在合作均衡产生过程中的影响进行研究，将博弈主体的行动的"可信性"与"声誉"关联起来[13]。宁向东等将"声誉"界定为可被利益相关方或公众加以记忆的评价和影响力，是公众对特定对象某方面特征或综合特征的估计值[14]。本书认为，"高管声誉"是高管为满足自身心理和精神需求，通过一系列努力形成的社会公众或组织认可，反映了高管的公众形象和社会影响力，具有非制度性和非货币性特征。由此，高管声誉激励应属于隐性激励的范畴。诸多文献以独立董事为研究对象，发现独立董事的声誉机制是促进独立董事发挥有效作用、缓解代理冲突的重要基础[15,16]。公司董事、高级经理人员为在声誉市场上获取良好的声誉①，保障自身职业安全和良好的发展前景，满足在心理和精神方面的非货币需求，往往会约束自身私利行为，并作出公正、科学的决策。因此作为高管非货币性效用补偿，声誉机制的约束作用能够促进高管与公司的利益统一，实现剩余价值的合理分配。

3. 控制权激励的双重效用

控制权激励机制是通过决定是否授予高管控制权以及对高管控制权的合理制约，实现对高管正面行为的有效激励的制度安排[17]。控制权激励的前提是高管通过行使控制权获得相应收益，在这里，高管控制权收益包括非货币效用和货币效用，前者主要指控制权行权过程中，高管对个人成就感和权力满足感的心理体验，而后者涵盖了高管利用控制权获取的有形或无形的隐性货币收益，如在职消费[18]。所以，控制权激励兼具了显性和隐性激励机制的特征，既能够从公司制度层面对控制权激励的授权要素和行权条件进行控制和约束，而在货币效用方面又具备隐蔽性和较高的测量难度。正是由于该原因，控制权激励机制究竟是约束高管行为的治理工具，还是高管获取超额私人受益的隐蔽途径尚无定论[19]。而本书认为，在价值分配视角下，控制权激励效果将根据高管对收益类型（货币、非货币效用）和收益预期（效用水平）敏感性的变化规律而产生一定的波动，这种波动将直接决定控制权激励的有效性。高管薪酬激励、声誉激励以及控制权激励的运行特征及理论基础如表 10-1 所示。

表 10-1　　　　　　高管激励契约体系运行特征及理论基础

激励方式	激励类型	高管动机	制度性	理论基础
薪酬激励	显性激励	货币效用	正式制度 契约性	委托代理理论 锦标赛理论
声誉激励	隐性激励	非货币效用	非正式制度 非契约性	委托代理理论 合作博弈论
控制权激励	兼具显性、 隐性激励特点	货币、非货币 双重效用	部分制度性	委托代理理论 管理层权力理论

资料来源：笔者整理。

---

① 法马和詹森（Fama and Jensen）认为高度发达的外部声誉市场能够有效约束独立董事，避免其与管理层合谋而滥用剩余控制权。

10.2.2　生命周期演进规律与激励敏感性变化

企业生命周期理论（life cycle theory）的出现，使得围绕企业层面的相关研究逐渐从静态视角演变为动态视角。生命周期理论详细刻画了在不同成长阶段中，企业在经营风格、组织结构、治理机制、财务质量等诸多方面会发生的迥异变化。在初创期，企业规模较小，资金实力十分有限，组织结构较为简单。同时由于两职合一的现象较为普遍，委托代理问题不明显[8]。然而当企业进入快速成长期后，规模迅速膨胀，市场份额激增，良好的成长前景使得外部融资渠道被迅速拓宽。组织结构和治理结构开始复杂化，所有权与经营权的分离催生了代理问题[21]。在成熟期，企业资金储备达到空前规模，而成长动力往往快速下降，组织结构变得十分复杂，甚至出现冗余现象，治理问题严峻[22]。进入蜕变期后，企业利润出现明显波动，企业急需寻求新的利润增长点，否则将面临财务困境或破产风险。

本书认为，受到组织内部资金储备、成长性和制度体系、组织外部经理人市场、独立董事声誉市场以及高管个人需求层次等因素的综合影响，在不同的成长阶段中，高管对货币效用或非货币效用的敏感性将发生显著变化，这将成为高管激励契约最优动态配置、实现高管激励最佳效果的重要驱动因素。当企业处于初创期时，由于风险防御能力较弱，市场竞争较为激烈，高管对企业成长的预期往往较为模糊，显性或隐性激励机制的激励效果均不明显。而企业进入成长期后，高管对企业未来的发展能力以及成长空间有了较为全面的把握，并认定努力工作将换回更多的财富溢价，此时，高管对货币效用具有较高的心理预期。而由于企业在成长期尚未形成良好的市场声誉，努力工作作为高管带来的"声誉信号"暂时无法帮助高管实现显著的社会影响力，因此高管对社会声誉带来的微弱的非货币效用敏感性较低。此外，管理和制度体系较为不健全，企业资金实力十分有限，大大抑制了高管通过行使控制权获取私人受益的能力，同时在企业成长期过度消耗控制权收益将严重损害企业成长性，进而间接伤及高管的长期的货币收益，这进一步削弱了高管获取控制权收益的动机。

相较而言，成熟期企业的盈利收入十分稳定，且经过长期的经营积累，企业资金储备丰厚，管理制度较为健全。在企业从成长到成熟的演进过程中，高管通过努力工作获取的货币财富水平也远远高于初创期和成长期。然而，伴随着货币收入的增加，高管的货币效用将面临边际递减的趋势，即更多的货币财富将不能继续对高管产生显著的激励效应。需求层次理论（hierarchy of needs）指出，人们将沿着需求阶梯，不断追逐更高层次的需求，所以高管在企业成熟期将更加关注其自身的社会形象、声誉和社会影响力。由于企业和产品的良好社会声誉将辐射至相应的经理人或董事市场，高管的个人声誉也能够"水涨船高"，声誉机制带来的成就感、心理满足感等非货币效用开始对高管发挥出较强吸引力。同时，企业雄厚的资金实力使得高管通过控制权获取非货币和货币效用成为可能，高管对控制权激励的敏感性也随之上升。

处于蜕变期的企业成长能力、利润水平急速下降，组织结构冗余现象严重，技术和管理创新能力丧失。并且，企业产品和整体声誉表现出下滑趋势，受到企业声誉的影响，高管不再关注声誉产生的非货币效用，其考虑的焦点往往是如何帮助企业寻求新的业务领域和利润增长点，进而一方面帮助企业重塑竞争能力；另一方面保障自身持续的货币收入和职位安全。此时，在高管收益受到严重威胁的情况下，高管开始重新关注如何能够获取持续的货币收益，而控制权既可能成为激励高管帮助企业力挽狂澜的有效治理手段，也有可能成为高管在离职前攫取高额控制权收益的工具。由此可见，在生命周期的不同阶段，高管对货币效用和非货币效用的关注度具有较大差异，这种差异将直接影响高管激励契约的选择，以及激励契约配置的有效性。生命周期演进过程中的高管需求变化规律如表10-2所示。

表 10-2　　　　　　　高管需求特征的生命周期分布

生命周期	组织特征	高管核心需求类型	高管需求表现形式
成长期	高成长性、低资金储备、组织结构简单	货币效用	工资、津贴、奖金、股权等
成熟期	低成长性、高资金储备、组织结构复杂、制度健全	非货币效用	社会兼职、政治兼职、获得荣誉及奖励等
蜕变期	低成长性、低利润水平、组织结构冗余	货币效用	工资、津贴、奖金、股权等

资料来源：笔者整理。

10.2.3　高管最优激励契约配置假设

本书认为，无论显性激励还是隐性激励，从激励原理上分析，均是通过定位高管的需求属性和需求层次，绑定高管需求预期与公司发展目标，结合有效的约束和监督机制，实现高管收益与公司利益相容。因此，高管最优激励契约的配置应以高管需求敏感性在企业生命周期内的演变规律为导向，根据不同成长阶段内高管需求敏感性变化轨迹综合安排薪酬激励、声誉激励和控制权激励契约，实现激励效率的最大化。

1. 薪酬激励契约的生命周期分布

薪酬激励契约主要围绕高管人员的货币效用进行设计和实施。薪酬行为理论成功地从心理学的角度将高管薪酬契约与高管认知因素联系起来，认为薪酬是导致高管认知偏误的重要影响因素之一[23]。文芳和汤四新也将管理者过度自信归咎于薪酬契约的设计[24]。薪酬行为理论从薪酬契约到高管认知的因果关系逻辑恰恰揭示了薪酬契约的设计应考虑高管的心理认知要素。所以，对货币财富需求的心理认知成为高管薪酬激励机制设计的核心依据。如前面所述，在企业成长期和蜕变期，高管对货币收益的敏感性和心理认知最为强烈。成长期时，高管更加渴望通过自身努力推动企业持续成长，以获得丰厚的货币回报。蜕变期时，高管更加关注如何做出科学决策推动企业转型发展，实现货币收益的持续性。所以，在这两个生命周期阶段内，薪酬激励机制将能够较好地激发高管的工作热情，继而促进自身货币收益和企业发展目标的融合和统一。

2. 声誉激励契约的生命周期分布

声誉机制产生的非货币效用仅能够在企业的成熟期对高管产生激励作用。在成长期，高管处于低层次的需求水平，更加关注企业成长为其带来的货币效用，不具备享用社会形象、社会影响力和声誉带来的非货币效用的能力。而在蜕变期，高管的决策焦点在于企业转型成长带来的货币收益的持续性，不具备享用非货币效用的动机。根据社会资本理论，高管个人社会声誉及其与政府或其他社会组织构建的网络关联均可被纳为企业社会资本的范畴，而社会网络（social network）和社会资本（social capital）均需要企业花费一定的时间进行搭建和积累[25]。因此，成长期应属于企业和高管个人摄取社会资源、构建产品和高管社会形象，形成社会影响力的积累阶段；而在成熟期，社会资本储备实现最大化，高管具备了享用由社会形象、社会声誉和影响力带来的非货币效用的动机和能力。因此在企业成熟期，声誉机制能够有效激励高管做出公正、科学的决策，以维护企业和个人声誉，继而实现高管非货币收益和企业利益的激励相容。

3. 控制权激励契约的生命周期分布

控制权激励效应的产生以企业具备一定的资金基础、完善的制度体系为前提。控制权激励能够同时为高管带来货币效用和非货币效用，非货币效用的实现以指出一定的货币财富，并获得心理满足感和成就感为基础。因此非货币效用来源于货币效用。完善的制度体系能够对高管通过控制权获得的货币财富进行监督和制约，使之处于合理的区间内。在企业成熟期，倘若企业的管理和制度体系较为完善，同时具有一定资金储备，控制权激励机制的设计和运行便能够得到有效保障。在成长期，高管以获得稳定的货币收益为主要目标，而控制权带来的货币收益具有不稳定性，同时其不能够充分满足高管在生活和工作方面所有的经济开支，因此高管更加注重通过自身努力获取高额的薪酬回报，控制权激励效果也就较为微弱。但在蜕变期，控制权激励很可能成为高管挖掘私有收益的工具。由于处于蜕变期的企业具备严重的官僚作风，制度和管理体系运行不畅，治理问题严重，管理者私人利益可能将凌驾于公司利益之上，利用控制权获取公司被收购或破产前获取最大的个人收益[26]。李云鹤等认为，在企业衰退期，管理者可能出于惰性或职业防御心理通过非理性投资行为谋取私利[9]。所以，在企业生命周期的不同阶段，薪酬、声誉与控制权激励机制对价值分配的影响效果将具有明显差异。本章预期的高管激励契约最优动态配置如表 10 – 3 所示。

表 10 – 3　　　　　　　　　　高管激励契约最优动态配置假设

	高管心理需求	需求效用分类	对价值分配的影响	激励机制选择
成长期	工资、津贴等制度性货币收益	货币效用	薪酬激励：正向	薪酬激励
			声誉激励：不显著	
			控制权激励：不显著	
成熟期	成就感、满足感、控制欲等心理体验	非货币效用	薪酬激励：不显著	声誉激励与控制权激励
			声誉激励：正向	
			控制权激励：正向	
衰退期	工资、津贴等制度性货币收益及隐性控制权货币收益	货币效用	薪酬激励：正向	薪酬激励
			声誉激励：不显著	
			控制权激励：负向	

资料来源：笔者整理。

基于以上分析，本章提出如下假设：

$\mathbf{H_1}$：在企业成长期，高管薪酬激励机制对代理成本有显著抑制效应，而声誉激励和控制权激励对代理成本的抑制效应不显著。

$\mathbf{H_2}$：在企业成熟期，高管声誉激励和控制权激励机制对代理成本有显著抑制效应，而薪酬激励机制对代理成本的抑制效应不显著。

$\mathbf{H_3}$：在企业蜕变期，高管薪酬激励机制对代理成本有显著抑制效应，声誉激励的抑制效应不显著，而控制权激励对代理成本具有显著促进效应。

10.3　研究设计

10.3.1　样本选取与数据来源

由于科技型企业的生命周期与其产品的生命周期存在一定的趋同性，导致在不同的成长阶段中，科技型企业在治理、财务、成长、创新等方面比一般企业具有更强的差异性[27,28]。这种显著的差异性为本章的样本选择提供了一个良好的切入点。鉴于此，本章对中国高科技上市公司 2010 ~ 2013 年的经营情况进行持续观测，并构建平衡面板数据作为研究样本①。首先对 687 家高科技上市公司执行如下剔除程序：剔除观测期间未连续经营的公司；剔除 ST 类公司；剔除数据不全的公司，共获得 548 家样本公司。然后，本章进一步按照生命周期筛选条件对 548 家公司进行二次筛选②，共获得有效样本 276 家。声誉激励相关变量数据，由笔者对高科技上市公司每年披露的高管简历进行手工整理和计算所得。其他公司治理变量、公司特征变量和财务变量数据来源于国泰安数据库（CSMAR）。

10.3.2　变量设计与研究方法

1. 企业生命周期

目前尚无针对企业生命周期的统一划分方法。有学者结合企业年龄以

---

①　根据我国证监会 2001 年颁布的《上市公司行业分类指引》，确定从属于化学纤维制造业、医药生物制品业、信息技术业、电子业、化学原料及化学制品制造业、仪器仪表及文化和办公用机械制造业的公司为高科技上市公司。

②　企业生命周期的划分方法详见"变量设计"部分。

及销售增长率、股利支付和资本支出状况来判断企业的生命阶段，而本（Bens）等学者却认为科技研发投入和市账比是重要的参考变量，应结合销售收入增长率，通过综合打分的方式对企业生命周期进行划分[29,30]。安吉洛等人（Angelo et al.）和李云鹤等人将留存收益率和企业成长年限作为企业生命周期的重要划分依据[9,31]。事实上，在中国本土情境下，部分财务或非财务数据并不能够成为划分企业生命周期的参考依据。例如中国上市公司的股利派发情况具有较强的不规律性，并且很多公司存在不派发股利的情况，因此不适合作为划分依据。再者，企业年龄与公司的生命周期不存在线性关系，"百年老店"与成立数年的公司之间无法相互比较成长空间。此外，由于领导风格和管理方式的不同，企业的资本支出情况与生命周期阶段并无直接映射关系。

为准确筛选处于不同生命周期的企业样本，本章将结合并突破已有研究的相关成果，利用层级划分的方式对企业生命周期进行分轮次划分和筛选。具体操作步骤如下：第一步，由于销售收入增长率与企业成长性密切相关，企业在生命周期内演进的过程中，销售收入增长率将先增后降。因此利用销售收入增长率对样本企业进行首轮筛选，并认定增长率为负值的企业正处于蜕变期，共得到样本企业117家。根据产业经济学的打分方式，将销售收入增长率为正值的后50%的企业设定为成熟期企业集合Ⅰ，将前50%企业设定为成长期企业集合Ⅰ。第二步，本书认为留存收益率能够区分出企业的成熟期，当企业留存收益率较低时，企业或者因为较高的投资支出而处在成长期，也可能因为经营状况不佳而处于蜕变期。当留存收益率较高时，企业已经过长时间的成长和发展而步入成熟期，继而产生较高的收益积累。因此将处于留存收益率的上三分位数区间的样本作为成熟期企业集合Ⅱ。成熟期企业集合Ⅰ与企业集合Ⅱ的交集为本章最终获取的成熟期企业样本，共得到90家。第三步，由于企业投资和筹资产生的现金流量能够较为精确地识别企业成长期，本章将投资净额增长率为负值且筹资净额增长率为正值的样本设定为成长期企业集合Ⅱ，成长期企业集合Ⅰ与集合Ⅱ的交集为本章最终获得的成长期样本企业，共69家①。

2. 高管激励变量

薪酬激励方面：薪酬激励能够从薪酬水平和薪酬差距两方面得到体现[24]。本书认为，薪酬差距有利于探讨高管个体之间薪酬距离与行为选

---

① 在生命周期分层次识别过程中，本章对所有变量数据进行了均值化处理。

择的关系，更适用于个体层面的研究。而在企业研究层面，薪酬水平是经理人就行为选择方面进行业内比较的重要参考。即与提供低薪酬水平的企业比较，当企业提供较高薪酬时，经理人的离职倾向和私利动机均应被削弱。所以，衡量企业高管整体薪酬水平更有利于观测企业之间薪酬激励强度差异，继而探讨这种差异性对代理成本产生的影响。因此，本章用前三位高管薪酬总和的自然对数来衡量高管薪酬激励。

声誉激励方面：关于声誉激励测量的研究较为罕见。宁向东等将"声誉"界定为可被利益相关方或公众加以记忆的评价和影响力，据此，结合社会资本理论，本书认为利益相关者对企业高管声誉特征的估计值将从政治声誉、社会声誉和专业声誉三个方面得到体现。政治声誉反映了高管在政治领域内获得的成就，本章通过统计高管团队中具有"人大代表""政协委员"资格及曾经在政府单位任职的人员数量进行测算；社会声誉是指高管因在与行业相关的社会组织中占据社会地位而获得的声誉。本章通过统计公司高管在行业协会、相关理事会、委员会等社会或行业组织中的兼职情况进行测算；专业声誉反映了高管在自身专业领域中取得的成就，本章通过对公司高管获得的奖励及荣誉情况进行测算，如"'五一'劳动奖章""科技进步奖""科技创新奖"等。将上述数据进行分年度加总，得到高管声誉激励的面板数据①。

控制权激励方面：控制权收益是控制权激励的重要前提，诸多学者通过控制权转移或特殊处理（special treatment）前后产生的溢价或收益率来衡量控制权收益。例如巴克利等人（Barclay et al.）利用控制权转移时的每股价格与控制权转移后第一个交易日的收盘价之差衡量控制权收益[32]。本章认为通过特殊时点前后股价或收益率的变动测量控制权收益有悖于控制权激励的常态性，必将忽略在公司日常运营中高管通过行使控制权获得的部分收益。根据陈冬华等的研究，在职消费能够折射出公司高管的兴趣、意愿等心理体验，是高管个人效用的一种表现形式[33]。高管利用控制权得以对上述资源进行配置，以获取个人效用，产生控制权激励。因此，本章选取公司年度招待费、差旅费、培训费、办公费等管理费用之和与营业利润之比作为控制权激励的替代变量。

3. 代理成本及其他变量

詹姆斯等人（James et al.）认为公司的资产周转率与管理费用率能够

---

① 为构建声誉激励平衡面板数据，本章对每家公司每一年所有高管的简历进行了文本分析。

反映代理成本[34]。其中总资产周转与代理成本具有反向变动关系，公司经理人制定低效率的投资决策、未尽勤勉义务、过度消费管理费用，将导致公司非生产性资产（unproductive assets）过高，并降低总资产周转效率。管理费用率也能够反映代理成本，但本章未采用的原因在于：第一，从会计制度上分析，管理费用能够在一定程度上刻画经理人在差旅费、办公费、培训费等费用方面产生的代理成本，但该指标不能有效剥离经理人支出管理费用的合理部分，并且无法全面反映经理人通过非生产性投资产生的个人私利。第二，当经理人在管理费用项目投入过多时，公司非生产性资产升高，同样可以降低总资产周转率。因此，本章选取总资产周转率来测度代理成本，并进一步反映高管激励对公司价值分配的影响。资产周转率越高，表明公司代理成本越低。此外，本章选择公司规模、债务约束、股权集中度、两权分离度、成长性等变量纳入控制变量组。具体变量定义及计算方式如表 10 - 4 所示。

表 10 - 4　　　　　　　　变量定义及计算方式

变量类型	变量名称	变量符号	计算方式
解释变量	生命周期	Lifcle	根据销售收入增长率、留存收益率、投/筹资净额增长率对样本进行分层次筛选
	薪酬激励	Salary	前三位高管薪酬之和的自然对数
	声誉激励	Reput	年度获得政治声誉、社会声誉、奖励及荣誉的高管人数之和
	控制权激励	Cont	差旅费、办公费、培训费等管理费用与营业利润之比
被解释变量	代理成本	Agnco	总资产周转率，营业收入与资产总额的比值
控制变量	公司规模	Size	资产总额的自然对数
	成长性	Groth	总资产增长率，期末与期初总资产之差与期初总资产的比值
	股权集中度	Concen	公司前三位大股东持股比例之和
	独立董事监督	Indirct	独立董事数量占董事总数的比值
	两职合一	Patme	董事长与总经理兼任情况，兼任则赋值为1，否则为0
	两权分离度	Seprt	投票权与现金流权的比值
	债务约束	Debt	资产负债率，负债总额与资产总额的比值

本章采用面板数据分析的方法检验不同生命周期内，薪酬、声誉和控制权激励对代理成本的影响。相较于截面数据，面板数据在克服变量之间的动态内生性问题方面具有明显优势。同时，面板数据分析能够有效抑制解释变量的多重共线性现象，并有效解决变量之间出现的误差项序列相关性和异方差性问题。

10.3.3　模型设计

$$\text{Lifcle}_t : \text{Agnco} = a_0 + a_1 \text{Salary} + \lambda_j \sum_{j=1}^{n} \text{Control}_j + \xi \tag{1}$$

$$\text{Lifcle}_t : \text{Agnco} = a_0 + a_1 \text{Reput} + \lambda_j \sum_{j=1}^{n} \text{Control}_j + \xi \tag{2}$$

$$\text{Lifcle}_t : \text{Agnco} = a_0 + a_1 \text{Cont} + \lambda_j \sum_{j=1}^{n} \text{Control}_j + \xi \tag{3}$$

本章采用上述模型对研究假设进行检验。模型中 Lifclet_t 表示不同的生命周期，用 t 进行区分。式（1）用来检验薪酬激励（Salary）在各个生命周期中对代理成本的差异化影响，式（2）与式（3）中解释变量分别为声誉激励（Repu）和控制权激励（Cont），分别考察该两项激励工具在不同生命周期中对代理成本影响的变动规律。上述模型中，α_0 为常数项，ξ 为残差，Control 代表控制变量组。

10.4　实证结果分析与结果讨论

10.4.1　主要变量描述性统计

表 10 – 5 报告了不同企业生命周期内主要变量的描述性统计结果。从薪酬激励强度上看，成长期、成熟期和蜕变器的高管薪酬激励均值分别为 14.109、55.308、56.575，呈现出动态上升的态势，这一现象表明，一方面，相较于成长期企业，成熟期企业更具备资金实力为高管提供丰厚的薪酬待遇；另一方面，在蜕变期，企业更注重通过高水平的薪酬激励来促使高管做出更为公正、全面的决策，推动企业转型发展。与成长期和蜕变期

相比，成熟期的控制权激励强度较低，这主要因为企业成熟期的营业利润实现了最大化，在一定程度上稀释了控制权激励强度，这也从侧面印证了本章对企业生命周期的划分方法具备合理性。

表 10 – 5　　　　　　　　　主要变量分周期描述性统计

生命周期	变量	均值	标准差	最大值	最小值
成长期	Salary	14.109	0.487	14.958	13.077
	Reput	1.764	1.645	6.000	0.000
	Cont	1.604	3.264	30.814	- 8.842
	Agnco	0.651	0.300	1.461	0.268
成熟期	Salary	55.308	3.784	59.350	27.183
	Reput	7.211	6.483	24.000	0.000
	Cont	0.104	0.085	0.663	0.008
	Agnco	2.561	1.061	4.714	0.921
蜕变期	Salary	56.575	2.225	61.172	52.473
	Reput	8.342	7.261	24.000	0.000
	Cont	0.341	0.175	0.772	0.086
	Agnco	2.954	1.241	5.844	1.013

注：本研究已对变量进行年度均值化处理。

值得关注的是，在声誉激励方面，成长期企业声誉激励均值仅为1.764，而成熟期却为7.211，涨幅高达308.78%。这一变化揭示了在企业成长期，高管确无过度追逐个人声誉的动机，其关注焦点仍在于薪酬激励带来的货币效用。而随着货币效用的边际递减，在成熟期时高管开始对个人声誉产生浓厚兴趣。再者，蜕变期的声誉激励强度与成熟期相差无几，均值为8.342，上升幅度仅为15.684%，进一步说明在蜕变期时，高管又将关注视角由非货币效用移向货币效用，声誉激励敏感性下降，而相应的薪酬激励敏感性上升。

10.4.2　面板数据分析

表 10 - 6 报告了处于成长期的高科技上市公司中，高管激励契约体

系对代理成本影响的面板数据分析结果。在 Model0 中，将控制变量引入回归模型，模型拟合优度 R^2 为 0.102，Wald 检验值为 325.90，显著性为 0.01。模型整体有效。将解释变量薪酬激励引入 Model1 中后，Hausman 检验显示选用随机效应模型。此时，模型拟合优度 R^2 上升至 0.115，薪酬激励变量回归系数为 0.732，且通过了 0.05 水平的显著性检验。因此，由总资产周转率与代理成本的倒数关系可知，薪酬激励能够有效抑制代理成本。即在企业成长期，高管对货币效用的敏感性较强，更加希望通过努力工作获得更多的货币财富，因此，薪酬激励契约能够有效绑定高管私人受益与公司价值，继而降低代理成本，实现企业价值的合理分配。

表 10 - 6　　　　　　成长期高管激励契约体系对代理成本的影响

变量	Model0	Model1	Model2	Model3
Salary		0.732 ** (1.94)		
Reput			-0.013 (-0.72)	
Cont				0.001 (1.05)
Size	-0.048 (-1.33)	-0.066 * (-1.84)	-0.049 (-1.36)	-0.047 (-1.27)
Groth	-0.104 *** (-3.52)	-0.096 *** (-3.27)	-0.105 *** (-3.53)	-0.100 *** (-3.48)
Concen	-0.002 (-1.17)	-0.003 (-1.15)	-0.003 (-1.23)	-0.003 (-1.21)
Indirct	-0.056 (-0.15)	-0.054 (-0.16)	-0.051 (-0.14)	-0.038 (-0.11)
Patme	0.062 * (1.62)	-0.057 (1.52)	0.062 * (1.61)	0.062 * (1.63)
Seprt	-0.003 (-0.71)	-0.003 (-0.63)	-0.003 (-0.68)	-0.003 (-0.74)
Debt	-0.014 (-0.09)	-0.005 (-0.03)	-0.016 (-0.10)	-0.020 (-0.12)

变量	Model0	Model1	Model2	Model3
R^2	0. 102	0. 115	0. 103	0. 108
F/Wald	Wald = 325. 90 P = 0. 000	Wald = 334. 20 P = 0. 000	Wald = 324. 35 P = 0. 000	Wald = 325. 86 P = 0. 000
Hausman	RE (chi2 < 0)	RE (chi2 < 0)	RE (chi2 < 0)	RE (chi2 < 0)

注：*、**、*** 分别表示在 0.1、0.05、0.01 水平下显著，括号内为 Z 检验值；关于 Hausman 检验，P > 0.05 时，接受原假设，选用随机效应模型（RE），反之选用固定效应模型（FE）。Hausman 检验无法判别时，选用随机效应模型（RE）。

　　将声誉激励变量引入 Model2 后发现，该变量回归系数为 - 0.013，且未通过显著性水平检验，Z 统计量仅为 - 0.72。表明声誉激励契约对代理成本的影响不存在统计学意义上的显著性。即，声誉激励并不能够较好地约束高管私利行为，其主要原因在于在成长期时，高管对个人声誉带来的非货币效用缺乏充分的关注动机。在 Model3 中，尽管控制权激励变量表现出对代理成本的抑制效应，但并未通过显著性检验，回归系数为 0.001，Z 统计量仅为 1.05。表明在企业成长期，由于制度体系和管理水平的欠完善，高管或因缺乏控制权激励，或因无法通过控制权契约获得有效的货币补偿，继而控制权契约无法实现高管个人收益与公司利益的激励相容，继而无法发挥对企业价值分配的正向影响。

　　表 10 - 7 报告了企业在成熟期和蜕变期时，高管激励契约体系对代理成本的影响。与成长期产生显著差异的是，处于成熟期的企业中，高管薪酬激励契约对代理成本的约束作用消失了。Model1 中薪酬激励变量回归系数为 0.004，T 统计量为 0.11，模型拟合优度 R^2 为 0.100。表明在企业从成长到成熟的发展过程中，高管通过薪酬激励契约以获得充分的货币财富，并且在货币效用边际递减的影响下，成熟期的高管开始放弃对薪酬货币的关注，焦点转移至其他效用来源，例如声誉激励带来的非货币效用。因此，在 Model2 中，声誉激励变量通过了 0.01 水平的显著性检验，回归系数为 0.050，T 统计量也达到 3.06 的水平。即声誉激励契约能够有效抑制高管与股东之间的代理成本。在声誉市场的作用下，高管能够约束私利行为，在公司价值的创造路径上支付更多的劳动。然而在 Model3 中，控制权激励契约并没有对代理成本发挥出预想的约束作用，Z 检验值仅为 - 1.46，表明尽管在管理和制度体系较为健全、稳定的成熟期，高管更倾向

于获取非货币效用，然而，控制权带来的心理满足感和成就感并不能够有效约束高管的私立动机。

表 10 - 7　　　成熟期与蜕变期高管激励契约体系对代理成本的影响

变量	成熟期			蜕变期		
	Model1	Model2	Model3	Model1	Model2	Model3
Salary	0.004 (0.11)			0.077 *** (2.90)		
Reput		0.050 *** (3.06)			0.007 (0.70)	
Cont			-0.558 (-1.46)			-0.842 *** (-2.62)
Size	-0.026 (-0.65)	-0.032 (-0.88)	-0.007 (-0.26)	-0.265 *** (-6.71)	-0.240 *** (-6.31)	-0.241 *** (-6.50)
Groth	-0.075 ** (-2.45)	-0.078 *** (-2.78)	-0.078 *** (-2.58)	-0.019 * (-1.69)	-0.024 ** (-2.24)	-0.036 ** (-2.97)
Concen	0.005 *** (3.03)	0.005 *** (3.45)	0.004 *** (3.23)	0.011 *** (3.87)	0.010 *** (3.85)	0.010 *** (3.75)
Indirct	-0.441 * (-1.60)	-0.453 * (-1.66)	-0.440 * (-1.64)	0.283 (0.82)	0.236 (0.68)	0.250 (0.77)
Patme	-0.030 (-0.97)	-0.030 (-1.04)	-0.054 ** (-2.15)	-0.050 ** (-2.03)	-0.050 ** (-2.08)	-0.054 ** (-2.36)
Seprt	-0.030 (-0.97)	0.003 (1.62)	0.002 (0.94)	0.007 * (1.76)	0.007 * (1.90)	0.007 ** (1.98)
Debt	0.203 * (1.63)	0.211 * (1.69)	0.232 * (2.40)	0.240 *** (2.47)	0.203 ** (2.04)	0.272 ** (2.65)
R^2	0.100	0.111	0.100	0.273	0.257	0.306
F/Wald	F = 3.68 P = 0.000	F = 4.05 P = 0.000	Wald = 36.69 P = 0.000	F = 10.43 P = 0.000	F = 10.01 P = 0.000	F = 11.49 P = 0.000
Hausman	FE (P = 0.02)	FE (P = 0.02)	RE (chi2 < 0)	FE (P = 0.00)	FE (P = 0.00)	FE (P = 0.00)

注：＊、＊＊、＊＊＊分别表示在 0.1、0.05、0.01 水平下显著，括号内为 Z（T）检验值；关于 Hausman 检验，P > 0.05 时，接受原假设，选用随机效应模型（RE），反之选用固定效应模型（FE）。Hausman 检验无法判别时，选用随机效应模型（RE）。

值得注意的是，当企业进入蜕变期后，薪酬激励又开始对代理成本发挥出有效的抑制作用。在 Model1 中，薪酬激励变量回归系数变为 0.077，且显著性水平为 0.01。蜕变期，高管的决策重点在于如何通过做出合理、科学的决策来推动企业转型成长，以实现自身职位安全和货币收入的持续性，非货币效用开始脱离高管的关注视线，其焦点重新转移至薪酬、津贴等带来的货币效用上。所以，在 Model2 中，声誉激励契约对代理成本的影响不再显著，声誉激励变量的 T 检验值仅为 0.7。然而，控制权激励成为高管在企业蜕变期获取私人受益的工具，控制权激励变量对资产周转率表现出显著的抑制作用，回归系数为 -0.842，显著性水平为 0.01。表明当企业进入蜕变期后，高管拥有的控制权越大，其获取私人收益的能力越强，并且在破产清算和并购风险的威胁下，如何在职位丧失前利用控制权谋取私利成为高管的重要动机。

10.5 主要结论与政策建议

本章基于生命周期理论和委托代理理论，分析了高管激励契约体系中，薪酬激励、声誉激励和控制权激励机制的运行特点，阐释了高管在企业成长期、成熟期和蜕变期对货币效用和非货币效用的敏感性变化规律。并在价值分配视角下，对高管激励契约体系的最优动态配置方案进行设计，探索了高管激励契约体系在不同企业生命周期中对代理成本的动态影响，对高管激励契约配置方案进行了实证检验。研究结果显示：(1) 在企业成长期和蜕变期，高管倾向于追逐由薪酬、津贴、奖金等带来的货币财富，而在成熟期时，高管更加关注由个人声誉、社会荣誉、奖励等声誉机制带来的非货币效用。(2) 不同企业生命周期内，不同高管激励契约对代理成本的影响具有显著差异。成长期时，薪酬激励机制能够有效抑制高管代理成本，成熟期时，声誉激励机制的约束作用最为显著，蜕变期时，薪酬激励机制又重新发挥治理作用。然而，在各个生命阶段内，控制权激励对代理成本的抑制效应均不显著，并且在蜕变期时，控制权激励已沦为高管谋取私人收益的工具。(3) 根据高管激励契约体系的运行特征和高管对货币、非货币效用的敏感性变化规律，最优高管激励契约动态配置方案应是：在成长期和蜕变期，对高管实施货币效用主导下的薪酬激励契约。在成熟期，实施非货币效用主导下的声誉激励契约。同时，应注意合理设置高管控制权权限，以降低高管利用控制权工具进行利益挖掘的可能性。

参 考 文 献

［1］徐宁、徐向艺：《技术创新导向的高管激励整合效应——基于高科技上市公司的实证研究》，载《科研管理》2013 年第 9 期，第 46 ~ 53 页。

［2］M O' Sullivan. The innovation enterprises and corporate governance, Cambridge Journal of Economics, 2000, (24): 393 – 416.

［3］L A Bebchuk, J M Fried. Executive compensation as an agency problem, Journal of Economic Perspectives, 2003, 17 (3): 71 – 92.

［4］夏纪军、张晏：《控制权与激励的冲突——兼对股权激励有效性的实证分析》，载《经济研究》2008 年第 3 期，第 87 ~ 98 页。

［5］陈冬华、梁上坤、蒋德权：《不同市场化进程下高管激励契约的成本与选择：货币薪酬与在职消费》，载《会计研究》2010 年第 11 期，第 56 ~ 64 页。

［6］H Dale – Olsen. Executive pay determination and firm performance: Empirical evidence from a compressed wage environment, The Manchester School, 2012, 80 (3): 355 – 376.

［7］A Algrawal, C Knoeber. Firm performance and mechanisms to control agency problems between managers and Shareholders, Journal of Financial and Quantitative Analysis, 1996, 31 (3): 377 – 397.

［8］K G Smith, T R Mitchell, C Summer. Top level management priorities in different stages of the organization life cycle, Academy of Management Journal, 1985, 28 (4): 799 – 820.

［9］李云鹤、李湛、唐松莲：《企业生命周期、公司治理与公司资本配置效率》，载《南开管理评论》2011 年第 3 期，第 110 ~ 121 页。

［10］M, Jensen, K, Murphy. Performance pay and top-management incentives, Journal of Political Economy, 1990, 98 (2): 225 – 264.

［11］P Lazear, S Rosen. Rank-order tournaments as optimum labor contracts, Journal of Political Economy, 1981, 89 (5): 841 – 864.

［12］张瑞君、李小荣、许年行：《货币薪酬能激励高管承担风险吗?》，载《经济理论与经济管理》2013 年第 8 期，第 84 ~ 100 页。

［13］ D Kreps，R Wilson. Reputation and imperfect information，Journal of Economic Theory，1982，27（2）：253 – 279.

［14］ 宁向东、崔弥冰、张颖：《基于声誉的独立董事行为研究》，载《清华大学学报》（哲学社会科学版）2012 年第 1 期，第 129 ~ 136 页。

［15］ E Fama，M Jensen. Separation of ownership and control，Journal of Low and Economics，1983，26（2）：301 – 325.

［16］ D Yermack. Remuneration，Retention，and reputation incentives for outside directors，Journal of Finance，2004，59（5）：2281 – 2308.

［17］ 黄慧群：《控制权作为企业家的激励约束因素：理论分析及现实解释意义》，载《经济研究》2000 年第 1 期，第 41 ~ 47 页。

［18］ 姜付秀、黄继承：《经理激励、负债与企业价值》，载《经济研究》2011 年第 5 期，第 46 ~ 60 页。

［19］ 周其仁：《"控制权回报"和"企业家控制的企业"——"公有制经济"中企业家人力资本产权的案例研究》，载《经济研究》1997 年第 3 期，第 31 ~ 42 页。

［20］ Miller D，Friesen P H. A Longitudinal Study of the Corporate Life Cycle［J］. Management Science，1984，30（10）：1161 – 1183.

［21］ Jawahar I M，Mclaughlin G L. Toward a Descriptive Stakeholder Theory：An Organizational Life Cycle Approach［J］. Academy of Management Review，2001，26（3）：397 – 414.

［22］ 王旭：《企业生命周期、债权人动态治理与代理成本》，载《重庆大学学报》2013 年第 5 期，第 79 ~ 85 页。

［23］ Paredes，T. Too much pay，too much deference：Behavioral corporate finance，CEOs，and corporate governance，Florida State University Law Review，2005，32（2）：673 – 762.

［24］ 文芳、汤四新：《薪酬激励与管理者过度自信——基于薪酬行为观的研究》，载《财经研究》2012 年第 9 期，第 48 ~ 58 页。

［25］ Coleman，J. Social Capital in the Creation of Human Capital，American Journal of Sociology，1988，（94）：95 – 120.

［26］ 刘苹、陈维政：《企业生命周期与治理机制的不同模式选择》，载《财经科学》2003 年第 5 期，第 73 ~ 76 页。

［27］ C Hanks，E Watson，G C Jansen. A taxonomic study of growth stage configurations in high-technology organizations，Entrepreneurship Theory and Practice，1993，18（2）：5 – 29.

［28］高松、庄晖、王莹：《科技型中小企业生命周期各阶段经营特征研究》，载《科研管理》2011 年第 12 期，第 119 ~ 125 页。

［29］J Anthony，K Ramesh. Association between accounting performance measures and stock prices，Journal of Accounting and Economics，1992，15（2）：203 – 227.

［30］D Bens，V Nagar，M H F Wong. Real investment implications of employee stock option exercises，Journal of Accounting Research，2002，40（2）：359 – 393.

［31］H De Angelo，L De Angelo，R Stulz. Dividend policy and the earned/contributed capital mix：A test of the life-cycle theory，Journal of Financial Economics，2006，81（2）：227 – 254.

［32］M J Barclay. Holderness，Clifford G. ，Private benefits from control of public corporations，Journal of Financial Economics，1989，25（2）：371 – 395.

［33］陈冬华、梁上坤、蒋德权：《不同市场化进程下高管激励契约的成本与选择：货币薪酬与在职消费》，载《会计研究》2010 年第 11 期，第 56 ~ 64 页。

［34］S A James，A C Rebel，W L James. Agency costs and ownership structure，The Journal of Finance，2000，55（1）：81 – 106.

第4篇

高管激励契约配置与协同：
价值创造视角

第11章 技术创新导向的高管激励契约整合研究*

基于创新经济学的组织控制理论推动了公司治理的核心问题从"价值分配"到"价值创造"的演进。本章从促进技术创新这个重要维度对高管激励效应进行重新界定与测度，并运用我国高科技上市公司2007~2010年的平衡面板数据，对薪酬激励、股权激励以及控制权激励等主要激励契约之间的交互关系及其对技术创新的整合效应进行实证检验。

11.1 引　言

现代公司之间的竞争实际上就是创新能力的竞争，而归根到底是知识资源的产生、占有与有效利用方面的竞争[1]。然而，代理问题的存在导致公司高管可能更加关注财富、权力以及个人利益的最大化，从而削弱了对知识资源的追求[2]。基于高管行为对技术创新的重要影响，诸多学者开始从制度创新与技术创新的协同视角出发，积极探索促进技术创新的制度变革，尤其是支持创新的公司治理制度体系。创新经济学框架下组织控制理论的产生便是这一领域的重要理论创新。创新经济学集中考察企业层面上创新引入的决定因素以及这种引入所产生的影响[3]，以此为基础，组织控制理论指出，公司治理的核心问题应是资源的协调与合理配置对创新的支撑[4]。作为重要的治理机制，设计合理的高管激励契约是引导公司高管支持技术创新动机与行为的必要措施。

来自实践发展与理论演进的双重驱动，国外学者开始从技术创新的视角对高管激励契约进行重新审视[5,6]。国内学者唐清泉等（2009）[7]，李

---

　　* 本章内容发表在《科研管理》2013年第9期。

春涛、宋敏（2010）[8]等也将高管激励与技术创新的关联性作为研究重点。然而，目前此类研究主要停留于单一激励机制对技术创新的影响。贝洛克（Belloc，2011）[9]指出，单个治理机制的边际效用是递减的，甚至会因使用过度而产生负面效应。陈冬华等（2010）[10]、孙世敏等（2011）[11]也通过理论或实证研究得出结论，不同高管激励机制之间存在交互作用。但上述研究多关注于激励机制对公司绩效或价值的影响。而有关高管激励机制对于技术创新的整合作用却鲜有研究涉及。本章认为，深入研究高管激励各个维度之间的交互作用及其对技术创新的整合效应是对该领域的深化与拓展。后股权分置时代，我国高科技上市公司成为股权激励的积极实践者，随着股权激励制度的发展，在此类公司中形成了货币薪酬激励（以下简称"薪酬激励"）、股权激励与控制权激励的高管激励体系。从公司治理整合的观点出发，不同的高管激励机制在影响技术创新的过程中是否存在交互效应？它们的整合如何对技术创新产生影响？上述问题的深入剖析将为现有研究提供新的思路与证据，也是本章的切入点。

　　针对已有研究的局限性，本章以创新经济学框架下的组织控制理论为基础，从促进技术创新这个重要维度对高管激励效应进行重新界定与测度，并基于公司治理整合观点，运用我国高科技上市公司 2007 ~ 2010 年的平衡面板数据，对高管薪酬激励、股权激励以及控制权激励等主要高管激励契约之间的交互关系及其对技术创新的整合效应进行实证检验，深入探究高管激励契约对技术创新的作用机理，以期为我国高科技上市公司进行技术创新导向的高管激励机制设计提供有益参考。

11.2　理论分析与研究假设

11.2.1　基于创新经济学的高管激励效应重构

　　以市场配置效率最优观点为基础，形成了两种公司治理理论——单边治理理论与共同治理理论。单边治理倾向于强调股东的主体性，认为企业目标是实现股东利益；共同治理将委托人范围拓展到利益相关者，提出企业目标是实现全体利益相关者利益最大化，但其在实践中可操作性的缺失受到广泛质疑[12]。这两种理论的核心问题都是剩余分配，且均致力于为不同利益集团的"剩余索取权"提供解释，在论证不同利益集团享有剩余索取权的合理性时，必然存在立场差异，因而存在分歧[13]。与之不同的是，基于创新经济学的组织控制理论却把目标聚焦于企业的创新活动上，其核心观点为合理的公司治理结构必须有利于企业的创新，将企业的重要资金和知识资源配置到创新过程中去[4]。基于该理论，高管激励契约的设计主旨应从交换领域转向生产领域，探究如何通过促进知识资源的开发与利用来创造价值，从而建立支持创新的高管激励体系。

11.2.2 高科技上市公司中的高管激励契约整合及其对技术创新的促进效应

詹森和麦考林（Jensen and Meckling，1976）[14]指出，通过对经营者实行股票期权以及其他与当期业绩挂钩的激励契约安排可使经营者与所有者利益一致，以提高经营者对技术创新的支持力度。近年来，有关高管激励单一契约，尤其是股权激励对于技术创新的促进效应，国内外学者做了诸多研究。吴和杜（Wu and Tu，2007）[15]检验了CEO股权激励与公司的研发支出间的关系，并发现公司业绩越好，CEO股权激励对研发支出的正面效应越大。林等（Lin et al.，2009）[16]发现CEO股权激励对民营企业研发支出的促进效应。唐清泉等（2009）[7]经检验得出，股权激励与研发活动显著正相关，高新技术企业的股权激励能对研发投入产生更大的影响。张洪辉等（2010）[17]检验了治理结构与创新效率的关系，发现高管持股比例与创新效率高度正相关。

然而，在实践中，高管激励各个子契约之间的交互作用及其对技术创新的整合效应却不容忽视。国外上市公司的高管激励体系较为成熟，主流方式包括货币薪酬激励、股权激励、控制权激励等[18]。随着股权激励制度的发展，在中国高科技上市公司中也形成了多种激励契约并存的高管激励体系。阿格拉沃尔和科内伯（Agrawal and Knoeber，1996）[19]指出，单个治理机制边际效用递减，甚至会产生因过度使用而导致的负面作用，其实际达到的经济效率总是次优的，不同治理机制的组合才是最优的治理机制。沃德等（Ward et al.，2009）[20]通过实证检验证实了公司治理机制之间的互补或替代关系。而将这种公司治理机制整合的观点延伸到高管激励效应的研究中是该研究领域发展的必然趋势。已有学者指出，不同激励机制之间存在交互作用，单一激励机制是在激励机制交互效应的影响之下起作用的。由此推断，在对技术创新产生影响的过程中，并非是单一激励机制的作用。股权激励、薪酬激励与控制权激励等激励契约之间具有三维交互效应，即三者的整合对技术创新产生促进作用。由已有研究可知，股权激励是促进技术创新的主导因素，而这种促进效应受到薪酬激励与控制权激励两个调节变量的共同影响。因此，本章提出以下假设：

H$_1$：高管股权激励在薪酬激励与控制权激励的双重调节作用下，对高科技上市公司的技术创新具有促进效应。

11.2.3　高科技上市公司中高管激励契约的整合机理

不同激励契约如何实现整合效应？对其整合机理的探究应从三种激励契约的特点及基本作用机制出发。具体而言，薪酬激励（上市公司普遍采用的是年薪制）作为中短期激励，股权激励作为长期激励，两者应具有互补的关系。控制权激励的效用则表现在两方面：一是控制权本身体现个人成就感与能够拥有权力的满足[21]；二是控制权所带来的收益，高管拥有的控制权，尤其是剩余控制权越多，就越能够享受到诸多有形或无形的在职消费，可以说这是一种隐性的货币薪酬[22]。由此可知，控制权第一种效用与股权激励的效用类似，而第二种效用与薪酬激励的效用相仿。据此推断，控制权激励与股权激励、薪酬激励之间均存在互替效应。因此，本章提出以下假设：

H$_{2a}$：在对高科技上市公司技术创新作用的过程中，高管股权激励与薪酬激励之间存在互补效应；

H$_{2b}$：在对高科技上市公司技术创新作用的过程中，高管股权激励与控制权激励之间存在互替效应；

H$_{2c}$：在对高科技上市公司技术创新作用的过程中，高管薪酬激励与控制权激励之间存在互替效应。

11.3　研　究　设　计

11.3.1　样本选取与数据来源

本章选择高科技上市公司为研究样本。王华、黄之骏（2006）[23]根据证监会 2001 年颁布的《上市公司行业分类指引》等，确定如下几个行业的企业为高科技企业：化学原料及化学制品制造业（C43）、化学纤维制造业（C47）、电子业（C5）、仪器仪表及文化和办公用机械制造业（C78）、医药生物制品业（C8）、信息技术业（G）。本章引用上述对高科技企业的界定，在剔除了 ST 类公司、被停止上市的公司以及数据缺失的样本之后，最终每年度分别得到 102 家上市公司，研究区间为 2007 ~ 2010 年①，共计 408 个有效观测样本的平衡面板数据。本章使用的上市公司数据来自 CSMAR 数据库。

11.3.2　变量设计

1. 被解释变量

本章选择技术创新投入指标来衡量上市公司的技术创新，用被广泛采用的研发投入密度（R&D，研发支出/主营业务收入[7]）来表示。也有学者认为主营业务收入指标不稳定[24]，用其计算的研发投入强度比实际波动更大，而企业总资产相对稳定，因此，本章采用研发支出/总资产来做稳健性检验。

2. 解释变量

沿用诸多学者在研究文献中对高管激励机制的界定，本章选取高管持股数量与总股份的比值来表示股权激励（EI），选取公司前三位高管薪酬之和的自然对数作为薪酬激励（MI）的操作变量。而对于控制权激励（CI）的衡量则采用在职消费（Perk）来表示。在职消费②的具体内容包括：办公费、差旅费、业务招待费、通讯费、出国培训费、董事会费、小车费和会议费等，这些费用是高管人员处理公司日常事务合法且必要的支出，高管人员有权力一定范围内支配这些费用，满足自身效用[10]。而高管拥有控制权，就能够享受到诸多在职消费，因此本章选取公司年报中披露的该八项费用之和与公司主营业务收入之比作为控制权激励的

---

① 2007 年是新会计准则正式实施的第一年，准则要求上市公司应当在年报中详细披露公司的研发投入等技术创新情况，为上市公司技术创新研究提供了更为准确的数据支持。

② 陈冬华等（2010）定义下的在职消费满足以下特征：（1）与高管的工作和职位相关；（2）能够提升高管的效用；（3）对公司价值提升并无此消彼长的直接联系；（4）发生的数量、目的、时点更为弹性，而且不受制于明示的契约；（5）体现了高管个人的主观意愿、兴趣与社会资本。

衡量指标①。

3. 控制变量

本章将对公司技术创新具有重要影响的公司治理因素与公司特征因素作为控制变量。公司治理因素具体包括终极产权性质（OW）、股权集中度（CR）、两职合一（PLU）、独立董事比例（IB），而公司特征因素包括公司规模（Size）、成长性（Grow）、资产负债率（Lev）。

所有变量定义与计算方式如表 11 - 1 所示。

表 11 - 1　　　　　　　　　　　**变量定义**

被解释变量		
变量名称	符号	变量定义与计算方式
技术创新	R&D Input	公司年报中披露的研发支出/主营业务收入

解释变量		
变量名称	符号	变量定义与计算方式
股权激励	EI	公司年末高管持股数量与总股份的比值
薪酬激励	MI	公司前三位高管薪酬之和的自然对数
控制权激励	CI	公司年报中披露的办公费、差旅费、业务招待费、通讯费、出国培训费、董事会费、小车费和会议费等八项费用之和与主营业务收入之比

控制变量			
变量名称		符号	变量定义与计算方式
公司治理变量	终极产权性质	OW	根据终极控制人是否具有国有性质，将上市公司分为国有控股上市公司，设为1，与非国有控股上市公司，设为0
	股权集中度	CR	公司第一大股东股权比例
	两职合一	PLU	经营者与董事长或副董事长兼任，设为1，否则为0
	独立董事比例	IB	公司年末独立董事人数占董事会总人数的比例
公司特征因素	公司规模	Size	公司年末总资产的自然对数
	成长性	Grow	总资产增长率 = (期末总资产 - 期初总资产)/期初总资产
	资产负债率	Lev	公司年度披露的资产负债表中的负债总额与资产总额的比值

---

① 在职消费数据通过查阅上市公司年报附注中"支付的其他与经营活动有关的现金流量"项目收集。

11.3.3　模型设计与研究方法

相对于横截面数据或混合数据分析，面板数据分析能够解决由不随时间变化的遗漏变量所产生的内生性问题，并且能够克服前者较易出现的误差项序列相关性与异方差性等问题。因此，本章采用面板数据分析来对参数进行估计。基本模型设计如下：

为了检验股权激励、薪酬激励与控制权激励之间的关系，本章引入三个两两交互项以及三者的乘积项（已做标准化处理）。对于两两交互项而言，若交互项回归系数显著为正，则一个变量的边际效应随着另一变量的增加而递增，即两者之间存在一种互补关系；反之，若交互项回归系数显著为负，则一个变量的边际效应随着另一变量的增加而递减，即两者之间存在一种互替（冲突）关系。而若三者的乘积项显著，则说明三者之间具有三维调节关系，即股权激励受到薪酬激励与控制权激励的共同调节效应。加入交互项的模型设计如下：

$$R\&D_{i,t} = \alpha + u_i + b_1 EI_{i,t} + b_2 MI_{i,t} + b_3 CI_{i,t} + b_4 OW_{i,t} + b_5 CR_{i,t} + b_6 PLU_{i,t}$$
$$+ b_7 IB_{i,t} + b_8 Size_{i,t} + b_9 Grow_{i,t} + b_{10} Lev_{i,t} + e_{i,t}$$
$$R\&D_{i,t} = \alpha + u_i + b_1 EI_{i,t} + b_2 MI_{i,t} + b_3 CI_{i,t} + b_4 EI_{i,t} \times MI_{i,t} + b_5 EI_{i,t} \times CI_{i,t}$$
$$+ b_6 MI_{i,t} \times CI_{i,t} + b_7 EI_{i,t} \times MI_{i,t} \times CI_{i,t} + b_8 OW_{i,t} + b_9 CR_{i,t}$$
$$+ b_{10} PLU_{i,t} + b_{11} IB_{i,t} + b_{12} Size_{i,t} + b_{13} Grow_{i,t} + b_{14} Lev_{i,t} + e_{i,t}$$

在模型中，i 表示横截面的个体，t 表示时间，α 表示截距项，$b_i(i = 1, 2, \cdots)$ 为模型回归系数，$e_{i,t}$ 表示随机干扰项。数据基本分析使用的是 SPSS16.0，面板数据分析采用的是 Stata10.0。

11.4　实证结果分析与讨论

11.4.1　描述性统计

表 11-2 是对股权激励、薪酬激励、控制权激励与技术创新投入的描述性统计。由此可知，2007～2010 年高科技公司授予高管的薪酬与股权激励均呈现出逐年递增的趋势。尤其是股权激励，更是出现了翻倍增长的态

势。值得注意的是，高管薪酬逐年增加，尤其是当 2008 年受全球金融危机的影响多数公司净利润出现大幅下降的时候，高管薪酬仍然保持增长的趋势，由此可知，其业绩敏感性较低，如果没有其他高管激励机制的补充，很容易强化"内部人控制"并增加代理成本。控制权激励的均值一直较稳定，但也表现出一定的增长趋势。

表 11－2　　　　　　　主要变量描述性统计结果

变量		2007 年	2008 年	2009 年	2010 年
股权激励 （EI）	平均值	0.024	0.051	0.061	0.101
	最大值	0.546	0.636	0.484	0.552
	最小值	0.000	0.000	0.000	0.000
	标准差	0.092	0.009	0.105	0.150
薪酬激励① （MI）	平均值	779613	924363	1008520	1204740
	最大值	2903000	3559000	3812000	5240000
	最小值	96000	117100	31600	32200
	标准差	543967	678468	770670	959100
控制权激励 （CI）	平均值	0.095	0.108	0.122	0.111
	最大值	0.343	0.309	0.681	0.354
	最小值	0.015	0.020	0.023	0.022
	标准差	0.064	0.063	0.092	0.069
技术创新投入 （R&D Input）	平均值	0.002	0.003	0.004	0.005
	最大值	0.050	0.049	0.087	0.067
	最小值	0.000	0.000	0.000	0.000
	标准差	0.008	0.009	0.011	0.011

股权分置改革之前，我国在股权激励的实践方面做了诸多探索，

① 为了表述更加清晰，表 11－2 描述统计中的薪酬激励是前三位高管的薪酬之和，未取自然对数。

从经营层激励试点到管理层持股（MBO），均未取得预期成效。而自2005 年开始的股权分置改革为我国资本市场的发展提供了良好平台，也为股权激励的实施扫清了制度障碍，上市公司以此为契机开始了对股权激励的实践。2006～2009 年，股权激励在政策上经历了从试点到推广，再到成熟的发展历程。随着相关配套政策的不断完善和细化，股权激励实践风起云涌，尤其是高科技行业中的上市公司更是异军突起，成为推行股权激励的主力军。由于股权激励推行与实施有一定的滞后期，2007～2010 年的股权激励指标更能显示出高科技公司股权激励的迅猛发展。

与此同时，高科技公司技术创新投入均值也呈现递增的趋势，如石基信息（002153）2009 年的技术创新投入达到营业收入的8.7%，双鹭药业（002038）2010 年的技术创新投入比率也达到6.7%。双鹭药业于2006 年通过股权激励计划并开始实施，2007～2010 年该公司的技术创新投入比率分别为1.5%、2.9%、4.9% 与6.7%。通过上述分析可初步得知，股权激励对于高科技公司技术创新起到主要的推动作用，而薪酬激励与控制权激励的作用可能弱于股权激励，但对两者与股权激励的交互作用将用以下回归模型来判断。

11.4.2　面板数据分析

表 11 - 3 列示了运用高科技公司面板数据进行多元回归以及 Hausman检验的结果。其中，模型 M1 仅加入控制变量，模型 M2 加入了控制变量与解释变量，每一个模型均报告了固定效应模型与随机效应模型的分析结果。由 M1 可知，应选择随机效应模型（P = 0.65 > 0.05），且模型显著（P = 0.01）。通过随机效应模型结果可知，控制变量中仅成长性（Grow）显著，其他变量均不显著，且 R^2 为 0.028。M2 加入了股权激励（EI）、薪酬激励（MI）与控制权激励（CI）等解释变量，通过 Hausman 检验确定选择随机效应模型（chi2 < 0），且模型显著（P = 0.01），Wald 值也有所增加，但三个解释变量都不显著。由于控制变量中公司规模与资产负债率显著性提高，所以 R^2 也有所提高，ΔR^2 为 0.012。综上所述，在未加入交互项之前，三类激励机制解释变量均不显著，即在没有其他激励机制的调节作用下，单一的高管激励机制对技术创新难以发挥显著的促进效应。

表 11 - 3   面板数据回归分析结果

变量	M1		M2		M3	
	固定效应（FE）	随机效应（RE）	固定效应（FE）	随机效应（RE）	固定效应（FE）	随机效应（RE）
控制变量：						
OW	- 0.0003	0.0009	- 0.0003	0.0008	- 0.0002	0.0007
CR	- 0.0054 **	- 0.0022	- 0.0051 **	- 0.0010	- 0.0032	0.0004
PLU	0.0011	0.0014	0.0009	0.0012	0.0004	0.0009
IB	- 0.0108	- 0.0065	- 0.0089	- 0.0053	- 0.0029	0.0012
Size	0.0021 **	0.0008	0.0028 **	0.0011 **	0.0031 **	0.0015 **
Grow	- 0.0023 **	- 0.002 **	- 0.0027 **	- 0.0019 **	- 0.0028 **	- 0.0018 **
Lev	0.0012	- 0.002	0.0005	- 0.0051 **	- 0.0006	- 0.0064 **
解释变量：						
EI			- 0.0085	0.0061	0.0055 *	0.0043 *
MI			0.0004	0.0004	- 0.0008	0.0001
CI			- 0.0030	0.0114	- 0.0038	- 0.0131
交互项：						
EI × MI					0.0011 **	0.0010 **
EI × CI					- 0.0027 **	- 0.0020 **
MI × CI					0.0001	0.0007
EI × MI × CI					- 0.0013 **	- 0.0011 **
R^2	0.041	0.028	0.064	0.040	0.17	0.138
ΔR^2			0.023	0.012	0.106	0.098
F/Wald 检验	F = 1.43 P = 0.10	Wald = 19.7 P = 0.01	F = 1.23 P = 0.26	Wald = 24.1 P = 0.01	F = 1.07 P = 0.38	Wald = 27.8 P = 0.02
Hausman 检验	chi2 = 5.12 P = 0.65 > 0.05 （采用 RE）		chi2 = - 4.41 （采用 RE）		chi2 = 4.80 P = 0.98 > 0.05 （采用 RE）	

注：***、**、* 分别表示 1%、5%、10% 的显著性水平；Hausman 检验：P 大于 0.05 则接受原假设，意味着模型为随机效应模型（RE）；否则拒绝原假设，采用固定效应模型（FE）；对 Hausman 设定检验无法判别的模型，采用随机效应模型（RE）；本表未报告常数项。

在模型 M3 中，除加入解释变量之外，也加入了两两交互项以及三者

的乘积项。由 Hausman 检验结果可知，应采用随机效应模型（P = 0.98 >
0.05)，且模型也显著，Wald 值也有所增加。更为明显的是，R^2 值为
0.138，ΔR^2 为 0.098，且为 M2 模型 R^2 值的 3.45 倍，这一点首先说明了
调节效应的显著性。再从变量的显著性变化可知，股权激励与薪酬激励的
交互项（EI × MI）、股权激励与控制权激励的交互项（EI × CI）均在 5%
的显著性水平上显著，三者的交互项 EI × MI × CI 也在 5% 的显著性水平上
显著。同时，股权激励显著为正。由此可知，薪酬激励与控制权激励在股
权激励对技术创新产生促进效应的过程中起到调节作用，并且两者是同时
在起作用（EI × MI × CI 显著），这说明三者具有三维调节关系，即上市公
司高管股权激励在薪酬激励与控制权激励的双重调节作用下，对上市公司
技术创新具有促进效应，则 H_1 得证。

　　从两两交互项的符号来看，股权激励与薪酬激励的交互项（EI × MI）
显著为正，而股权激励与控制权激励的交互项（EI × CI）显著为负。这说
明，股权激励的边际效应随着薪酬激励的增加而递增，即两者之间存在互
补关系，而股权激励的边际效应随着控制权激励的增加而递减，即两者之
间存在互替关系，H_{2a} 与 H_{2b} 得证。

11.5　主要结论与政策建议

　　本章以创新经济学框架下的组织控制理论为基础，从促进技术创新这
个重要维度对高管激励效应进行重新界定与测度，并运用我国高科技上市
公司 2007 ~ 2010 年的面板数据，对高管薪酬激励、股权激励以及控制权
激励等激励机制之间的交互关系及其对技术创新的整合效应进行实证检
验，主要结论如下：

　　第一，高管股权激励在薪酬激励与控制权激励的双重调节作用下，对
高科技上市公司技术创新具有促进效应，即股权激励、薪酬激励与控制权
激励对于技术创新的影响具有三维交互效应。因此，在高科技公司中应建
立以强化股权激励、稳定薪酬激励、弱化控制权激励为特征的高管激励整
合体系，并通过高管激励契约结构的优化，突出强化技术创新的理念，引
导公司决策能够更多地将资源向创新活动转移。

　　第二，股权激励的边际效应随着薪酬激励的增加而递增，即两者之间
存在显著的互补关系。因此，在强调股权激励对于技术创新主导作用的同

时，应加强高管薪酬激励与技术创新绩效之间的敏感度，提高其对股权激励的正向调节作用。具体而言，应将薪酬激励中的绩效薪酬部分与技术创新指标相关联，考虑到技术创新的过程性与累积性特征，技术创新绩效应该强化创新投入、产出以及创新效率等指标。

第三，股权激励的边际效应随着控制权激励的增加而递减，即两者之间存在显著的互替关系。基于控制权激励本身隐含的风险及其对股权激励的替代作用，应建立公司治理权力制衡体系，防止权力激励过度。该制衡体系既包括由独立董事等主体所构成的内部制衡体系，也包括诸多外部约束机制，如建立信息披露质量评价体系以及独立有效的审计系统等，从而降低高管恶意操纵而获得过多控制权收益的动机与能力。

参 考 文 献

［1］温成玉、刘志新：《技术并购对高技术上市公司创新绩效的影响》，载《科研管理》2011 年第 5 期，第 1~7 页。

［2］Wright, M, Hoskisson, R E and Busenitz, L W. Firm rebirth: buyouts as facilitators of strategic growth and entrepreneurship, Academy of Management Executive, 2001, 15 (1): 111 – 125.

［3］张治河、周国华、胡锐、谢忠泉：《创新学：一个驱动 21 世纪发展的新兴学科》，载《科研管理》2011 年第 12 期，第 143 ~ 156 页。

［4］O' Sullivan M. The innovation enterprise and corporate governance, Cambridge Journal of Economics, 2000, 24 (4): 393 – 416.

［5］Hemmer, T, O Kim, and R Verrecchia. Introducing convexity into optimal compensation contacts, Journal of Accounting and Economics, 1999, 28 (3): 307 – 327.

［6］Chen Ming-yuan. Managerial compensation and R&D investments: the role of the external managerial labour market, International Review of Applied Economics, 2010, 24 (5): 553 – 572.

［7］唐清泉、徐欣、曹媛：《股权激励、研发投入与企业可持续发展——来自中国上市公司的证据》，载《山西财经大学学报》2009 年第 8 期，第 77 ~ 84 页。

［8］李春涛、宋敏：《中国制造业企业的创新活动：所有制和 CEO 激

励的作用》，载《经济研究》2010 年第 5 期，第 55~67 页。

［9］Belloc F. Corporate Governance and Innovation：A survey, Journal of Economic Surveys, 2011（1）：1-37.

［10］陈冬华、梁上坤、蒋德权：《不同市场化进程下高管激励契约的成本与选择：货币薪酬与在职消费》，载《会计研究》2010 年第 11 期，第 56~64 页。

［11］孙世敏、王昂、贾剑峰：《基于价值创造和动态基础薪酬的经营者激励机制研究》，载《中国管理科学》2011 年第 5 期，第 153~159 页。

［12］徐宁、徐向艺：《公司治理理论演进趋势研究——基于经济学与法学的整合视角》，载《经济与管理研究》2009 年第 12 期，第 62~66 页。

［13］刘金石、王贵：《公司治理理论：异同探源、评介与比较》，载《经济学动态》2011 年第 5 期，第 80~85 页。

［14］Jensen, Michael C, and Meckling, William H. Theory of the firm：Managerial behavior, agency costs and ownership structure, Journal of Financial Economics, 1976, 3（4）：305-360.

［15］Wu, Jianfeng, and Tu, Runtig. CEO stock option pay and R&D spending：A behavioral agency explanation, Journal of Business Research, 2007, 60（5）：482-492.

［16］Lin, C, Lin, P, Song, F, Li, C. Managerial Incentives, CEO characteristics and corporate Innovation in China's private sector, Journal of Comparative Economics, 2011, 39（2）：176-190.

［17］张洪辉、夏天、王宗军：《公司治理对我国企业创新效率影响实证研究》，载《研究与发展管理》2010 年第 3 期，第 44~50 页。

［18］Dale - Olsen, H. Executive pay determination and firm performance：Empirical evidence from a Compressed wage environment, The Manchester School, 2012, 80（3）：355-376.

［19］Algrawal A, Knoeber C. Firm performance and mechanisms to control agency problems between managers and shareholders, Journal of Financial and Quantitative Analysis, 1996, 31（3）：377-397.

［20］Ward, A J, Brown, J A, Rodriguez, D. Governance bundles, firm performance, and the substitutability and complementarity of governance mechanisms，Corporate Governance：An International Review，2009，17（5）：646 – 660.

　　[21] 黄慧群：《控制权作为企业家的激励约束因素：理论分析及现实解释意义》，载《经济研究》2000 年第 1 期，第 41 ~ 47 页。

　　[22] 姜付秀、黄继承：《经理激励、负债与企业价值》，载《经济研究》2011 年第 5 期，第 46 ~ 60 页。

　　[23] 王华、黄之骏：《经营者股权激励、董事会组成与企业价值——基于内生性视角的经验分析》，载《管理世界》2006 年第 9 期，第 102 ~ 116 页。

　　[24] 任海云：《股权结构与企业 R&D 投入关系的实证研究——基于 A 股制造业上市公司的数据分析》，载《中国软科学》2010 年第 5 期，第 126 ~ 135 页。

第 12 章 高管激励契约配置、技术创新动力与路径选择[*]

根据创新经济学及其衍生理论的相关观点，高管的创新动机与创新战略决策能力将对企业的技术创新动力与路径选择产生重要影响，进行高管激励契约结构的合理设计是为民营中小企业自主创新提供动力的重要途径。本章基于线性与非线性分析的整合视角，运用中国民营中小上市公司2007~2012年的平衡面板数据，对高管激励契约与企业技术创新动力及路径选择的关联性进行实证检验。

12.1 引 言

民营经济的发展是现阶段我国经济增长的关键推动力量，而培育创新型的中小企业则成为促进民营经济发展的关键。然而，技术创新的不确定性和不可逆性使其具有较高的风险性，在缺乏足够的激励来弥补创新所带来的风险时，民营中小企业往往会采取风险规避策略而放弃技术创新活动[1]。因此，如何将自主创新的"国家意志"变为民营中小企业的"企业行为"成为实践界亟待解决的问题，而民营中小企业技术创新动力与路径选择的影响因素究竟来源于内部还是外部，也是一直困扰理论界的难点议题。

詹森和麦考林（Jensen and Meckling，1976）指出，通过对代理人实行股权等形式的激励能使代理人与委托人的利益趋于一致，从而促使代理人开展有利于企业长期发展的技术创新活动[2]。此后诸多学者开始从制度创新与技术创新的协同视角出发，积极探索促进技术创新的契约安排与制

---

　　* 本章内容发表在《科技进步与对策》2015 年第 4 期。

度变革。创新经济学框架下的组织控制理论（organizational control theory）便是其中一个重要的理论成果，该理论的核心观点是影响企业技术创新的关键是组织控制（主要是指公司治理），而非市场控制[3]。作为重要的公司治理机制之一，合理的高管激励契约是引导企业开展技术创新行动和选择合理的技术创新路径的关键制度设计[4]。高管激励对技术创新的影响于21世纪初才开始得到较为广泛的关注[5~8]。通过文献梳理，笔者发现已有研究存在以下局限：一是对技术创新的界定较为单一，主要集中于 R&D 投入方面，并未对更深层次的技术创新动力、路径选择等问题进行分析；二是只注重两者的简单线性关系，而忽略了非线性视角的探究；三是很少有学者针对民营中小企业进行研究，而民营中小企业却是技术创新的主体[9]。对上述局限进行突破，是该研究领域重要的深化拓展方向。

　　鉴于此，本章选择民营中小上市公司作为研究对象，将线性视角与非线性视角相结合，探究了高管激励契约与企业技术创新动力、技术创新路径选择的关联性。在实证分析的基础上，本章得到了一些针对民营中小企业的研究结论，这对我国民营中小企业选择合理的高管激励契约安排、形成与技术创新产生良好协同效应的制度设计具有实践指导意义。同时也为创新经济学及其相关研究领域的拓展提供了经验证据。

12.2　理论分析与研究假设

12.2.1　高管激励契约与民营中小上市公司的技术创新动力

　　技术创新具有高投入、高风险和长周期等特征，致使高管多倾向于回避该项投资。在缺乏有效激励的情况下，高管进行技术创新的动力往往不足[10]。根据报酬—绩效契约，高管获得的报酬越高，股东要求其完成的经营业绩也就越好，而成功的技术创新能够很好地实现这一目标，在这种内生动力驱动下，企业的技术创新动力产生会显著增强[11]。民营中小企业具有较高的报酬—绩效的敏感性，因此当高管得到较高的报酬时，其技术创新的动力会显著得到增强；而当薪酬激励相对不足时，其技术创新的动力会显著受到抑制[12]。

　　由于薪酬激励的短期性特征，仅仅依靠单一激励契约来促进高管的技术创新意愿是远远不够的，此时被誉为"金手铐"的股权激励能很好地解决这一问题，它使得管理者和股东的利益紧密地联系在一起，可以有效地防止"管理者短视"行为，进而提高经营管理者进行创新活动的积极性[13]。扎赫拉等（Zahra et al.，2000）的研究发现，高管的持股比例与企业技术创新活动呈现出显著正相关关系[14]。吴和杜（Wu and Tu，2007）检验了 CEO 股权激励与公司的研发支出间的关系，并发现公司业绩越好，CEO 股权激励对研发支出的正面效应越大[15]。对于民营企业来说，股权激励还具有使用成本低的优势，因此它可以使企业节约更多的资金投入到技术创新的生产和研发中[16]，如此也解决了民营中小企业技术创新资金不足的一大难题。基于以上分析，本章提出以下假设：

假设 1a：高管薪酬激励契约对于民营中小企业的技术创新动力具有显著的正向影响，高管薪酬激励强度越大，该类公司的技术创新动力越强。

假设 1b：高管股权激励契约对于民营中小企业的技术创新动力具有显著的正向影响，高管股权激励强度越大，该类公司的技术创新动力越强。

12.2.2 高管激励契约与民营中小上市公司技术创新路径选择

企业在把技术创新意愿付诸实践时，还不得不面临着一个路径选择的问题：究竟选择内部自主研发还是选择外部技术引进？尽管内部自主研发和外部技术引进都是企业的技术创新行为，然而不适当的选择无论是对企业还是对股东财富均会造成损害，技术创新的路径选择直接关系到一个企业技术创新战略的成败[17]。因此，高管激励契约对民营中小企业的技术创新路径选择的影响也是本章研究的关键问题。

1. 高管激励契约与内部自主研发路径的选择

高管激励契约具有明显的双重效应，这种双重效应的存在使得高管激励契约与内部自主研发路径的选择倾向之间并不存在简单的线性关系。田和陈（Tian and Chen，2012）研究发现，高管的短期激励与长期激励都没有对企业的技术创新投入产生显著的正向影响，二者并不存在着线性关系[18]。对于民营中小上市公司来说，其高管持股的比例要高于国有企业。因此，高管激励的双重效应会表现得更为显著。在实践中，中小板创业板屡屡出现的高管减持股份大幅套现等现象，是股权激励堑壕效应的主要表现。具体而言，由于高管激励利益趋同效应与堑沟效应的双重影响，激励强度在一定的范围内能促使民营中小上市公司高管基于长期发展的考虑，加大对技术创新的研发投入强度[20]，选择自主创新路径而不是只能给企业带来中短期效应的技术引进；而当激励强度超过一定范围之后，高管承担研发失败的风险加大，成本也随之增加，就会使其对内部自主研发创新的积极性降低，减少对技术创新的研发投入[21]，反而抑制了公司选择自主研发路径的倾向。根据以上讨论，我们提出以下假设：

假设2a：高管薪酬激励强度与民营中小上市公司内部自主研发路径的选择倾向之间存在倒"U"型的非线性关系。

假设2b：高管股权激励强度与民营中小上市公司内部自主研发路径的选择倾向之间存在倒"U"型的非线性关系。

2. 高管激励契约与外部技术引进路径的选择

技术引进和自主创新是技术创新的两条主要路径，但两者的重要区别之一在于内部自主研发的风险要高于外部技术引进（如购买专利）[20]。薪酬激励与股权激励作为高管激励契约的主要构成，同时它们也具有不同的特征与性质。薪酬激励是企业对高管的努力与贡献的基础性回报，一般用于回报高管现期或上年度对公司的贡献，其作用机理为将高管当期报酬与公司的短期绩效相结合；股权激励则通过授予高管股权使其与公司共享利益、共担风险，其作用机理为将高管中长期报酬与公司的中长期价值相结合。因此，授予高管以短期绩效为基础的薪酬激励与以中长期价值为基础的股权激励相比，高管对于风险的承受能力相对较弱。由此推断，薪酬激励对于高管选择风险性较小的外部技术引进路径应该具有正向影响，而股权激励则应是负向影响。继而提出以下假设：

假设3a：高管薪酬激励强度与民营中小上市公司外部技术引进路径的选择倾向之间具有显著的正相关关系。

假设3b：高管股权激励强度与民营中小上市公司外部技术引进路径的选择倾向之间具有显著的负相关关系。

12.3　研究设计

12.3.1　样本选择与数据来源

本章选择在深圳证券交易所中小企业板或者创业板上市，并且终极控制人性质为民营的中小上市公司作为研究样本。由于研发支出的披露是 2007 年新《会计准则》实施之后才明确要求的，因此，本章选择 2007 ~ 2012 年为研究区间。在上述样本中，逐步剔除金融类公司、ST 类公司、被停止上市以及数据缺失的公司，每年度得到 188 家上市公司，6 年共计 1128 个有效观测样本的平衡面板数据。书中相关数据均来自国泰安（CSMAR）数据库。

12.3.2　变量设计

1. 因变量

根据以往研究[20~22]，以"公司年度披露的研发支出"来测量内部自主研发、以"无形资产及商誉①的增加值②"来测量外部技术引进。此外，本章用虚拟变量来测量技术创新动力，如果企业年度内部自主研发与外部技术引进变量均等于零，说明在此情况下其技术创新动力明显不足，赋值为 0，其余情况则赋值为 1。

2. 自变量

根据已有学者的研究[23~26]，本章选择"公司前三位高管薪酬之和的自然对数"以及"高管持股数量与公司股份总数量的比值"作为高管薪酬激励强度与股权激励强度的操作变量。其他变量设计如表 12 - 1 所示。

表 12 - 1　　　　　　　　　变量设计

变量类型	变量名称	符号	变量定义与计算方式
因变量	技术创新动力	PTI	虚拟变量。公司年度披露的内部自主研发与外部技术引进之和等于零，赋值为 0；其余情况赋值为 1
	内部自主研发	IRD	公司年度披露的研发支出与主营业务收入之比
	外部技术引进	EAQ	公司无形资产与商誉的增加值与主营业务收入之比
自变量	薪酬激励强度	MI	公司前三位高管薪酬之和的自然对数
	股权激励强度	EI	公司年末高管持股数量与公司总股份的比值

---

①　企业通常不会在年度报表中直接披露制造或者是研发新技术的情况，但是其购买的技术将会在资产负债表中的无形资产或者商誉科目中有所体现（Xue，2007）。

②　此增加值已经消除了摊销的影响。

续表

变量类型	变量名称	符号	变量定义与计算方式
控制变量	股权集中度	CR	公司前三位大股东持股比例之和
	股权制衡度	Z	公司第一大股东与第二大股东持股比例的比值
	两职合一情况	MP	经营者与董事长或副董事长兼任设为1，否则设为0
	董事会规模	BS	公司董事会总人数
	独立董事监督	IB	公司独立董事数量占董事总数的比例
	公司规模	Size	公司总资产的自然对数
	财务杠杆	Lev	公司负债总额与资产总额的比值
	盈利能力	ROA	公司扣除非正常损益后的总资产收益率

12.3.3　研究方法与模型构建

首先，采用独立样本 T 检验与 Logistic 回归模型对高管激励契约与技术创新动力的关系进行实证检验。第一步，将技术创新动力（PTI）为 1 的公司界定为实验组（treatment group），技术创新动力为 0 的公司界定为控制组（control group），对两者的薪酬激励与股权激励强度进行比较。第二步，以技术创新动力作为因变量，由于其为虚拟二分变量，我们选择采用 Logistic 回归模型对参数进行估计，并依次加入自变量薪酬激励强度（MI）与股权激励强度（EI）形成三个模型（下面模型为 M1，省略 M2 与 M3）。

$$PTI = \beta + \beta_1 CR + \beta_2 Z + \beta_3 PLU + \beta_4 BS + \beta_5 IB + \beta_6 Size$$
$$+ \beta_7 Lev + \beta_8 ROA + \varepsilon_i$$

写成 Logistic 形式为：

$$Logit(p) = \ln(p/1-p) = PTI = \beta + \beta_1 CR + \beta_2 Z + \beta_3 PLU + \beta_4 BS + \beta_5 IB$$
$$+ \beta_6 Size + \beta_7 Lev + \beta_8 ROA + \varepsilon_i$$

其次，采用平衡面板数据，运用多元回归模型与 Hausman 检验方法对高管激励合约安排与技术创新路径选择之间的关系进行实证检验，构建模型如下，依次为 M4、M5、M6、M7。其中 M4 与 M6 是线性模型，M5 与 M7 为非线性模型。在模型中，Y 表示的因变量为内部自主研发（IRD）或者外部技术引进（EAQ），i 表示横截面的个体，t 表示时间，α 表示截距项，β_i（i = 1, 2, …）为模型回归系数，$e_{i,t}$表示随机干扰项。

$$Y_{i,t} = \alpha + u_i + \beta_1 MI_{i,t} + \beta_2 CR_{i,t} + \beta_3 Z_{i,t} + \beta_4 PLU_{i,t} + \beta_5 BS_{i,t} + \beta_6 IB_{i,t}$$
$$+ \beta_7 Size_{i,t} + \beta_8 Lev_{i,t} + \beta_9 ROA_{i,t} + e_{i,t}$$

$$Y_{i,t} = \alpha + u_i + \beta_1 MI_{i,t} + \beta_2 MI_{i,t}^2 + \beta_3 CR_{i,t} + \beta_4 Z_{i,t} + \beta_5 PLU_{i,t} + \beta_6 BS_{i,t}$$
$$+ \beta_7 IB_{i,t} + \beta_8 Size_{i,t} + \beta_9 Lev_{i,t} + \beta_{10} ROA_{i,t} + e_{i,t}$$

$$Y_{i,t} = \alpha + u_i + \beta_1 EI_{i,t} + \beta_2 CR_{i,t} + \beta_3 Z_{i,t} + \beta_4 PLU_{i,t} + \beta_5 BS_{i,t} + \beta_6 IB_{i,t}$$
$$+ \beta_7 Size_{i,t} + \beta_8 Lev_{i,t} + \beta_9 ROA_{i,t} + e_{i,t}$$

$$Y_{i,t} = \alpha + u_i + \beta_1 EI_{i,t} + \beta_2 EI_{i,t}^2 + \beta_3 CR_{i,t} + \beta_4 Z_{i,t} + \beta_5 PLU_{i,t} + \beta_6 BS_{i,t}$$
$$+ \beta_7 IB_{i,t} + \beta_8 Size_{i,t} + \beta_9 Lev_{i,t} + \beta_{10} ROA_{i,t} + e_{i,t}$$

12.4　实证结果分析

12.4.1　描述性统计结果分析

表 12 - 2 列示了主要变量的描述性统计结果。内部自主研发（IRD）指标的平均值为 0.0022，最大值也仅为 0.1625，部分公司的内部自主研发指标 6 年来一直为零。这与国外相同规模的公司相比，差距较为明显，从而在一定程度上说明了我国民营中小上市公司现阶段对于内部自主研发的重视程度较差。衡量技术创新另一条重要途径的变量为外部技术引进（EAQ），其平均值为 0.0169，虽然相对于内部自主研发变量有了一定程度的提高，但与国外同类企业相比也并不理想。并且，与内部自主研发指标一样，部分公司的外部技术引进指标也一直为 0。由此可知，我国民营中小上市公司的技术创新动力明显不足。股权激励强度在各个研究样本之间的差距较大，其平均值为 0.0786，最大值为 0.7910。其中，部分公司为防范控制权转移的风险，拒绝采用股权激励方案，从而其股权激励强度一直为零。薪酬激励强度在各样本间的差距相比股权激励较小，平均值在 10.3609。从股权集中度（CR）指标的描述性统计结果来看，民营中小上市公司的股权结构是较为集中的，平均值为 50.19%，最大值为 99.7%。

表 12 – 2　　　　　　　　　　　主要变量描述性统计

变量	样本数量	平均值	标准差	最小值	最大值
内部自主研发（RD）	1128	0.0022	0.0096	0.0000	0.1625
外部技术引进（AQ）	1128	0.0169	0.0411	0.0000	0.4309
薪酬激励强度（MI）	1128	13.6343	0.7523	10.3609	15.5581
股权激励强度（EI）	1128	0.0786	0.1339	0.0000	0.7910
股权集中度（CR）	1128	0.5019	0.1495	0.1281	0.9970
股权制衡度（Z）	1128	6.0283	8.3901	1.0000	68.4750
两职合一情况（PLU）	1128	0.3271	0.4694	0.0000	1.0000
董事会规模（BS）	1128	8.6702	1.5396	3.0000	16.0000
独立董事比例（IB）	1128	0.3656	0.0498	0.1429	0.6667

12.4.2　独立样本 T 检验与 Logistic 回归模型分析

表 12 – 3 是分组样本 T 检验的结果，其中控制组为技术创新动力为 0 的样本，实验组为技术创新动力为 1 的样本。首先，对于薪酬激励强度而言，实验组的均值为 13.7742，控制组的均值为 13.4731，并且两者经方差齐性检验与均值 T 检验证实具有显著的差异，即技术创新动力较强的样本，其薪酬激励强度要大于技术创新动力较弱的样本。其次，实验组的股权激励强度均值为 0.0878，而控制组的均值为 0.0680，也通过了上述两项检验，即技术创新动力较强的样本，其股权激励强度也要大于技术创新动力较弱的样本。其次，薪酬激励强度与股权激励强度在控制组与实验组之间均具有显著的差异，由此可初步推断，薪酬激励强度与股权激励强度对民营中小上市公司的技术创新动力能够产生较为明显的促进作用。

表 12 – 3　　　　　　　　　　　分组样本 T 检验

变量	分组	分组统计量			方差齐性检验		均值 T 检验	
		数量	平均值	标准差	F	Sig.	t	Sig.（2 – tailed）
薪酬激励强度（MI）	控制组	524	13.4731	0.7492	0.002	0.965	– 6.839	0.000
	实验组	604	13.7742	0.7272			– 6.852	0.000
股权激励强度（EI）	控制组	524	0.0680	0.1328	1.227	0.268	– 2.458	0.013
	实验组	604	0.0878	0.1344			– 2.487	0.013

　　表 12 - 4 是 Logistic 回归分析结果的描述。由于技术创新动力为虚拟二分变量，我们选择采用 Logistic 回归模型对参数进行估计。如表 12 - 4 所示，M1，M2 与 M3 三个模型在整体上均是有效的（P 值均小于 0.05）。在 M2 与 M3 中，分别加入了薪酬激励强度与股权激励强度变量，Pseudo R^2 值有所提高。薪酬激励强度的系数为正，在 1% 的水平上显著，股权激励强度的系数也为正，且在 5% 的水平上显著。这说明，薪酬激励强度与股权激励强度均能够对技术创新动力产生显著的正向影响，即两种高管激励契约的强度越大，民营中小上市公司的技术创新动力越强。假设 1a 与假设 1b 得证。

表 12 - 4　　　　　　　　　　　　Logistic 回归分析结果

变量	M1			M2			M3		
	系数	z	P > |z|	系数	z	P > |z|	系数	z	P > |z|
自变量：									
薪酬激励强度（MI）				0.2964 ***	3.04	0.004			
股权激励强度（EI）							0.7093 **	1.98	0.048
控制变量：									
股权集中度（CR）	0.4929	1.12	0.263	0.6119	1.37	0.171	0.5443	1.23	0.220
股权制衡度（Z）	-0.0167 **	-2.25	0.024	-0.0157 **	-2.15	0.031	-0.0163 **	-2.18	0.029
两职合一情况（PLU）	0.0534	0.41	0.685	0.0061	0.05	0.963	0.0468	0.35	0.723
董事会规模（BS）	-0.0344	-0.76	0.449	-.0378741	-0.82	0.412	-0.0309	-0.68	0.497
独立董事比例（IB）	0.6542	0.47	0.770	.4756132	0.34	0.734	0.6410	0.46	0.645
公司规模（Size）	0.5238 ***	6.24	0.000	0.4127 ***	4.57	0.000	0.5130 ***	6.09	0.000

续表

变量	M1			M2			M3		
	系数	z	P > |z|	系数	z	P > |z|	系数	z	P > |z|
财务杠杆（Lev）	−0.8784**	−2.27	0.023	−0.7104*	−1.84	0.065	−0.8633**	−2.23	0.026
盈利能力（ROA）	3.5416***	2.89	0.004	2.937**	2.39	0.017	3.4207***	2.79	0.005
Wald 值	65.73			74.83			67.91		
Prob > chi2	0.0000			0.0000			0.0000		
Pseudo R2	0.0538			0.0601			0.0560		
Log pseudo likelihood	−736.3918			−731.5281			−733.4624		

12.4.3 多元回归与豪斯曼（Hausman）检验结果分析

关于高管激励契约对技术创新路径选择的影响，我们采用面板数据多元回归与 Hausman 检验进行验证，检验结果如表 12 − 5 所示。M4 ~ M7 是因变量为内部自主研发（RD）的检验结果。首先由 Hausman 检验结果判定，M4、M5、M6 将采用固定效应模型，M7 采用随机效应模型。其中，由 M4 与 M6 的线性模型分析结果可知，薪酬激励强度、股权激励强度与内部自主研发之间并不存在显著的线性关系。我们继而做进一步的非线性检验，如 M5 与 M7 所示。两个模型均通过了 F 或瓦尔德（Wald）检验，并且由变量系数可知，薪酬激励强度的二次项系数在 5% 的水平上显著为负，一次项系数在 5% 的水平上显著为正，股权激励强度的二次项系数在 10% 的水平上显著为负，一次项系数在 10% 的水平上显著为正。因此可以得出结论，不论是高管薪酬激励强度，还是股权激励强度均与民营中小上市公司内部自主研发路径的选择倾向之间存在倒"U"型的非线性关系。当高管激励强度从零增加到最大值的阶段之中，激励契约对公司自主研发路径的选择具有促进效应，但经过了该最大值，激励契约反而抑制了公司选择自主研发路径的倾向。假设 2a 与假设 2b 得证。M8 ~ M11 为因变量是外部技术引进的检验结果，如表 12 − 5 所示，自变量的一次项系数与二次项系数均不显著。这说明在民营中小上市公司中，高管激励契约对于外部技术引进均不具有显著的影响。假设 3a 与假设 3b 并未得到证实。

表 12-5　　　　　　　　　　多元回归与 Hausman 检验结果

变量	因变量：内部自主研发（IRD）				因变量：外部技术引进（EAQ）			
	M4	M5	M6	M7	M8	M9	M10	M11
自变量：								
MI	-0.0007	0.0170**			-0.0097	0.0033		
MI^2		-0.0007**				-0.0003		
EI			-0.0012	0.0107*			-0.0011	-0.0469
EI^2				-0.0194*				0.0826
控制变量：								
CR	-0.0094***	-0.0097***	-0.0086***	-0.0052**	-0.0297	-0.0092	-0.0070	-0.0246
Z	-0.0001	-0.0002	-0.0001	-0.0001*	-0.0003	-0.0002	-0.0002	-0.0004
PLU	0.0007	0.0009	0.0007	0.0004	0.0031	0.0036	0.0028	0.0022
BS	0.0002	0.0002	0.0002	-0.0003	0.0003	0.0007	0.0007	0.0002
IB	0.0100	0.0102	0.0104	0.0074	-0.0063	0.0626	0.0586	-0.0068
Size	0.0015***	0.0018***	0.0013***	0.0003	0.0035	0.0024	0.0007	0.0006
Lev	0.0006	0.0006	0.0004	-0.0012*	0.0022	-0.0091	-0.0086	-0.0003
ROA	-0.0002	-0.0001	-0.0005	0.0037	-0.0336	0.0022	-0.0061	-0.0381
R^2	0.0249	0.0272	0.0233	0.0375	0.0133	0.0168	0.0113	0.0080
F/Wald 检验	F=2.13 P=0.025	F=2.11 P=0.0217	F=1.99 P=0.0375	Wald=17.6 P=0.040	F=1.28 P=0.2440	Wald=11.7 P=0.3006	Wald=10.9 P=0.2855	F=1.03 P=0.4193
Hausman 检验	chi2=42.57 Prob=0.000	chi2=41.49 Prob=0.000	chi2=22.92 Prob=0.006	chi2<0	chi2=17.09 Prob=0.047	chi2=17.39 Prob=0.066	chi2=10.74 Prob=0.294	chi2=29.24 Prob=0.001
	固定效应（FE）	固定效应（FE）	固定效应（FE）	随机效应（RE）	固定效应（FE）	随机效应（RE）	随机效应（RE）	固定效应（FE）

12.5　结论与政策建议

民营中小企业技术创新动力与路径选择的影响因素究竟来源于内部还是外部一直是困扰理论界的难点议题。根据创新经济学及其衍生的前沿理论进行演绎，高管的创新动机与创新战略决策能力将对该类企业的技术创新产生重要影响。基于此，本章运用中国民营中小上市公司 2007～2012 年的平衡面板数据，将线性视角与非线性视角相结合，对高管激励契约对企业技术创新动力及路径选择的影响进行实证检验。研究结论如下：（1）运用独立样本 T 检验与 Logistic 分析模型发现，高管薪酬激励与股权激励均能够对民营中小企业的技术创新动力产生正向影响；（2）运用多元回归模型与 Hausman 检验发现，两种激励方式对于该类企业的技术创新路径选择也具有显著影响，但薪酬激励强度及股权激励强度均与公司内部自主研发途径的选择倾向之间存在倒"U"型关系，而对于外部技术引进路径的影响并不显著。基于上述结论，本章提出以下政策建议。

设计合理的高管激励契约为民营中小企业的技术创新提供重要的内生动力来源应当成为民营中小企业的一个重要议题，作为技术创新动机重要诱导机制的高管激励契约也应当受到民营中小企业的广泛关注。同时，技术创新的路径选择作为企业技术创新战略的基础性工作，在技术创新活动的实施过程中起着关键性的指导作用，其正确与否直接关系到民营中小企业技术创新战略的成败。传统创新研究把内部自主研发视为企业技术创新的主要途径，甚至是唯一途径，这在很大程度上忽视了广大民营中小企业所进行的一些并非基于内部自主研发的多样化创新活动。一些学者还提出了非研发创新，指出它是我国大量不具备正式研发机构和研发能力的中小企业低成本、有效的创新途径，但却被学术界、产业界和政府创新政策长期所忽视。因此，民营中小企业应当依据自身的实际选择适合自己的技术创新路径，并在此基础上综合运用高管激励契约对技术创新路径的作用机理与影响效应，选择合理的高管激励契约对技术创新活动加以引导与规范，确保民营中小企业技术创新活动的顺利实施。

参 考 文 献

［1］ Lin C, Lin P, Song F M, et al. Managerial incentives, CEO characteristics and corporate innovation in China's private sector. Journal of Comparative Economics, 2011, 39 (2)：176 –190.

［2］ Jensen M C, Meckling W H. Theory of the firm：Managerial behavior, agency costs and ownership structure, Journal of Financial Economics, 1976, 3 (4)：305 –360.

［3］ O'Sullivan M. The innovative enterprise and corporate governance. Cambridge Journal of Economics, 2000, 24（4）：393 – 416.

［4］ 徐宁、徐向艺：《技术创新导向的高管激励整合效应——基于高科技上市公司的实证研究》，载《科研管理》2013 年第 9 期，第 47 ~ 53 页。

［5］ Balkin D B, Markman G D, Gomez – Mejia L R. Is CEO pay in high-technology firms related to innovation? . Academy of Management Journal, 2000, 43（6）：1118 – 1129.

［6］ Makri M, Lane P J, Gomez – Mejia L R. CEO incentives, innovation, and performance in technology-intensive firms：a reconciliation of outcome and behavior-based incentive schemes, Strategic Management Journal, 2006, 27（11）：1057 – 1080.

［7］ Hellmann T, Thiele V. Incentives and Innovation：A Multitasking Approach, American Economic Journal：Microeconomics, 2011, 3（1）：78 – 128.

［8］ Yanadori Y, Cui V. Creating incentives for innovation? The relationship between pay dispersion in R&D groups and firm innovation performance, Strategic Management Journal, 2013, 34（10）：1502 – 1511.

［9］ 陈爽英、井润田、廖开容：《社会资本、公司治理对研发投资强度影响——基于中国民营企业的实证》，载《科学学研究》2012 年第 6 期，第 916 ~ 922 页。

［10］ Fong E A. Relative CEO underpayment and CEO behaviour towards R&D spending, Journal of Management Studies, 2010, 47（6）：1095 – 1122.

［11］ 李春涛、宋敏：《中国制造业企业的创新活动：所有制和 CEO 激励的作用》，载《经济研究》2010 年第 5 期，第 55 ~ 67 页。

［12］ Cheng S. R&D expenditures and CEO compensation, The Accounting Review, 2004, 79（2）：305 – 328.

［13］ 刘运国、刘雯：《我国上市公司的高管任期与 R&D 支出》，载《管理世界》2007 年第 1 期，第 127 ~ 136 页。

［14］ Zahra S A, Neubaum D O, Huse M. Entrepreneurship in medium-size companies：exploring the effects of ownership and governance systems, Journal of Management, 2000, 26（5）：947 – 976.

［15］ Wu J, Tu R. CEO stock option pay and R&D spending：a behavioral agency explanation, Journal of Business Research, 2007, 60（5）：482 – 492.

[16] 王燕妮：《高管激励对研发投入的影响研究——基于我国制造业上市公司的实证检验》，载《科学学研究》2011 年第 7 期，第 1071 ~ 1078 页。

[17] 崔淼、苏敬勤：《技术引进与自主创新的协同：理论和案例》，载《管理科学》2013 年第 2 期，第 1 ~ 12 页。

[18] Tien C, Chen C N. Myth or reality? Assessing the moderating role of CEO compensation on the momentum of innovation in R&D, The International Journal of Human Resource Management, 2012, 23 (13): 2763 – 2784.

[19] 吴晓求、应展宇：《激励机制与资本结构：理论与中国实证》，载《管理世界》2003 年第 6 期，第 5 ~ 13 页。

[20] Xue Y. Make or buy new technology: The role of CEO compensation contract in a firm's route to innovation, Review of Accounting Studies, 2007, 12 (4): 659 – 690.

[21] Bens D A, Nagar V, Wong M H. Real investment implications of employee stock option exercises, Journal of Accounting Research, 2002, 40 (2): 359 – 393.

[22] 夏芸、唐清泉：《最终控制人、高管薪酬与技术创新》，载《山西财经大学学报》2011 年第 5 期，第 86 ~ 92 页。

[23] 权小锋、吴世农、文芳：《管理层权力、私有收益与薪酬操纵——来自中国国有上市企业的实证证据》，载《经济研究》2010 年第 11 期，第 73 ~ 87 页。

[24] 王会娟、张然：《私募股权投资与被投资企业高管薪酬契约——基于公司治理视角的研究》，载《管理世界》2012 年第 9 期，第 156 ~ 167 页。

[25] 李维安、李汉军：《股权结构、高管持股与公司绩效——来自民营上市公司的证据》，载《南开管理评论》2006 年第 9 期，第 4 ~ 10 页。

[26] 冯根福、温军：《中国上市公司治理与企业技术创新关系的实证分析》，载《中国工业经济》2008 年第 7 期，第 91 ~ 101 页。

[27] 郑刚、刘仿、徐峰、彭新敏：《非研发创新：被忽视的中小企业创新另一面》，载《科学学与科学技术管理》2014 年第 1 期，第 140 ~ 146 页。

后　　记

　　2012 年，我带领的山东大学管理学院公司治理研究团队获得国家自然科学基金面上项目《上市公司高管激励契约配置与协同：基于多层次情境因素的研究》资助，并于 2016 年 12 月顺利结题。课题研究历经四年，取得了丰富的研究成果，在《中国工业经济》《科研管理》《经济管理》《外国经济与管理》《经济理论与经济管理》等重要期刊发表论文 40 余篇。国家自然科学基金项目由我主持并整体设计研究框架，并对每个子课题研究成果把关。徐宁是项目研究任务的主要承担者，对课题的完成和本书的成稿付出了艰辛的劳动。课题组成员还包括方政博士、王旭副教授、王帅博士等，他们为项目结题和本书的形成做出了自己的贡献。徐宁近年来主持多项国家级及省部级课题，也取得重要的研究成果，发表了多篇高质量论文。经过慎重考虑，与徐宁协商，选取研究成果中的 12 篇论文汇集本书出版。

　　本书的主要观点总结如下：第一，从最优契约理论、管理层权力理论和心理所有权理论等视角出发，高管激励领域研究正在逐步由关注单一激励安排的局部均衡分析阶段，向更加注重协同效应的一般均衡分析阶段过渡。第二，从价值分配与价值创造视角出发，薪酬、股权、控制权、声誉等激励契约具有不同的特征与作用机理，对上市公司代理成本与技术创新等方面产生不同的效用。第三，通过高管激励契约的配置与协同能够取得更好的激励效用，复合型激励契约的效用大于单一型激励契约，不同激励契约之间具有交互效应。第四，治理情境因素、战略情境因素与制度情境因素等不同层次因素会对高管激励契约配置的效用产生显著的影响。具体而言，高管与实际控制人的互动、董事会行为等因素对于高管激励契约配置及其对代理成本的影响有显著作用；公司所处生命周期不同，其价值分配与价值创造导向的高管激励契约配置最优策略也有所差异；不同国家的法律等制度环境也是影响高管激励契约配置的重要因素。本书不仅采用理论演绎、比较研究、实证检验等方法对关键问题进行了探讨，而且通过对

37 家公司高管进行预访谈并选择 10 家公司高管进行的深度访谈，采用案例研究方法对高管声誉激励的作用机理进行了深入分析。这是对高管激励乃至公司治理研究领域的深化与拓展。此外，海信集团、高速集团、鲁信集团等下属上市公司均对该课题的内容进行了具体实践，取得了较好的效果。

鉴于理论的演进与实践的发展，本课题从如下主题入手对高管激励契约研究进行深化与拓展：

第一，深化高管心理因素对于高管激励安排的治理效果研究，通过引入行为经济学的最新研究，优化高管激励研究框架。尽管为了解决最优契约理论和管理层权力理论的研究分歧，学者们开始引入心理所有权理论，力求从心理学的视角寻求解决分歧的路径，但是目前在高管激励安排研究领域的心理学视角依旧没有跳出传统委托代理理论的束缚：将高管的心理变化看做股东激励安排的接受者，而不是互动者。如果将"参照点契约"引入高管激励与代理成本关系研究框架中，学者们需要充分考虑股东与高管各自的参照点，如中国情境下上市公司高管的参照点可能更加倾向于政治晋升而非物质奖励，以期更加准确地捕捉高管的诉求点、优化高管激励制度安排。

第二，高管声誉治理效用的研究视角应实现从价值分配到价值创造的演进，并尝试探究高管个人经历及心理因素等情境变量的调节效应。目前对于高管声誉治理效用的实证研究多基于价值分配视角，忽视了价值创造视角下的理论与实证研究。价值分配视角的研究主要探讨在分配环节如何对剩余索取权与剩余控制权进行配置。价值创造视角则强调，公司治理的作用范围不能仅涉及分配环节，而应延伸到生产过程中，对资源配置发挥一定的效用，从而影响企业的技术创新。在当前公司治理研究领域中，已取得了较多支持价值创造视角的经验证据，但鲜有研究对高管声誉的价值创造效应进行深入探讨。而由于高管声誉具有的长期性与约束性等特征，如果将其作为一种隐性激励契约，可能会减少高管对短期或个人利益的关注，从而对公司创新产生促进作用。但高管也可能会为了维护自身声誉而拒绝承担较高的风险，反而会抑制公司的技术创新。而高管声誉对于技术创新究竟能够产生怎样的影响？受到何种情境因素的影响？这是值得探讨的主题。此外，近期文献以高管心理特征或个人经历作为研究对象（Sunder et al.，2017；Bernile et al.，2017）。而鉴于高管声誉对高管行为的作用过程，其心理与经历等也应该作为情境因素引入高管声誉治理效用的研究框架之中。

第三，后续研究应通过对公司高管进行实地观察、深度访谈等质性研究方法，"进入现场"接触研究对象，运用单案例或者跨案例分析方法，对高管隐性激励的作用机理进行更为深入的剖析。由于高管声誉等具有的内隐性特征，仅采用大数据样本进行计量分析难以对其作用机理等内容进行准确的界定与阐释。而单案例研究方法可以更好地阐释单一情景下的高管声誉对高管行为作用的动态过程，跨案例研究方法则遵从可复制的逻辑原则，从多个案例中归纳统一规律，以此提升结论的可靠性。上述方法可以在一定程度上克服实证研究的局限性。尤其是在中国特殊的制度环境及文化情境之下，研究高管隐性激励的治理效应及作用机理也需要借助案例研究等质性方法。

项目的结题和本书的出版，只能意味着该研究课题阶段性任务的完成。我们期待着学术界同行们的批评和指教，以促进我们在该领域的研究不断深化，取得更加丰硕的研究成果。

徐向艺

2018 年 1 月 25 日